· 养老问题研究文库 ·

国家社科基金一般项目“城乡统一的基本养老保障制度体系问题研究”（编号:17BSH044）研究成果

城乡统一的基本养老保障制度体系建设研究

凌文豪　等◎著

中国经济出版社
CHINA ECONOMIC PUBLISHING HOUSE
· 北 京 ·

图书在版编目（CIP）数据

城乡统一的基本养老保障制度体系建设研究／凌文豪等著．--北京：中国经济出版社，2022.6

ISBN 978-7-5136-6963-4

Ⅰ．①城… Ⅱ．①凌… Ⅲ．①养老-社会保障制度-研究-中国 Ⅳ．①D669.6

中国版本图书馆 CIP 数据核字（2022）第 098297 号

组稿编辑　崔姜薇
责任编辑　夏军城
责任印制　马小宾
封面设计　任燕飞

出版发行　中国经济出版社
印 刷 者　北京力信诚印刷有限公司
经 销 者　各地新华书店
开　　本　710mm×1000mm　1/16
印　　张　17.75
字　　数　263 千字
版　　次　2022 年 6 月第 1 版
印　　次　2022 年 6 月第 1 次
定　　价　88.00 元
广告经营许可证　京西工商广字第 8179 号

中国经济出版社 **网址** www.economyph.com **社址** 北京市东城区安定门外大街 58 号 **邮编** 100011
本版图书如存在印装质量问题，请与本社销售中心联系调换（联系电话：010-57512564）

前言
Preface

城乡统一的社会养老保障体系建设与人们的生活密切相关，是近年来的一个热点问题。进入“十四五”以来，我国将“积极应对人口老龄化”作为一项基本国策，在此期间我国也将步入中度老龄化社会。

随着社会经济的快速发展，人们对养老保障与养老服务要求越来越强烈，但由于受传统的城乡二元制结构、不同阶层、不同人群的影响，基本社会养老保障制度体系碎片化严重，人们之间的养老保障水平与养老服务水平参差不齐。尽管我国出台了诸多措施以实现公平正义的社会保障制度体系，但仍存在一些问题。

鉴于此，本书对其进行探讨，提出了将原有的城乡居民基本养老保险与城镇职工社会养老保险制度整合为一个制度体系，将原有的城市社会养老服务体系与农村社会养老服务体系整合为一个体系，并将两个体系整合为城乡统一的社会养老保障制度体系。本书不仅从逻辑与历史的视角对其各分支进行深入解读，还通过综合分析法对其进行梳理，运用“差序平等”的理念，提出了建立城乡公平统一的社会养老保障体系的基本遵循，即坚持高质量的公平统一，坚持有层次的公平统一，坚持“兜底线”的公平统一，坚持全覆盖的公平统一。

与此同时，建议推进法制建设，牢固制度的统一性和多层次性；

增强管理能力，确保制度和服务体系的标准化；加大多元投入，保障各群体待遇水平的公平性；完善顶层设计，增强制度和政策目标的协同性，对构建与完善具有中国特色的城乡统一的社会保障体系具有重要意义。

目录
Contents

第一章 引 言

一、研究背景及意义

（一）研究背景

自2000年我国进入人口老龄化阶段，随着社会经济的快速发展，人口老龄化日趋加剧，业已成为阻碍我国社会经济发展的重要问题。据第七次全国人口普查，我国60岁及以上人口194590万人，占18.90%，其中，65岁及以上人口141441万人，占13.74%。与第六次全国人口普查相比，我国60岁及以上人口的比重上升3.11个百分点，65岁及以上人口的比重上升3.23个百分点。“十四五”规划明确提出将“积极应对人口老龄化”作为一项基本国策，其间，我国将进入中度老龄化社会，因此，我们不仅在养老保障制度上，而且在养老服务方面更需要加快步伐。为了构建完善的城乡统一的社会养老保障制度体系，不仅要实现城乡统一的社会养老保险制度，而且要实现城乡统一的社会养老服务，只有促使二者的有机结合才能实现城乡统一的社会养老保障制度体系，二者缺一不可。尽管我们国家已基本解决了老年人的温饱问题，但进入新时代，社会的主要矛盾已发生变化，“获得感、幸福感与满足感”成为当下人们的追求目标，因此，我们就需要构建与完善中国特色城乡统一的社会养老保障体系来实现。

我们知道，自2009年我国新型农村社会养老保险制度开启试点以来，制度推进极其迅速，并在2012年实现了制度全覆盖，比最初预计提前了8年；城镇居民社会养老保险制度试点从2011年开启，到2012年也实现了制度全覆盖。2014 年 2 月国务院颁布了《关于建立统一的城乡居民基本养老保险制度的意见》，它不仅是我国农村居民与城镇居民实现了制度全覆盖的标志，也是建立我国城乡统一的社会养老保险制度迈出的第一步。2015 年 1 月国务院又颁布了《关于机关事业单位工作人员养老保险制度改革的决定》，标志着我国在社会养老保险制度方面实现了“双轨制”并轨，即我国城镇企业职工社会养老保险制度与国家机关事业单位养老保险制度在制度方面实现真正的合并，它是我国在社会养老保险制度城乡统一方面迈出的第二步。党的十八届三中全会提出了构建“更加公平、可持续的社会保障体系”，党的十八届五中全会也提出了“建立更加公平、更可持续的社会保障制系”，这都为我国构建具有中国特色的城乡统一的社会养老保障制度体系指明了方向，因此，目前学术界对该问题的研究尤为关切。

与此同时，尽管我们已初步解决了城乡统一的社会养老保险制度的问题，但城乡的养老服务的水平差异还比较大。2000 年中共中央、国务院颁布了《关于加强老龄工作的决定》，不仅为老龄工作的思想原则与目标提供了指导，要求采取必要措施，加快老龄事业的发展，而且首次提出了“建立家庭养老为基础、社区服务为依托、社会养老为补充的养老机制”。在该时期，党与政府对于人口老龄化认识比较明确，比较重视老龄政策体制构建，推动了养老服务业的初步发展，为我国进入人口老龄化阶段后城乡统一的养老服务的发展打下了良好的知识基础。国务院 2013 年颁布的《关于加快发展养老服务业的若干意见》中指出，要建设“以居家为基础、社区为依托、机构为支撑的，功能完善、规模适度、覆盖城乡的养老服务体系”。该文件不仅首次明确提出要统筹规划发展城市养老服务设施，大力推进居家养老服务网络建设，加强养老机构建设与农村养老服务，而且要繁荣我国的养老服务市场，推进医疗卫生与养老服务两者有机结合。2016 年国务院颁布了《国民经济和社会发展第十三个五年规划纲要》，提出“以居家为基础、以社区为依托、以机构为补充的多层次养老服务体系”。2019 年国务院颁布了《关于推进养老服务发展的意见》，提出不仅要深化“放管服”改革，拓宽养老服务投融资渠道，而且要扩大养老服务就业、创业和消费，促进我国养老服务高质量发展和基础设施建设，进而不断完善养老服务机制。2020 年 10 月 29 日中国共产党第十九届中央委员会第五次全体会议通过《中共中央关于制定国民经济和社会发展第十四个五年规划和二〇三五年远景目标建议》，提出不仅要“健全覆盖全民、统筹城乡、公平统一、可持续的多层次社会保障体系”，而且要“实现养老保险全国统筹，实施渐进式延迟退休年龄，发展多层次、多支柱养老保险体系”，更将“积极应对人口老龄化”作为一项基本国策。由此可见，我国已将建立城乡统一的社会养老服务体系作为一个重要的发展方向。2021 年国务院颁布的《中共中央、国务院关于加强新时代老龄工作的意见》中指出，加强“实施积极应对人口老龄化国家战略”，不仅要健全养老服务体系，创新居家社区养老服务模式，进一步规范发展机构养老，建立基本养老服务清单制度，完善多层次养老保障体系，而且要促进老年人城乡统一的养老服务发展，走一条具有中国特色的积极应对人口老龄化道路。

要建立城乡统一的社会养老保险制度体系不仅要建立城乡统一的社会养老保险制度，还要建立城乡统一的社会养老服务体系，而且要将两者有机结合起来才算是实现城乡统一的社会养老保障制度体系。鉴于此，我国的社会养老保险制度已基本实现了城乡统筹，离城乡统一的社会养老保险制度仅有一步之遥，但养老服务的城乡差距目前仍然较大，构建城乡统一的社会养老服务仍待时日。“十四五”规划提出将“积极应对人口老龄化”作为我国的一项基本国策，实现具有中国特色的城乡统一的社会养老保险制度体系建设是当前迫切需要解决的重大问题。因此，构建与完善城乡统一的社会养老保障制度体系仍任重而道远。

（二）研究意义

1. 构建城乡统一的社会养老保障制度体系是实现城乡统一的社会保障制度体系的理论前提

党的十九大报告明确提出，要构建与完善城乡统一的社会保障体系。城乡统一的社会保障体系主要包括城乡统一的社会救助体系、城乡统一的社会保险体系、城乡统一的社会福利体系等。城乡统一的社会保险体系主要包括城乡统一的社会养老保障制度体系与城乡统一的医疗保障制度体系，而城乡统一的社会养老保障制度体系是城乡统一的社会保险体系的核心内容，推进城乡统一的社会养老保障制度体系建设是我国构建城乡统一的社会保障制度体系的核心内容。因此，构建城乡统一的社会养老保障制度体系是实现城乡统一的社会保障制度体系的理论前提。

2. 构建城乡统一的社会养老保障制度体系是实现公平正义的坚强基石

党的十八届三中全会提出，要构建更加公平、可持续的社会保障体系，党的十八届五中全会又提出了要构建更加公平、更可持续的社会保障体系。这也从侧面佐证了公平正义是社会保障制度建设的不懈追求和最终目标。城乡统一的社会养老保障制度是与公平正义相联系的。一方面，只有体现公平正义的城乡统一的社会养老保障制度体系，才能得到大多数人的认同和遵循，才能更有效地规范和调整社会上人与人之间、不同群体之间的相互关系，进而保证社会经济的稳定和良性运行。另一方面，城乡统一的社会养老保障制度体系最重要的功能就是保障公平正义。城乡统一的社会养老保障制度体系以其激励、约束、协调等功能，规定着社会成员在社会经济生活中的地位及相互关系，为人们的行为提供准则和模式。只有所有社会成员都遵守城乡统一的社会养老保障制度体系，按制度体系行事，社会公平正义才能得以保障。因此，构建城乡统一的社会养老保障制度体系是实现公平正义的坚强基石。

3. 构建城乡统一的社会养老保障制度体系是实现共同富裕的重要保证

共同富裕是中国特色社会主义的本质要求。马克思主义所设想的共产主义（社会），他们的生产是以所有人的富裕为目的，这就要求必须生产出足够丰富的社会产品，“通过消除旧的分工，通过产业教育、变换工种、所有人共同享受大家创造出来的福利，通过城乡的融合，使社会全体成员的才能得到全面发展”。“推动共同富裕的实质性进展，要建设好社会保障体系。”城乡统一的社会养老保障制度体系是经济问题社会解决的制度体系，它通过社会养老保障制度体系改善民生，调节收入分配，进而促进社会公平。城乡统一的社会养老保障制度体系是否构建与完善事关广大人民群众“获得感、幸福感和安全感”的满足与否，事关社会经济运行活动各环节，影响着社会成员在就业、收入、消费和人力资本积累方面的水平。因此，为广大人民群众提供更可靠、更充分的保障，不断满足人民群众多层次、多样化的养老服务需求，健全覆盖全民多层次、公平统一、可持续的城乡统一的社会养老保障制度体系，进一步做好“兜底线、织密网”工作，为实现共同富裕而努力。

二、研究综述

对于城乡统一的社会养老保障制度体系的文献综述，课题组拟从社会养老保险制度的城乡统一与社会养老服务的城乡统一两个层面对其进行研究。

（一）社会养老保险制度的城乡统一

我国的城乡基本养老保险制度自建立以来经历过多次的改革调整，目前已基本在制度层面覆盖了全体国民，包含城镇职工基本养老保险、城乡居民基本养老保险两大制度。党的十九大明确指出要进一步完善城镇职工基本养老保险与城乡居民基本养老保险两大制度，尽快实现养老保险全国统筹。为推动城乡基本养老保险的制度整合，促进城乡基本养老保险制度的公平性与可持续性，学术界进行了诸多研究，通过查阅文献，目前研究的主要关注点为以下几个方面：

1. 整合城乡社会养老保险制度的必要性

（1）制度碎片化问题亟待解决。郑功成（2018）认为，改革开放以来，我国的社会保障整体是从计划经济时代的板块机构与封闭运行逐步走向社会化的，[①] 基本养老保险制度作为社会保障制度的重要组成部分，其运行自然也符合这一逻辑，但仍有许多学者通过研究提出基本养老保险制度的碎片化问题依旧存在。孙淑云（2015）认为，城乡、身份、地域、部门等要素的“分化”是我国社会保障制度长期以来的发展逻辑，小范围的“整合”难逃“再碎片化”的困境；[②] 李艳荣认为，被征地农民养老保险

---

① 郑功成．中国社会保障 40 年变迁（1978—2018）——制度转型、路径选择、中国经验［J］．教学与研究，2018（11）：5-15.

② 孙淑云．社会保障体系“分化”与“整合”的逻辑［J］．理论探索，2015（1）：74-79.

是目前我国养老保险制度中“碎片化”较为明显的板块;[①] 安华（2012）认为，养老保险的碎片化表现在不同人群的不同政策、不同制度的退休年龄、缴费标准、待遇水平的不一致。[②] 根据郑秉文（2009）的研究，基本养老保险制度的碎片化不利于“提高社会保障资金的使用效率”以及“社会保障制度的长期建设”,[③] 我国虽然已通过城居保的建立与双轨制并轨的改革尽力整合了历史时期遗留下来的碎片状制度，但目前仍存在碎片化问题，进一步推进整合城乡基本养老保险制度具有必要性。

（2）促进制度公平可持续发展的必由之路。高和荣（2013）认为，整合型社会保障制度的建设是“社会保障自身发展的内在要求”“中国社会保障事业的现实选择”和“对国外社会保障事业反思的理性选择”，整合型的社会保障制度改革可以增强制度的公平性与可持续性;[④] 席恒等（2014）认为，养老保险的统一是实现更加公平可持续的养老保险制度的关键，应在制度结构、项目类别、费基费率方面做到制度上的统一，促进养老保险制度公平可持续发展;[⑤] 丁建定等（2013）认为，为促进中国养老保险制度实现“有效率的公平”与可持续发展，应以结构体系的完善为制度建设的重点，而制度整合是完善的核心手段。[⑥]

2. 城乡基本养老保险制度整合的可行性

（1）制度内部可行性。学术界在论述城乡养老保险制度整合的可行性以及有利条件时，往往会从基本养老保险制度本身内部的可能性的角度去论述，城镇与农村的基本养老保险在制度模式、责任主体、缴费环节、给付环节等方面存在统一性及相似性。袁涛等认为，由于新农保和城居保的

---

① 李艳荣．碎片整合、制度衔接和统一框架的建立——我国社会养老保险制度改革发展路径［J］．江苏行政学院学报，2016（3）：74-80.

② 安华．社会分层与养老保险制度整合研究［J］．保险研究，2012（3）：110-115.

③ 郑秉文．中国社保“碎片化制度”危害与“碎片化冲动”探源［J］．甘肃社会科学，2009（3）：50-58.

④ 高和荣．论整合型社会保障制度的建设［J］．上海行政学院学报，2013，14（2）：74-80.

⑤ 席恒，翟绍果．更加公平可持续的养老保险制度的实现路径探析［J］．中国行政管理，2014（3）：11-14.

⑥ 丁建定，郭林．论中国养老保险制度结构体系整合［J］．武汉大学学报（哲学社会科学版），2013，66（6）：77-82.

制度模式、筹资水平、财政补助机制相近，因而在制度实践的过程中早有将其合并的提议；[①] 辜毅（2015）则从设计城镇职工养老保险与城乡居民养老保险合并的角度出发，认为即使是这两项制度在缴费标准、筹资方式以及待遇计发等多方面存在较大差距，但仍有共同遵循的筹资理念作为两者整合的制度基础。[②] 由此可见，不同的养老保险制度在发展过程中所形成的待遇给付、缴费环节、责任主体、制度理念等方面具有相似性，这些制度内部本身的相似性给基本养老保险制度的整合提供了良好切入点。

（2）制度外部可行性。除了制度内部本身所含的整合契机，也有学者关注基本养老保险制度外部环境给制度整合带来的可能性。王增文（2019）认为，养老保险制度城乡分设的背景基于二元化的社会结构，而在“新型城镇化背景”下，二元化的经济和社会结构渐趋一元化，养老保险制度也必将趋向一元化，且城乡养老保险制度整合已经具备了相应的财政与政治条件。[③]

3. 整合城乡基本养老保险制度的路径

（1）城镇职工养老保险制度的统筹整合。在促进城镇职工养老保险制度的统筹整合方面，学界的研究焦点在制度覆盖群体的扩面以及保险基金的管理方面。丁建定等认为，我国职工基本养老保险制度的覆盖群体应包括公职人员、城镇企业职工、乡镇企业就业者及农村有雇佣关系的劳动者；汤兆云（2014）认为，应将城镇职工基本养老保险制度、有固定工作农民工养老保险制度整合为城乡职工社会养老保险制度。[④]

郑功成（2015）认为，应做到统一社会统筹与个人账户的结构与规模、统一缴费基数计算口径、统一缴费率、统一社会统筹基金收支、统一

---

① 袁涛，仇雨临．从城乡统筹到制度融合：中国养老保险实践经验与启示［J］．海南大学学报（人文社会科学版），2016，34（3）：35-40.

② 辜毅．城乡养老保险制度整合的可持续性发展研究［J］．经济体制改革，2015（4）：37-42.

③ 王增文．新型城镇化背景下城乡养老保险制度及服务整合路径研究［J］．华中科技大学学报（社会科学版），2019，33（2）：124-130，137.

④ 汤兆云．论我国社会养老保险制度的整合［J］．社会保障研究，2014（3）：23-27.

个人账户基金收益回报率，实现城镇职工养老保险制度的全国统筹；[①] 薛惠元等认为，应将城镇职工养老保险当前的统账结合模式改革为“大账户，小统筹”的模式，降低社会统筹账户的规模，由现在的缴费工资的20%降为12%，个人账户的规模由现在的8%提高为16%；[②] 孙维（2021）认为，城镇职工养老保险制度应加快推动基金在省级层面实现“统收统支”、加大中央调剂基金力度、健全国有资本划转社保基金长效机制，从而实现更高层次的全国统筹；[③] 邓大松等（2018）则认为全国统筹下的城镇职工养老保险应从扩大养老保险覆盖面、延长退休年龄、完善基础养老金全国统筹的激励机制设计、强化精算平衡等方面进一步实现制度优化；[④] 边恕等（2019）认为，通过多途径分担历史债务、建设垂直化管理的社会保险经办机构、加快多层次的养老保险体系建设、加快建立养老保险精算报告制度等办法推进职工养老保险全国统筹；[⑤] 何文炯等（2016）认为，职工养老保险要实现全国统筹的目标应尽快实现基金统收统支、实施统筹基金和个人账户基金分账管理、按照“保基本”原则完善待遇计发与调整办法、研究试行弹性退休办法、建立财政投入的科学长效机制。[⑥]

（2）城乡居民养老保险制度的统筹整合。在城乡居民养老保险制度的统筹整合方面，学界的研究焦点集中在缴费档次、待遇差距等方面。王振军（2017）认为，目前“城居保”在调整举出养老金标准时带有很大的随意性，应从筹资标准、最低投保年限、基金投资收益率和基础养老金标准

---

① 郑功成．从地区分割到全国统筹——中国职工基本养老保险制度深化改革的必由之路［J］．中国人民大学学报，2015，29（3）：2-11.

② 薛惠元，张微娜．建立城乡统一的社会养老保险制度——基本理念、基本路径与制度模式［J］．税务与经济，2014（3）：1-9.

③ 孙维．企业职工基本养老保险全国统筹：“渐进式”改革的困境与对策［J］．中央财经大学学报，2021（8）：15-25.

④ 邓大松，杨晶．全国统筹条件下城镇职工养老保险统筹基金的精算评估［J］．中国地质大学学报（社会科学版），2018（3）：133-143.

⑤ 边恕，李东阳．推进职工基本养老保险全国统筹的方案设计与实施路径［J］．华中农业大学学报（社会科学版），2019（5）：156-163，174.

⑥ 何文炯，杨一心．职工基本养老保险：要全国统筹更要制度改革［J］．学海，2016（2）：58-63.

四个方面对城乡居民基本养老保险进行优化设计;[①] 李琼等（2018）认为，“城居保”应建立基础养老金正常调整机制、改变统一比例的财政补贴分担方式;[②] 王立国（2019）基于社会公正的视角，认为应依法配置中央与地方政府间事权，修改现行的定额缴费制度，以全国城乡居民人均可支配收入的中位数作为养老金缴费的基准，通过政策引导农民将农业支持保护补贴的一部分用于缴纳养老保险，用部分土地流转收入缴纳土地年金，进一步丰富多层次的城乡居民养老保险体系;[③] 阳程文等（2020）认为，进一步推进城居保的一体化进程，应增设与经济社会发展相适应的个人缴费档次和集体补贴标准，创新优化养老金待遇确定和调整机制，加快实现城居保跨区域异地转移接续。[④]

（3）城镇职工养老保险与城乡居民养老保险的制度整合路径。在城镇职工养老保险与城乡居民养老保险的制度整合路径上，张园（2013）认为，在形成基于劳动者身份的城乡职工社会养老保险和基于居民身份的城乡居民基本养老保险两类制度后，应进一步将两者合并为“制度统一、管理统一、标准一致、选择自由”的社会养老保险制度体系;[⑤] 凌文豪（2017）认为，在城镇职工养老保险制度完成整合后，应通过城乡居民养老保险与城镇职工养老保险制度的统一来实现养老保险制度的公平可持续发展;[⑥] 袁涛等（2016）认为，新时期的城乡统筹实践路径，是从“二保双延”转向城乡一体，通过建立“居保”与“城保”一体化的待遇计发

① 王振军．新形势下城乡居民基本养老保险的优化设计［J］．人口与经济，2017（1）：95-103.

② 李琼，李湘玲．城乡居民基本养老保险制度的巩固和完善［J］．甘肃社会科学，2018（5）：154-159.

③ 王立国．城乡居民基本养老保险制度优化研究——基于社会公正的分析视角［J］．理论月刊，2019（9）：135-144.

④ 阳程文，侯保疆．城乡居民养老保险一体化的实践探索——对广东经验的总结与反思［J］．新视野，2020（6）：108-114.

⑤ 张园．城乡一体化社会养老保险发展阶段及实现路径研究［J］．西北人口，2013，（4）：71-77.

⑥ 凌文豪．我国三类基本养老保险制度改革的理念和路径［J］．社会主义研究，2017（4）：38-45.

办法，完成“统一待遇比例”问题；[①] 高建伟等（2017）认为，应努力推进城职保与城乡保制度在形式上的统一，同时着重推动中西部养老保险制度发展，以促进城职保与城乡保制度发展区域平衡；[②] 邓悦等（2019）提出，基本养老保险制度的整合的第一阶段为合并城镇居民基本养老保险、农村居民基本养老保险以及城镇职工基本养老保险，因而现在的任务应是合并城乡居民养老保险与城镇职工基本养老保险；[③] 王增文（2019）认为，城镇居民基本养老保险与城镇职工基本养老保险在下一阶段应该合并，再逐渐加入基本养老服务，从而完善养老保险体系的完整性。[④]

在两个制度的衔接方面，辜毅（2015）认为，城乡养老保险制度整合的近期目标主要在于如何在完善现有单列的各个养老保险制度的基础上，打通制度间的转移接续关口，为下一步建立城乡一体化的养老保险制度奠定基础，实现养老保险经济保障与精神慰藉的目标；[⑤] 蒲晓红等（2017）提出，从城乡居民养老保险转入城镇职工养老保险，应采用折算缴费年限或补缴视同缴费年限的方法，而从城镇职工养老保险转入城乡居民养老保险，应采用一次性补缴或养老金分段计发的方法。[⑥]

（二）社会养老服务的城乡统一

受城乡二元结构的影响，我国城乡分化程度较高，城乡社会养老服务的发展也一直沿袭“重城市、轻农村”的思维，因此，我国城市地区和农村地区的养老服务的发展水平存在较大差异。目前我国城市地区已初步建立起居家、社区和机构“三位一体”的社会养老服务体系，并逐步实现医

---

① 袁涛，张忠朝，赵坛．养老保险城乡统筹实施路径反思［J］．现代管理科学，2016（5）：76-78.

② 高建伟，段波，邹雨田，等．城镇职工养老保险与城乡居民养老保险的协调发展研究［J］．武汉金融，2017（6）：29-34.

③ 邓悦，郅若平．新时代下城乡社会保障制度整合现状与路径分析［J］．理论月刊，2019（6）：131-136.

④ 王增文．新型城镇化背景下城乡养老保险制度及服务整合路径研究［J］．华中科技大学学报（社会科学版），2019，33（2）：124-130，137.

⑤ 辜毅．城乡养老保险制度整合的可持续性发展研究［J］．经济体制改革，2015（4）：37-42.

⑥ 蒲晓红，朱美玲．统筹区域内城乡居民养老保险与城镇职工养老保险衔接办法的改进［J］．农村经济，2017（3）：86-92.

养康养相结合的发展目标；而农村地区养老服务发展则非常滞后，仍以养老保障功能逐渐弱化的家庭为责任主体，社会养老服务体系尚未形成。因此关于城乡统一的社会养老服务的研究综述，本书首先对城市和农村的社会养老服务发展分别进行综述研究，了解目前两者的研究现状，其次对推进城乡统一的社会养老服务的现有研究成果进行探讨。

1. 城市社会养老服务

（1）城市社会养老服务模式选择。学界通常将养老服务模式分为居家、社区和机构三种，但也有学者提出这种模式划分结果存在不合理之处。龚志文等（2020）认为目前人们存在理念认知错误，针对居家、社区、机构三种养老模式，应该关注这三种模式分别为有服务需求的老年人提供了多少养老服务，而非多少人在家庭、社区和机构中养老，同时指出社区是连接家庭养老、社会养老、机构养老的核心。① 童星（2015）也指出，按照居住方式划分，养老方式仅分为居家养老和入住机构两种，社区只是居家养老和机构养老之间的一种纽带，因此把社区养老当作一种独立的养老模式是一种认识错误。② 鉴于政府文件中关于社会养老服务模式已有过明确的表述，学界也存在较为一致的看法，故本书的研究仍主要基于这三种模式。

从对城市老年人养老方式的意愿调查结果来看，居家养老仍是大多数城市老年人的主流意愿。赵一红等（2020）指出，家庭结构和功能的转变使传统家庭养老模式难以为继，机构养老也因多种原因无法担此重任，社区居家成为老年人最倾向选择的养老方式。③ 陈文静等（2021）以京津冀老年人为调查对象进行研究，结果显示选择家庭养老、机构养老、社区养老、其他形式养老的老年人分别占 76.9%、19.2%、2.1%、1.8%，家庭养老仍是老年人的第一选择。④ 同时，程欣（2020）研究发现，虽然居家

① 龚志文，李丹．从模式到服务：城市社区养老认知的重构——超越养老模式，从养老服务的角度深化养老服务体系［J］．河南社会科学，2020，28（11）：115-124.

② 童星．发展社区居家养老服务以应对老龄化［J］．探索与争鸣，2015（8）：69-72.

③ 赵一红，庞志．城市社区养老服务供给主体的结构化分析［J］．学术研究，2020（9）：52-58.

④ 陈文静，王妍，杨佳琪，等．京津冀城市老年人养老方式及其影响因素［J］．中国老年学杂志，2021，41（15）：3366-3369.

养老仍是当前城市老年人的首要选择，但是社会化养老方式已经开始渗透到人们的生活中，有大部分人已经开始接受社会化养老。① 梁宏（2020）认为，老年人养老服务方式的偏好受多种因素的影响，有自理能力的老年人在选择养老方式时会着重考虑情感慰藉的需求，因此会倾向于选择居家养老服务方式，而具有较高的经济水平和社会资源的老年人会偏向于选择自由度高、独立性强的自我养老或机构养老等服务方式。② 李俏等（2016）则指出，我国地区间风俗传统、经济发展水平等存在较大的差别，因此不同地区的老年人可能因地域特征差异而形成不同的养老服务方式偏好。③

（2）城市社会养老服务满意度及其影响因素。养老服务满意度是在老年人主观感受和现实客观条件共同作用下形成的一种感知，获取城市老年人对社会养老服务的满意度信息，可为进一步改善养老服务质量和水平提供依据。目前学界多从内部因素和外部因素两个方面对影响城市社会养老服务满意度的因素展开研究，学者们基于不同视角得出的结论也各有侧重。从学者们的研究调查结果来看，目前城市老年人对社会养老服务的满意度并不高。龚志文等（2020）基于北京市 S 街道的 632 个样本的调查数据分析得出，69.2%的城市老年人对社区提供的养老服务不满意，仅有 30.8%的老年人持满意态度，其中，养老服务认知情况、服务供给等社会特征是影响老年人满意度的重要因素。④ 姚兴安等（2021）基于需方视角，从个体特征、家政服务特征和医疗服务特征三个方面分析合肥市老年人对社区居家养老服务满意度发现，目前绝大多数老年人对社区居家养老服务不满意，仅有三成老人对居家养老服务持满意态度，年龄、经济收入、身体健康情况、家政照料方便程度、服务人员态度和服务价格，以及医疗服

---

① 程欣．居家养老、社区养老还是机构养老？——基于社会支持的影响研究［J］．统计与管理，2020，35（8）：84-90.

② 梁宏．大城市老年人养老方式选择意愿的变迁（1998—2017）——以广州为例［J］．南方人口，2020，35（5）：1-14.

③ 李俏，朱琳．农村养老方式的区域差异与观念嬗变［J］．西北农林科技大学学报（社会科学版），2016，16（2）：93-102.

④ 龚志文，李丹．从模式到服务：城市社区养老认知的重构——超越养老模式，从养老服务的角度深化养老服务体系［J］．河南社会科学，2020，28（11）：115-124.

务水平、便捷度和医疗服务费用均会影响老年人对社区居家养老服务的满意度。① 刘阳等（2021）根据对湖南省长株潭地区调查数据的研究，指出社会信任、社会资本、社会归属、社会平等和社会参与五个维度对社区养老服务满意度存在影响。②

（3）城市社会养老服务供需状况。①需求层面。从养老服务需求特征来看，城市老年人对养老服务的需求表现出多样化和差异化。林文亿（2015）认为，我国城市养老服务需求呈现多样化和个性化特征，体现在老年人对物质层面和精神层面均有需求且不同老年人群对养老服务内容的需求各不相同。③ 杨晓东等（2020）指出，目前城市老年人对医疗保健类服务的需求最强烈，50%～80%的老年人希望能够提供定期体检、药事指导等服务，其次是应急援助、上门探访、养老家政服务等生活常规性服务。④ 邱天悦（2019）认为，老年人对社区居家养老服务的具体内容和形式的需求程度随年龄变化和身体健康状况呈现动态变化的特点。⑤ ②供给层面。我国城市养老服务供需情况目前呈现供给缺位、供需错位和利用率较低并存的矛盾局面，而供给不足、供需错位往往成为制约城市社会养老服务满意度进一步提高的关键。王建云等（2019）指出，当前社区多为老年人提供统一的养老服务，容易造成养老服务缺乏针对性从而导致供给缺位或者供需错位。⑥ 戴晓玲等（2020）认为，造成社区养老服务利用情况不佳的原因有两个方面：一是由于供需失衡，供给不能满足老年人需求；二是某些养老服务倾向于向尚能自理的老年人提供，而把刚需性老年人拒

① 姚兴安，朱萌君．城市老年人社区居家养老服务满意度及影响因素研究［J］．中国卫生事业管理，2021，38（7）：496-498，530.

② 刘阳，成志刚．基于社会凝聚的城市社区养老服务满意度研究［J］．湘潭大学学报（哲学社会科学版），2021，45（5）：92-98.

③ 林文亿．影响老年人使用社区服务的因素：相关理论及国内外研究现状［J］．社会保障研究，2015（3）：105-112.

④ 杨晓冬，李慧莉，张家玉．供需匹配视角下城市社区居家养老模式的实施对策［J］．城市问题，2020（9）：43-50.

⑤ 邱天悦．石家庄市社区老年人居家养老差异性需求调查［J］．科学大众（科学教育），2019（1）：195.

⑥ 王建云，钟仁耀．基于年龄分类的社区居家养老服务需求层次及供给优先序研究——以上海市J街道为例［J］．东北大学学报（社会科学版），2019，21（6）：607-615.

之门外，从而造成大量养老服务设施闲置。[①] ③实现供需适配层面。供需失衡是城市社会养老服务发展低效的一个内因。针对老年人养老服务需求内容不同，罗津（2021）指出，构建城市社区养老服务体系时应尊重各地间的需求差异，根据不同地区的需求特征为老年人提供更加精准的养老服务。[②] 李静等（2020）针对目前多元供给主体责任错位和低效问题，提出要重塑养老服务供给主体的角色定位，即由政府保障基本养老服务，市场提供个性化养老服务，社会进行资源整合，家庭提供经济资助和服务监督。[③] 还有学者提出城市养老服务设施建设应充分考虑空间布局的合理性，从而增强养老服务的可及性。韩非等（2020）对南京市部分区域的养老服务设施配置进行研究，发现该区域养老服务设施与老年群体的空间分布并未形成良好对应，城中心圈层、老城边缘层和外围圈层养老服务资源的可达性程度呈现“较差—较好——般”的状态，提出要加大中心圈层养老服务供给，借助老城边缘区的环境优势发展医养结合的多层次、多元化的养老服务，而外围圈层可发展度假型老年社区等高品质养老服务。[④]

（4）城市社会养老服务提质增效。关于提升城市社会养老服务的水平和质量，学术界也提出了诸多建议。王建云等（2019）认为，要考虑年龄对养老服务需求内容的影响，按照年龄划分老年人群体，确定社区居家养老服务供给优先序，提供“菜单式”的社区居家养老服务，从而实现社区居家养老服务供需精准匹配。[⑤] 程翔宇（2019）提出，以社区为平台提供养老服务，应优先提供包括精神慰藉和生活照料等在内的老年人最需要的

① 戴晓玲，褚焱宏，于文波，等．城市社区养老设施使用后评价研究——使用率与刚需人群［J］．建筑学报，2020（S2）：57-61.

② 罗津．深度老龄化背景下城市社区居家养老的治理机制［J］．上海交通大学学报（哲学社会科学版），2021，29（4）：63-70，129.

③ 李静，沈丽婷．福利多元主义视角下大城市养老服务主体的角色重塑［J］．河海大学学报（哲学社会科学版），2020，22（4）：70-76，108.

④ 韩非，罗仁朝．基于可达性测度的城市社区居家养老服务供需匹配研究——以南京为例［J］．经济地理，2020，40（9）：91-101.

⑤ 王建云，钟仁耀．基于年龄分类的社区居家养老服务需求层次及供给优先序研究——以上海市J街道为例［J］．东北大学学报（社会科学版），2019，21（6）：607-615.

养老服务。[①] 睢党臣等（2018）认为，可以利用互联网技术，发展“互联网+社区居家养老”的新型服务模式，使服务提供者能够及时获取老年人的需求信息，进而快速整合相关资源，实现养老服务的高效供给。[②] 赵一红等（2020）认为，应促进多元供给主体的协作，各供给主体要积极履行各自的责任和义务，从而提高养老服务的供给效率。[③] 针对政府购买养老服务低效的问题，吉鹏等（2016）提出要在加大养老服务购买力度的同时优化购买结构、提高服务项目的丰富性、增强购买过程的透明度与竞争性等政策建议。[④]

2. 农村社会养老服务

（1）农村社会养老服务需求。在人口老龄化、“空巢化”背景下，农村地区社会养老服务需求逐渐凸显，学者们对农村老人所需的养老服务项目及其优先序展开了探讨。姚俊等（2018）通过对农村老年人居家养老服务的需求情况进行实证分析发现，农村老人对不同的居家养老服务项目需求程度存在显著性差异，上门服务是农村老年人最为青睐的服务，其中，“上门看病”需求最高。[⑤] 姚兆余等（2018）研究发现，医疗保健类服务排在农村老年人需求首位，其次是生活照料服务、精神文娱服务，由于农村老年人通常缺乏权利保护意识，因此法律类服务位次最低。[⑥] 姚虹等（2018）研究指出，农村“空巢老人”对社区养老服务需求的优先次序依次为医疗保健、精神关怀和生活照料服务。[⑦] 李远雷等（2021）的实证研

① 程翔宇．“社区为依托”的养老服务有效吗——基于老年人生活质量的检验［J］．社会保障研究，2019（3）：25-32.

② 睢党臣，彭庆超．“互联网+”背景下我国城市社区智慧居家养老服务模式的构建［J］．新疆师范大学学报（哲学社会科学版），2018，39（3）：119-128.

③ 赵一红，庞志．城市社区养老服务供给主体的结构化分析［J］．学术研究，2020（9）：52-58.

④ 吉鹏，李放．政府购买城市社区养老服务效率评价——基于江苏省三市数据的分析［J］．城市问题，2016（10）：84-88.

⑤ 姚俊，张丽．嵌入性促进、个体性感知与农村居家养老服务需求——基于三省 868 名农村老人的问卷调查［J］．贵州社会科学，2018（8）：135-141.

⑥ 姚兆余，陈日胜，蒋浩君．家庭类型、代际关系与农村老年人居家养老服务需求［J］．南京大学学报（哲学·人文科学·社会科学），2018，55（6）：34-42，155-156.

⑦ 姚虹，向运华．健康状况、空巢原因与社区居家养老服务需求——以恩施市农村“空巢老人”为例［J］．社会保障研究，2018（1）：13-19.

究结果显示，农村老年人的情感需求平均得分最高，意味着对情感慰藉需求最大，生活照料次之，医疗服务得分最低。① 唐娟莉等（2020）以对社会养老服务方式有需求的农村老年人为对象，研究指出农村老年人对提供经济支持的呼声较高。② 吉鹏等（2020）则指出农村老年人对文化娱乐服务需求程度最高，对法律援助等相关服务需求最低。③ 由此可以发现，农村老年人对养老服务的需求内容不尽相同，医疗保健、生活照料和精神慰藉三项服务在农村老年人的需求之列。

学术界对于农村地区呈现巨大的养老服务需求这一客观现实已经形成了共识，但是目前农村老年人较低的社会化养老服务需求也引起了学者们的关注。从理论上来讲，在农村家庭养老服务支持日渐薄弱的情况下，为保障自身生活和健康需要，老年人会寻求新的照料主体和资源，从而增加对社会养老服务的需求，但从对农村老年人养老服务需求的实际调查情况来看，当前农村老年人对社会养老服务的需求并没有学术界认为的那么高。换句话说，农村地区社会养老服务呈现“高客观需求”与“低有效需求”的矛盾。武玲娟（2018）指出，农村老年人除了对医疗服务等部分专业技术性较强的服务需求较大外，其余养老服务需求主要从家庭内部资源获得，对社区养老服务的需求并不强烈。④ 陈娜等（2020）通过对城乡失能老人居家养老服务的供给主体进行研究后指出，绝大多数的农村失能老人倾向于选择让子女照料，但现实情况是子女实际照料欠缺，老年人不得不选择社会养老服务来满足需求，也意味着不管老年人的主观养老期望如何，社会化养老服务已成为时代之需。⑤ 针对农村社会养老服务需求尚未完全转化为有效养老服务需求这一现状，诸多学者对影响农村老年人社会

---

① 李远雷，康正，李月欢，等．中国5省份农村老年人养老需求及影响因素分析［J］．中国公共卫生，2021，37（8）：1219-1222.

② 唐娟莉，倪永良．农村社会养老服务需求：意愿与影响［J］．农业现代化研究，2020，41（4）：618-627.

③ 吉鹏，李放．农村老年人市场化居家养老服务的需求意愿及其影响因素分析——基于江苏省的实证数据［J］．兰州学刊，2020（11）：198-208.

④ 武玲娟．农村老年人社区养老服务需求及其影响因素分析——基于第四次中国城乡老年人生活状况抽样调查山东省数据［J］．山东社会科学，2018（8）：97-103，152.

⑤ 陈娜，邓敏，王长青．我国失能老人居家养老服务供给主体研究［J］．医学与社会，2020，33（7）：46-49，77.

养老服务需求的因素展开了相关探究，农村老年人的个体特征、家庭特征是影响其对社会养老服务需求的主要原因。杜鹏等（2017）从老年人的生理特征、经济特征和社会特征三个层面对其社会养老服务的利用情况进行实证分析后指出，农村老年人对社会养老服务的利用主要受其生理属性的影响，当老年人身体健康状况较差时会增大其利用社会养老服务的概率。① 孙鹃娟等（2017）在对城乡老年人的养老意愿进行研究时发现，家庭特征是影响农村老年人选择社会化养老方式的关键因素，其中家庭成员的态度和支持程度往往起决定性作用。② 张红凤等（2016）指出，家庭养老资源会对老年人的社会养老服务需求产生两种不同的结果：一是来自家庭成员内部的照料服务会对社会养老服务资源有一定的"挤出效应"，从而降低老年人的社会养老服务需求；二是子女的经济支持能提高其社会养老服务的购买能力，增加老年人对社会养老服务的需求。③ 此外，还有部分学者认为老年人自身的经济水平（孙兰英等，2019）、④ 对社会养老服务的认知情况、养老观念、农村社会养老服务的可及性（林淑周，2015；⑤ 杜鹏等，2016）⑥ 也是影响农村社会化养老服务需求的重要因素。

（2）农村社会养老服务的发展困境。关于农村养老服务面临的困境，学者们多从供给侧角度展开研究。陈欣欣等（2021）基于 CHARLS 数据研究指出，当前城乡养老服务发展严重失衡，与城镇相比，农村老龄化程度更深，照料负担更重，养老经济支持更薄弱，但养老服务资源无论是在数

① 杜鹏，王永梅．中国老年人社会养老服务利用的影响因素［J］．人口研究，2017，41（3）：26-37.

② 孙鹃娟，沈定．中国老年人口的养老意愿及其城乡差异——基于中国老年社会追踪调查数据的分析［J］．人口与经济，2017（2）：11-20.

③ 张红凤，罗微．养老服务资源对老年人社会养老服务需求的影响研究［J］．中国人口·资源与环境，2019，29（4）：168-176.

④ 孙兰英，苏长好，杜青英．农村老年人养老决策行为影响因素研究［J］．人口与发展，2019，25（6）：107-116.

⑤ 林淑周．农村居家养老服务需求的影响因素分析——基于福建省福州市的实证研究［J］．中共云南省委党校学报，2015，16（6）：149-152.

⑥ 杜鹏，孙鹃娟，张文娟，等．中国老年人的养老需求及家庭和社会养老资源现状——基于2014年中国老年社会追踪调查的分析［J］．人口研究，2016，40（6）：49-61.

量上还是在质量上都远不及城市。[①] 齐鹏（2019）认为，政府财政对农村养老服务的投入欠缺，各级政府也缺乏明确的财政投入分担机制，农村养老服务面临建设资金不足、发展受限的困境。[②] 张艳霞等（2021）则认为，由于政府职能转变滞后、家庭保障弱化、市场主体信心不足、社会力量和集体经济薄弱，导致农村养老服务资金依赖于政府，尚未形成政府、市场、社会、家庭等多元主体混合的养老服务资金供给体系。[③] 周文娟（2021）指出，农村机构养老服务普惠性差，表现在机构数量少、保障对象有限等方面，难以保障农村老年人的养老服务需求。[④] 还有学者指出农村老年人缺乏足够的购买能力，影响农村社会养老服务的发展效率。陆杰华等（2019）指出，受农村老年人消费观念和家庭养老倾向的影响，养老服务"投入—产出"机制难以取得有效平衡，导致投入欠账的产生。[⑤] 韩沛锟等（2021）指出，由于农村老年人经济收入较低，大多数老年人养老服务购买意愿和能力不足，从而造成有庞大的老年人口却难以形成巨大的养老服务市场需求的矛盾局面。[⑥] 此外，刘记红（2018）指出，我国农村面临养老服务业人才紧缺的难题，不仅人才供给总量不足，而且现有养老服务从业者通常缺乏专业性。[⑦]

（3）农村社会养老服务的发展路径。学术界主要从顶层设计、政府责任、资金投入、设施建设、多元供给主体等外部层面提出促进农村养老服务发展的建议。张艳霞等（2021）认为，要加强对农村养老服务的统筹规划和制度建设，一是开展实地调查，积极研制相关政策；二是建立有效的

---

① 陈欣欣，陈燕凤，龚金泉，等．我国农村养老面临的挑战和养老服务存在的突出问题［J］．中国农业大学学报（社会科学版），2021，38（4）：64-77.

② 齐鹏．论农村养老服务体系的完善［J］．西北人口，2019，40（6）：114-124.

③ 张艳霞，刘远冬，吴佳宝，等．中国农村养老保障资金供给现状及多元化探析［J］．中国农业大学学报（社会科学版），2021，38（4）：78-90.

④ 周文娟．农村养老服务供给的内生动力及政策优化［J］．农业经济，2021（2）：77-78.

⑤ 陆杰华，周婧仪．基于需求侧视角的城市社区居家养老服务满意度及其对策思考［J］．河北学刊，2019，39（4）：166-171，184.

⑥ 韩沛锟，程瑶瑶．农村养老服务：需求、政策实践与发展展望［J］．学习论坛，2021（2）：96-103.

⑦ 刘记红．城乡融合战略视野下我国农村养老服务人才的需求动向与培养机制研究［J］．农业经济，2018（8）：61-63.

农村养老财政保障制度，加强国家对农村养老的财政统筹。[①] 张举国（2016）认为，可通过构建“一核多元”型养老服务供给模式，确立政府在多主体中的核心地位，发挥其指导和协调作用，从而优化多元主体供给效率。[②] 青连斌（2016）提出，政府用于养老服务的财政性资金应向农村养老服务倾斜，同时要采取切实有效的政策措施，引导和鼓励城市资源流向农村。[③] 胡小武（2016）指出，由于能为农村养老人提供养老服务的组织、机构和场所较为匮乏，从而需要社区承担更多提供养老服务的责任，建议加强农村地区社区型养老服务建设，构建以社区托老中心为基础的集中型养老服务体系。[④] 陆杰华等（2021）提出，农村养老服务体系建设应注重多元供给主体所具有的功能作用，充分发挥各主体供给优势，打造以家庭养老为基础、社区养老为辅助、农村幸福院和乡镇敬老院为依托的养老服务供给格局。[⑤] 另外，有学者认为，可以通过开发利用农村现有资源，增强农村发展养老服务的内生动力。青连斌（2016）提出，可以利用农村闲置的房屋资源在农村发展互助养老，既能有效利用农村的闲置资源又能降低农村养老服务发展成本。[⑥] 李俏等（2021）提出，可以借助乡村振兴的发展契机，利用政策引导资本下乡，促进资源要素在城乡间流动，助推农村经济发展，从而提升农村发展养老服务的能力。[⑦]

3. 构建城乡统一的社会养老服务

从学术界现有的研究来看，学者们对于统一城乡社会养老服务的相关研究较少，已有研究主要围绕城乡一体化视角，重点关注城乡二元结构体

---

① 张艳霞，吴佳宝，刘远冬，等．县乡村三级养老服务网络构建路径研究——基于江苏省的调查［J/OL］．中国农业大学学报（社会科学版），1-10［2021-11-25］．

② 张举国．“一核多元”：元治理视阈下农村养老服务供给侧结构性改革［J］．求实，2016（11）：80-88．

③ 青连斌．补齐农村养老服务体系建设短板［J］．中国党政干部论坛，2016（9）：83-86．

④ 胡小武．城镇化与老龄化叠加时期的中国养老模式转型［J］．新疆师范大学学报（哲学社会科学版），2016，37（5）：136-143．

⑤ 陆杰华，郭芳慈，陈继华，等．新时代农村养老制度设计：历史脉络、现实困境与发展路径［J］．中国农业大学学报（社会科学版），2021，38（4）：113-122．

⑥ 青连斌．补齐农村养老服务体系建设短板［J］．中国党政干部论坛，2016（9）：83-86．

⑦ 李俏，陈柳，赵向红．城乡融合视域下养老下乡的生成机制与实践策略［J］．宁夏社会科学，2021（2）：132-141．

制下城市养老服务体系的不完善以及农村养老服务发展的滞后性，也有部分学者对推进城乡社会养老服务的统一提出了意见和建议。

马克思主义指出，城乡分割是社会发展失衡的一种表现，因此养老服务发展应尽快打破城乡分离的局面。管兵等（2021）认为，城镇和农村养老服务发展水平的差异性不符合推动实现城乡一体化的客观要求，应通过多主体协同的方式对城乡养老服务体系进行整合。① 钟仁耀（2015）认为，我国的社会养老服务体系建设较晚，目前推动城乡养老服务统一的阻碍较小，应牢固树立城乡公平的理念，通过顶层设计构建城乡均衡受益的社会养老服务体系。② 韩艳（2015）认为，必须改变城乡有别的发展思路，基于公平原则建设适度普惠型的养老服务体系，使人们能够公平享受到同质的养老服务。③ 凌文豪（2012）认为，统一城乡社会养老服务不是要求城乡养老服务完全统一，而是在坚持差序平等原则基础上的阶段性统一。④ 叶响裙（2017）也认为，城乡养老服务一体化并不意味着城乡一样化，而是根据现实情况，出台具有针对性的、符合城乡养老服务发展实际的政策。⑤ 林闽钢（2012）提出，在建立城乡统一的机构养老服务体系时，城镇和农村养老服务标准可以有所差别，但是对于所提供的同一级别的养老服务，全国应该实行一致的养老服务标准。⑥ 刘磊（2021）指出，“十四五”时期是我国积极应对人口老龄化的重要窗口期，应站在国家战略高度，强化基本养老服务，补齐农村养老服务短板，不断推动实现城乡基本养老服务均等化，建立健全城乡融合发展的养老服务制度体系。⑦

关于推进城乡社会养老服务统一的具体路径，部分学者从目前城乡社

① 管兵，王虹．“村改居”社区养老城乡混合福利体系［J］．华南师范大学学报（社会科学版），2021（5）：29-43，205.

② 钟仁耀．城乡统一：我国社会养老服务体系建设的首要核心［J］．上海城市管理，2015，24（5）：2-3.

③ 韩艳．中国养老服务政策的演进路径和发展方向——基于1949—2014年国家层面政策文本的研究［J］．东南学术，2015（4）：42-48，247.

④ 凌文豪．差序平等：中国社会保障新理念［J］．道德与文明，2012（1）：112-115.

⑤ 叶响裙．基于城乡社会养老服务发展实践的思考［J］．中国行政管理，2017（9）：151-154.

⑥ 林闽钢．我国城乡社会养老服务体系的发展探讨［J］．中国社会保障，2012（6）：26-27.

⑦ 刘磊．“十四五”时期完善农村养老服务体系的挑战与任务［J］．行政管理改革，2021（5）：79-87.

会养老服务发展的非均等性的视角展开，探讨弥合城乡养老服务差异的对策，以适时推动实现城乡社会养老服务的统一。张艳霞等（2021）基于对江苏省构建县、乡、村三级养老服务网络经验的思考，认为可以通过构建县、乡、村三级养老服务网络来改变我国养老服务城乡发展不均衡的局面，逐步实现城乡社会养老服务的统一。[①] 还有部分学者提出，可以根据目前城乡养老服务发展存在差异的客观事实，对城镇和农村“两手抓”，一方面继续提升城市社会养老服务的质量，另一方面加快补齐农村社会养老服务发展短板（丁志宏等，2011;[②] 王永梅等，2020），[③] 为统一城乡社会养老服务创造有利条件。城乡养老服务资金主要源于政府，老龄化程度的不断加深给政府财政带来沉重负担，部分学者从各级政府权责关系出发提出相关建议。张艳霞等（2021）认为，应厘清政府职责，中央和各级财政合理分担权责，完善转移支付制度，充分发挥再分配功能，积极应对各地养老保障发展的不平衡、不充分。[④] 林闽钢（2012）则指出，统筹城乡社会养老服务发展所需资金规模巨大，由各级地方政府财政负担难以应对社会养老服务发展的需要，中央财政应加大对养老服务的财政投入，特别是向养老服务条件薄弱的农村地区倾斜。[⑤] 此外，任勤等（2015）认为，鉴于我国区域经济发展不平衡的实际情况，可以采取分地区、分步推进的策略实现我国城乡养老保障体系一体化的目标，即首先在经济状况较好的地区统一城乡养老保障，再逐步推动经济水平较差的地区实现这一目标。[⑥]

构建城乡统一的社会养老服务体系是完善我国社会养老保障制度体系的内在要求。根据对现有研究成果的梳理可知，学术界对构建城乡统一的

① 张艳霞，吴佳宝，刘远冬，等．县乡村三级养老服务网络构建路径研究——基于江苏省的调查［J/OL］．中国农业大学学报（社会科学版），1-10［2021-11-25］．

② 丁志宏，王莉莉．我国社区居家养老服务均等化研究［J］．人口学刊，2011（5）：83-88.

③ 王永梅，李雅楠，肖颖．居家养老服务对城乡老年人生活质量的影响——基于三期CLASS 数据的效应评估［J］．人口研究，2020，44（6）：49-62.

④ 张艳霞，刘远冬，吴佳宝，等．中国农村养老保障资金供给现状及多元化探析［J］．中国农业大学学报（社会科学版），2021，38（4）：78-90.

⑤ 林闽钢．我国城乡社会养老服务体系的发展探讨［J］．中国社会保障，2012（6）：26-27.

⑥ 任勤，黄洁．社会养老对老年人健康影响的实证分析——基于城乡差异的视角［J］．财经科学，2015（3）：109-120.

社会养老服务体系已经有了初步探讨，并且对统一城乡养老服务的原则、标准和可行路径提出了相关建议，但是关于促进城乡养老服务统一的实证研究尚不丰富，今后应加强对这一领域的实践探索。

三、理论依据

社会公平理论是城乡统一的社会养老保障的重要理论依据。公平是人类社会一个永恒的主题。在西方，罗尔斯在《正义论》中就把公平与正义视为社会稳定发展的基石。恩格斯认为，“一切人，甚至一个国家的一切公民，或一个社会的一切成员都应当有平等的政治地位和社会地位”。在国内，公平既会被理解为公平也会被理解为平等，但从字面意义上理解，二者均体现出一个事物实现是相等的，既有质上的相等，又有量上的一致。社会公平理论从社会学的视域来看，是指权力和利益在社会各领域内社会成员间的均衡配置。社会公平是相对的，世界上并不存在绝对意义上的公平。它被分为起点公平、过程公平与结果公平三个层次。起点公平就是权力公平，即机会公平，主要是指具有相同利益主体诉求社会成员应该得到公平的对待，给大家提供相同的发展机会；过程公平即规则公平，是指社会成员在社会经济发展过程中必须遵循的既定的符合公平性价值观的规则，并且人们在规则面前无论城乡、贫富与贵贱均是平等的；结果公平则是指社会成员在参与社会经济发展过程中应公平地享有与其付出相对应的待遇或者权益，它是最终衡量公平与否的重要指标，结果的相对公平是允许一定差距的存在，前提是这个差距在合理的范围内，并且符合社会公正的要求。我们知道，结果公平是社会公平的最终体现，但它始终植根于起点公平与过程公平之中，三者相辅相成共同助推社会的公平发展。

“积极应对人口老龄化”已作为我国的一项基本国策，我们知道养老保障问题不但是当前迫切需要解决的社会保障关键性难题，而且理应把社会公平放到头等重要的位置。受我国社会经济发展不平衡、城乡二元制结构、资源配置不合理等因素的影响，城乡居民的社会养老保障制度与城镇职工的社会养老保障制度、城市的社会养老服务与农村的社会养老服务的待遇水平差异较大，公平性缺失明显，这都有损社会主义社会公平的实现。因此，我们理应构建一个城乡统一的社会养老保障制度体系，使人们公平地获得平等的保障机会和服务待遇。

差序平等是有效实现社会公平的举措性理论。差序平等，顾名思义就是以有差别、有顺序的方式实现社会平等的过程。事物之间有差异就会有矛盾，有矛盾就需要和谐，和谐就需要有平等，差序平等是切实可行的平等理念。平等就是通过差序平等按照事物之间的差异性、顺序性逐步实现其理想目标，因此可以说，我们在平等与差序之中保持一个合理的张力——差序平等，才能逐步实现社会的公平正义。平等的实现是一个差序的过程，而差序平等则是一个从起点到终点的渐进式过程，它是分步骤、有计划地推进城乡统一的社会养老保障制度体系建设，进而实现社会公平正义的过程。起点平等是差序平等的首要诉求，即社会成员在一个城乡统一的制度下实现社会养老保障制度的平等与养老服务的平等是其首要诉求。尽管差序平等也表现为城乡统一的社会养老保障制度体系的起点平等，但起点平等的目的不是反对城乡之间的竞争，其真实目的是想尽量给城乡间的竞争者创造一个公平的环境。实现城乡统一的社会养老保障制度体系的结果平等是差序平等的目的，它不是要摒弃公平正义与平等原则，它是社会主义社会实现公平正义与社会平等的战略选择。

四、研究思路与方法

（一）研究思路

本书根据国家社会经济发展的需要，尤其是根据“十四五”规划及2035年长远规划要求，构建与完善城乡统一的社会养老保障制度体系，首先，介绍了研究背景及意义，对国内外学术界研究现状进行了研究综述；其次，运用比较分析的方法对城乡居民的社会养老制度与城镇职工的社会养老保险制度进行了深入的探讨，运用系统的综合分析法进行剖析，提出了构建城乡统一的社会养老保险制度的策略；再次，分别对城市养老服务与农村养老服务进行了梳理和解读，运用系统的综合分析法进行剖析，提出了如何构建城乡统一的养老服务体系；最后，提出了如何构建与完善具有中国特色的城乡统一的社会养老保障制度体系。

（二）研究方法

1. 系统的综合分析法

将构建与完善城乡统一的社会养老保障制度体系纳入我国建设具有中国特色社会主义道路这一伟大的系统工程，纳入我国社会经济发展的全局，将城乡统一的社会养老保障制度体系问题作为人民群众最关心、最直接、最现实的利益诉求对其进行深入探讨。本书首先将城乡统一的社会养老保障制度体系分为两部分内容，一是城乡统一的社会养老保险制度，二是城乡统一的社会养老服务；其次，将城乡统一的社会保险制度分为三部分内容进行阐述，先谈城乡居民的社会养老保险制度与城镇职工的社会养老保险制度，然后谈如何构建城乡统一的社会养老保险制度；再次，将城乡统一的社会养老服务分为三部分内容，先谈农村的养老服务与城市的养老服务，然后谈如何构建城乡统一的社会养老服务；最后，提出迈向城乡统一的社会养老保障制度体系，对如何构建城乡统一的社会养老保障制度体系进行了详细的阐述。

2. 跨学科研究方法

城乡统一的社会养老保障制度体系涉及了管理学、政治学、经济学、社会学等多学科知识，它需要对多学科知识进行综合运用才可以对其进行科学合理的解读，才有助于我们深入地破解困扰城乡统一的社会养老保障制度体系建设的难题，进而实现公平正义与和谐共享的目标。

3. 比较分析方法

运用宏观比较与微观比较相结合的方法，本书注重把握构建我国城乡统一的社会养老保障制度体系中不同项目的历史发展趋势，不仅强调同一项目在不同阶层之间需要注重公平，而且需要注意在同一个系统中要注重相对平等。

五、创新之处

（一）研究理论创新

本书丰富与发展了城乡统一的社会养老保障制度体系的内涵，不仅将城乡统一的社会养老服务体系纳入城乡统一的社会养老保障制度体系的研究视域，而且将城乡统一的养老保障制度与城乡统一的社会养老服务整合为一个有机的整体进行研究。

（二）研究视域创新

本书不仅运用公平正义的价值观统领全文，而且运用差序平等的理念将城乡之间、不同阶层之间的社会养老保险制度与社会养老服务有机结合起来，共同构建一个更加公平、更可持续、和谐共享的城乡统一的社会养老保障制度体系。

（三）研究方法创新

本书运用系统的综合分析法首先对城乡统一的社会保险制度体系内部不同阶层、不同人群间的养老保险制度与社会养老服务进行系统的比较分析，而且将城乡统一的社会养老保险制度与城乡统一的社会养老服务进行系统的比较分析。

第二章 我国城乡居民基本养老保险制度的发展

社会保障事业的健康发展为社会稳定和谐编织了一张“安全网”，是我国民生建设的基础保障，也是提升民生福祉的重要推动力量，更是我国共同富裕发展进路的必然要求。我国“从无到有”的城乡居民基本养老保险制度，推动着全民覆盖养老保障体系的不断优化，体现出养老保障的共享性与普惠性，是我国民生保障事业发展具有里程碑意义的重大制度建设之一。城乡居民养老保险制度的发展对城乡居民在“养老保障、收入分配、储蓄消费”等方面产生了一定的福利效应，① 有利于促进社会的公平和谐。养老事关人人，而为个体晚年生活提供保障的城乡居民养老保险制度也会直接影响我们晚年生活的质量。因此，有必要以对制度的深入分析为基础，为立足制度发展现状以及社会发展的现实情况，完善养老保障体系以切实增进民生福祉打下基础。城乡居民养老保险发展浓缩了我国政府执政智慧和民众的切实渴盼，经历了“从无到有”的制度建立过程，并随着经济技术的发展也实现了“从有到优”的发展历程。

一、前缘与今探：城乡居民基本养老保险制度发展历程探析

从现代意义上来看，我国农村养老保障制度的构建较晚，长久以来，农村居民养老仍多延续传统的模式，以家庭为基本的保障单位。在传统社会，奠基于“孝”文化的传承与影响以及家庭共居、共财的生活共同体，

① 李连友，李磊，刘中海．城乡居民养老保险制度的福利效应：理论机制与测评经验［J］．湘潭大学学报（哲学社会科学版），2020（5）：40-47.

个体在步入晚年之后会获得家庭中其他成员所提供的“安度晚年”的生活保障，晚年生活的所有需求主要是依托于以血缘关系为基础的“养儿防老”所构建的“父育子、子养老”的代际反馈模式来予以满足。随着“乡土不再、流动加快”，原有代际反馈模式所塑造的家庭养老保障体系无力实现对农村老年人养老需求的满足，养老的供需矛盾日益尖锐，养老也逐渐演变成影响农村居民安居乐业以及社会和谐安定的“问题”。对于城镇居民而言，伴随原有计划经济体制下单位包办福利制度的解体，城镇居民晚年生活需求的满足也急需新的保障体系。社会经济转型的现实背景以及城乡居民的现实要求，特别是在经济社会发展已经产生了一定财富积累的背景下，我国为所有居民编织正式养老保险制度“安全网”的条件已经日臻成熟，由此，推动了城乡居民基本养老保险制度的发生与发展。历史的前行是由不断的积累得以实现，而我国城乡居民养老保险制度也经过了不断探索和积累，在“摸石过河”中日臻完善。

（一）萌芽：城乡居民基本养老保险制度的生发时期

在中华人民共和国成立初期，对于养老需求的满足，我国主要强调的是家庭保障作用的发挥，明确了家庭成员在养老保障中应履行的义务。1950年《中华人民共和国婚姻法》颁布之初，就以法律条款明确了代际间的权利和义务，在养老方面提出子代有赡养扶助父代的义务，[①] 由此，国家明确养老责任由家庭内部成员承担，而子女就是老年人养老需求满足的责任主体，这也是代际之间责任与义务的体现，符合数千年来我国“孝”文化所建构的基本伦理规范。在1954年我国颁布的第一部《宪法》中，进一步明确了劳动者有年老时获取物质帮助的基本权利。[②] 也就是说，个体在步入老年之后，其晚年的生活需求是要有一定的保障的，这也是老年人的一项基本权利，并为国家法律所明文规定。

在城镇地区，奠基于公有制经济，1951年，国家面向城镇职工颁布了

① 中共中央文献研究室编．建国以来重要文献选编（第一册）［M］．北京：中央文献出版社，1992.

② 中共中央文献研究室编．建国以来重要文献选编（第五册）［M］．北京：中央文献出版社，1993.

《中华人民共和国劳动保险条例》，其中将“养老”作为劳动保险的主要项目之一，其后在“文革”期间逐渐演变成“单位养老保险”，最终实现的是“低工资、高福利”。① 城镇老年人被统摄在以劳动保险为基础的国家、单位统包的福利保障之下，经济需求的满足无虞，其他需求则依托于家庭这一基本的生活共同体来满足，基本是寓于城镇居民日常“过日子”中自然而然得以实现，即家庭通过内部资源共享以及协调机制来满足老年成员的生活所需，尚未外溢成需要社会关注的“问题”。

在农村地区，除了用法律法规来明确家庭成员在养老中的重要责任之外，国家对家庭“力所不及”的老人，利用合作社开展了有选择性的社会救助，最终建立了“五保供养”制度。对弱势老年群体进行救助一直是我国社会救助制度的重要内容之一，早在 1951 年，当时的内务部提出《关于春荒期间加强生产救灾工作的指示》，其中决定对于无劳动能力的“老弱”要进行救济，并且开始向全国推广河南唐河县安置孤老残幼的方式，充分动员村落内部资源为弱势群体提供保障，我国敬老院建设也得以开启。1953 年，我国内务部发布《农村救荒救济粮款发放使用办法》，其中明确要求对于“没有劳动能力、无依无靠”的老年人要提供救济粮。其后，随着社会发展的需要，为了推动我国第一个到第三个五年计划目标的顺利实现，提高农村居民的生活水平，1956 年颁布了《1956 年到 1967 年全国农业发展纲要》，其中明确提出要实施“五保供养”制度，该制度主要以农村“鳏寡孤独”为目标群体，对其提供“保吃、保穿、保烧（燃料）、保教（儿童和少年）、保葬”等基本需求保障，从而为农村弱势老年群体编织了一张生存“安全网”。并且，在当时农业合作化被视为迈向全民所有制、共产主义社会最好的形式，因此，政府强调要巩固农业合作化制度，但也要使弱势人群受益。1956 年颁布了《高级农业生产合作社示范章程》，其中明确规定要将“老、弱、孤、寡、残疾”等弱势人群也吸收入社，让他们也能享受合作社的福利事业。该文件中也明确提出，合作社要对生活困难的社员予以适当照顾；对于丧失劳动能力者，公社要提供公

---

① 汤兆云．新中国成立以来我国养老保险制度的改革探索与发展方向［J］．科学社会主义，2014（6）：109-112.

益金来保障其正常生活；同时进一步重申了关于“五保供养”制度的规定。及至 1962 年《农村人民公社化工作条例（修正草案）》颁布，其中进一步明确，要对老弱孤残等社员实行供给或补助，对于“五保”供养的老人，主要采取了以下措施：若有部分劳动能力则安排从事一定的生产劳动，而无劳动能力的则给予一定工时补助、共享公社分配，或直接补助款物，并且对于生活不能自理的，安排专人照护。[①] 同时，国家鼓励集体设立养老机构为“五保”老人提供养老保障。为解决农村弱势老年群体基本生活需求满足的相关问题，国家于 1958 年下发《关于人民公社若干问题的决议》，其中明确重新恢复、努力办好敬老院，为丧失家庭成员保障的农村弱势老年人提供良好的生活场所。在政策的鼓励下，各地纷纷兴办养老院，如福建省惠安县于 1958 年 8 月在后龙郭厝兴办了第一所幸福院，到 1958 年年底，惠安县已经建立了 60 所敬老院，入院老人达 745 人。[②]

在这一时期，囿于国家经济发展水平不高，老年人晚年生活需求的满足仍主要依托于家庭内部力量的整合和资源的分享，仅是针对无依无靠或者家庭没有保障能力的孤寡老人依托于集体经济，提供了有限的救助。事实上，在大部分地区特别是在农村地区，这部分弱势老年人所获得的救助极为有限，并且囿于集体经济发展水平较低，被救助的老年人生活质量也不高。同时，这一制度的发展严重依托国家政策的关注，随着政策的变动，弱势老年人的养老处境也会得到较大的改变，由此带来的生活不稳定性较大，影响养老的质量。不过，在这一时期，通过养老院等机构的兴办，也使民众意识到家庭养老也不是唯一的养老保障选择。

（二）探索：城乡居民基本养老保险制度的前期探索时期

改革开放之后，为了适应社会经济变迁的现实和发展的需要，国家开始发力农村养老保障制度建设，加大对农村地区在基础设施、制度探索方面的财政支出力度，同时以政策倾斜为辅助来引导资源向农村流入，政策

① 宋士云．新中国农村五保供养制度的变迁［J］．当代中国史研究，2007（1）：93-101，128.

② 惠安县地方志编纂委员编．惠安县志［M］．北京：方志出版社，1998.

关注、多措并举、多源引入、多力汇聚、农民渴盼，在农村地区建立正式养老保险制度的条件日渐成熟。其后，养老保险制度也在农村逐渐发展起来。

20世纪80年代，部分地区开始了在农村地区正式养老保险的制度探索。在国家力推计划生育政策的背景下，农村地区人口将趋向“少子化”，家庭“4-2-1”模式将会凸显，使原先农村居民在传统惯习影响下，以“多子多福”“养儿防老”等传统观念以及“孝”文化所构筑的家庭养老保障体系丧失了组织基础，农村居民养老生活需求的满足面临较大挑战。原先依托于集体经济发展起来的集体保障随着家庭联产承包责任制的实施逐渐土崩瓦解，个体也由家庭中一员、集体中一人转变为独立的个人，能动性得到持久激发，为单个小家庭向更高水平的发展提供了机会，农村居民的收入水平开始提高，也为安享晚年提供了更多可能。在此背景下，政府积极采取措施以解决农村家庭养老保障中存在的问题，促进家庭养老向社会养老过渡。1982年，有11个省市，共计3457个生产队，开始推行养老金制度，其中也规定“凡参加集体生产劳动10年以上，年满65岁的男社员和年满60岁的女社员，可以享受养老金待遇”，当时设定的领取标准是10~15元/月，最高是20多元/月，养老保险基金由生产大队和生产队按照一定比例分担，主要是用队办企业利润以及留存的公益金来支付。[①] 1986年，民政部发布《关于探索建立农村基层社会保障制度》，进一步对农村养老保障体系的发展规划进行了描绘，为其未来进行了展望。其后，部分经济发达的地区吸收借鉴了已有的经验，开始展开农村养老保险的建设工作，当然采取的主要还是“摸着石头过河”的试点方式。1987年，民政部选取北京大兴县、山西左云县等进行农村养老保险的试点工作，奠定了其后实施的农村社会养老保险方案的基础。[②] 再后来，有条件的地区均开展了农村养老保险的试点工作，据统计，到1989年年底全国共有19个省市、190多个县区进行农村社会养老保险制度的试点工作，并且参保

① 马桑．中国基本养老保障一体化建设研究［M］．北京：人民出版社，2014.

② 涂玉华．城乡统筹背景下的中国养老保障制度发展问题研究［M］．成都：西南财经大学出版社，2014.

人员已经超过了 90 万人。[①] 随着地区实践的不断深入，“摸着石头过河”的成果开始凸显出来，在总结“摸石过河”地区的经验基础上，1992 年，《县级农村社会养老保险基本方案（试行）》由民政部颁布并开始实施，其中对农村社会养老保险制度进行了具体规定：筹资机制为“个人缴纳为主，集体补助为辅，国家给予政策扶持”，设立了从 2～20 元共计 10 个缴费档次，设定 60 周岁为领取养老金的法定年龄界限。其后，部分地区则根据本地区情况也开始探索在农村地区建立养老保险制度的工作，但是参保率不高，如 1994 年 10 月，莆田县梧塘镇设立了梧塘镇农村福利保险管理所，开展义务兵、村干部、农民养老保险和老年人保险、计生养老保险等业务，其中仅有 134 人投保，收取保费 84800 多元。[②] 为了与 2008 年我国实施的新的农村养老保险制度相区分，我们将此阶段我国的农业养老保险制度称为“老农保”。在老农保推行过程中也体现出了我国地区发展的不平衡性，部分经济基础较好的地区老农保的发展也较具规模，如 1995 年民政部发布的数据显示，参加老农保的农村居民已近 5000 万人，其中，仅山东省就有 1600 多万农民参加，积累基金已达 13 亿元。随着地区实践的不断深入，老农保制度得以在全民推行，其积累基金已经达到 4 亿元。从上海市的发展来看，在当时，上海市也有 85 万农民参加老农保，覆盖率已经达到 65%，积累了保险基金 2. 3 亿元。“养老保险”在农村地区尚属新事物，而随着其覆盖范围的扩展以及发展规模的扩大，国家为了突出其重要地位，在相关法律中对其予以明文规定，以保障老年人的基本生活，如在 1996 年颁布的《中华人民共和国老年人权益保障法》中，建立养老保险制度、医疗保险等被明文写入，从而使相关的权利义务更为明晰，发展定位也更为明确，为老年人晚年生活增添了一重保障。截至 1997 年年底，农村养老保险试点工作已经在全国 31 个省（自治区、直辖市）共计 2000 多个县（市、区、旗）等地区展开，8000 多万农村居民参加了农村养老保险，[③] 但是老农保是以一定的集体经济补助为依托而得以建立起来的，随

① 阮崇武 . 中国社会保障体系的建立与完善［M］. 北京：中国经济出版社，1994.

② 《梧塘镇志》编纂委员会 . 梧塘镇志［M］. 北京：方志出版社，1997.

③ 涂玉华 . 城乡统筹背景下的中国养老保障制度发展问题研究［M］. 成都：西南财经大学出版社，2014.

着集体经济的解体，仅靠个人筹资的实然模式弱化了老农保持续发展的基础和动力。1999 年，《国务院批转保险业整顿工作小组保险业整顿与改革方案的通知》发布，其中明确提出要清理整顿在农村地区已经开展的保险业务。最终，除了部分经济实力较强地区外，我国老农保在多数地区被逐渐取消，养老保险进入了停滞期。2002 年发布的《关于整顿规范农村养老保障进展情况的报告》中，明确提出要立足农村养老保险尚不存在普遍适用性以及运转了十几年已经形成了一定规模的现实基础上来进行农村养老保险的整顿工作，并且在有条件的地区还要继续坚持实施，同时要针对失地农民以及城镇农转非人员等群体探索建立合适的社会保障制度。

结合社会经济发展转型的需要，同时借鉴人类社会发展的有益经验，我国以农村地区的现实情况为基础，以集体经济为依托，在平等自愿的基础上，开展了老农保的制度建设，但是，随着工业社会发展进程的不断加深，老农保的固有制度缺陷逐渐显露，从而使其丧失了制度保障的优势，特别是在发展的经济基础动摇之后，更无法持久发展下去。例如，刘岑玲就提出，《县级农村社会养老保险基本方案》中规定，关于老农保的资金筹集是由国家、集体（或者单位）以及个人来承担，但是方案中只提到政府提供政策支持，并且要从农民交的保费里提取 3%的管理费，使这一制度完全演变成农民的个人储蓄。[①] 其中自愿参保的规定容易使农村居民无视保险制度，毕竟在家庭资源有限的情况下，农村居民更愿意把有限的资源投入“眼前”家庭发展所需上，而不愿为虚无的未来买单；再加上普遍落后的经济收入水平以及其他补助政策的缺失，无法真正激发广大农村居民参与制度的热情，真正具备参与条件的只能是富裕农民和可以得到补贴的干部，从而使政策呈现一定的“保富而不保贫”的特点。[②] 现实缺陷的存在使老农保制度无以为继，最终趋向停滞，而在这一时期，国家为了促进经济社会的快速发展，特别是为市场主体活力的激发以及多种所有制经济发展铺平道路，逐渐取消了原有的集体保障制度，“大锅饭”不

① 刘岑玲．中国社会保障制度城乡衔接理论与政策研究［M］．北京：经济科学出版社，2011.

② 马桑．中国基本养老保障一体化建设研究［M］．北京：人民出版社，2014.

复存在，不再是“单位人”的城镇居民则被排斥在新建立的城镇企业职工养老保险制度之外，他们也逐渐和农村居民一样，成为游离在正式养老保障体系之外的“无保群体”，在新的制度尚未建立之前，会面临着“老而无保”的境况，容易埋下社会矛盾的隐患。也就是说，在此背景下广大农村居民和部分城镇居民安享晚年的风险相对较高，养老形势也较为严峻。

（三）发展：城乡居民基本养老保险制度进一步探索时期

在改革开放之后，我国社会经济飞速发展，社会经济结构也发生了变化，生育率下降、人口流动加快等一系列因素的叠加，家庭趋向小型化，代际间在时空上趋向分离，养老需求与满足之间的张力不断加大，在家庭独木难支的情况下，“养老”逐渐演变成影响社会和谐安定的“问题”，对于养老保障建设较晚、发展还不健全的农村地区而言尤为如此。进入21世纪，随着我国国家经济实力的增强，国家开始注重协调各方资源以解决“三农”的相关问题，在2004年之后，中共中央、国务院连续下发关于推进农村地区发展的“一号文件”，攸关农村居民能否“安享晚年”的养老保障体系的完善也被提上日程。通观农村地区的发展实践来看，国家仍将保障基本生活作为重点，重视推进农村社会养老保险制度的建立和完善。

在经历了老农保发展的停滞之后，20世纪90年代部分地区又开始探索农村社会养老保险的试点工作。2002年，“探索建立农村养老、医疗保险和最低生活保障制度”在党的十六大报告中被明确提出。2003年，劳动和社会保障部下发《2003年劳动和社会保障工作要点》，提出要“做好农村社会养老保障工作，进一步理顺农村社会养老保险管理体制、加强基金监管、清理回收挤占、挪用基金，确保基金安全完整”，并且重申“在有条件的地区积极探索农村社会养老保障制度”。[①] 从各地区推行农村养老保障制度的实际情况来看，有部分地区延续了老农保制度，而有的地区则直接开启新型的农村养老保险制度建设。例如，宝鸡市在2006年根据本市的实际情况，制定了以“财政缴费补贴、子女捆绑缴费、普惠养老待遇、公

① 2003年劳动和社会保障工作要点［J］. 劳动保障通讯，2003（3）：4-7.

平制度享受”为原则、以5%~30%的县平均农民纯收入自主选择缴费的农村养老保险“宝鸡模式”。[①] 2008年，党的十七届三中全会发布了重要文件——《中共中央关于推进农村发展若干重大问题的决定》，其中明确要以“个人缴费、集体补助、政府补贴”的基本筹资缴费结构，来建立新型农村养老保险制度，也就是说，要开始进行农村正式养老保险制度的进一步探索。为了与20世纪90年代在农村地区开展的养老保险进行区分，理论界和实务界将其称为“新农保”，而在当年的政府工作报告中也直接明确了新农保的建设目标——“试点要覆盖全国10%左右的县（市）”。从现实发展来看，新农保制度实施之后，参保的农村居民人数得到了较大提升，截至2008年年底，全国参加新农保的人数已经达到5595.1万人,[②] 但是相对来说，覆盖范围仍较为有限，加之其他政治经济因素的影响，参保率还是比较低。丰富的实践为我们积累了丰富的经验，由此助推着制度的进一步发展与完善。在前期积淀的经验基础之上，国务院于2009年颁布了《关于开展新型农村社会养老保险试点的指导意见》，决定将新农保试点地区进一步扩展，明确了将制度覆盖至全国10%的县（市、区、旗），并且为了激励农村居民参保缴费、培养他们缴费的意识，以“长缴多得”“多缴多得”等制度设计为牵引，提供较富层次性的多档次缴费标准供农村居民按照自身情况自由选择。同时，农村的生活困难群体也为制度所关注，为了保障他们养老权益的享有，按照最低缴费档次——100元，代其缴纳部分或者全部养老保险费，并要在2020年实现制度对于农村全体居民的覆盖。新农保与老农保存在较大区别（见表2-1），特别是克服了老农保“参保对象缴费水平低、无政府补贴”等缺陷,[③] 一定程度上提升了农村居民参保的积极性。从制度发展来看，为了更为贴合地区发展的现实情况，国家给予地方在制度实施上一定的自由裁量权，部分实施老农保的地区延续了原有的制度，由此，我国也呈现出新农保和老农保并存的

---

① 赵曼，吕国营．城乡养老保障模式比较研究［M］．北京：中国劳动社会保障出版社，2010.

② 国家统计局．中国统计年鉴—2009［EB/OL］．http：//www.stats.gov.cn/tjsj/ndsj/2009/indexch.htm.

③ 汤兆云．新中国成立以来我国养老保险制度的改革探索与发展方向［J］．科学社会主义，2014（6）：109-112.

局面。随着国家政策的不断支持，农村居民养老保险覆盖面不断扩大，参保农村居民人数激增（见表2-2），扩展了制度的影响力，更为制度的可持续运行夯实了基础，也为构建多支柱体系以完善农村养老保障体系提供了动力。

表2-1 新农保与老农保的区别

保险类型	运行模式	筹资模式	参与性质	计发办法	社会保险性质
老农保	个人账户	个人缴纳（主）+集体补助（辅）+国家政策支持	自愿	个人账户的累计额	弱
新农保	个人账户+社会统筹	个人缴费+集体补助+国家财政补贴	近似于强制	基础养老金+个人账户	强

资料来源：马桑．中国基本养老保障一体化建设研究［M］．北京：人民出版社，2014.

表2-2 2006—2011年农村养老保险参保人数

单位：万人

年份	参保人数
2006	5373.7
2007	5171.5
2008	5595.1
2009	7277.3
2010	10276.8
2011	32643.5

注：笔者根据2006—2011年《国民经济和社会发展统计公报》公布数据整理。

2010年，党的十七大报告中明确了“加快建立覆盖城乡居民的社会保障体系”。同年，国家颁发《中华人民共和国社会保险法》（以下简称《社会保险法》），其中明确指出“国家建立和完善新型农村社会养老保险制度”，并对新农保的筹资模式、待遇构成等方面进行了规定，这也是我国第一次用法律的形式将农村养老保险制度确定下来。在新农保的发展过程中，国家也开始加强对游离于正式养老保障制度之外的城镇居民的关注。2011年，国务院发布《关于开展城镇居民社会养老保险试点的指导意见》，针对游离在正式养老保险制度之外的城镇居民，开始推行城镇居民社会养老保险（以下简称城居保）的试点工作，并且将制度发展目标定位为2012年实现城居保的制度全覆盖。从制度设计来看，城居保与新农保在筹资缴费以及待遇领取等方面的具体安排相差无几。

我国经济发展水平的提升为养老保障体系的完善提供了重要的契机、奠定了基础，新农保和城居保制度的建立是经济社会发展成果惠及全民的重要体现。通过设置多层缴费档次供城乡居民自由选择，并以“两头补”的形式进行激励，增强了城乡居民参保缴费的积极性，虽然在政策推行之初采取了家庭成员“捆绑”的强制参保方式，但是后期也不断修正了政策设计的不合理之处，更突出了“自愿”的原则。新农保与城居保制度的建立，使长久以来被排斥在正式保障制度之外的“非单位人”全部为正式保障制度所覆盖，我国也实现了养老保险惠及全民的制度建立目标，为民众安享晚年提供了基础经济保障。

（四）建立：城乡居民基本养老保险制度正式建立与发展时期

城居保制度的建立，标志着我国全民覆盖养老保险制度的建立，与之前的新农保制度一起构筑了“保基本”的“老有所养”安全网；但是，由于制度设计是“分群”而设的，制度的“碎片化”问题就较为严重，虽然在一定程度上是与我国社会经济发展结构相适应的，但这种“碎片化”极易导致“不同人群的制度模式自成一体，不同地区的制度模式各自为政”① 的情况发生，并且由于在缴费标准、参保条件等方面制度规定差别也较大，人为设置了群体之间、地区之间的藩篱，除了不利于人员的流动和制度的管理之外，更容易导致权利和机会的不平等。因此，国家开始着手统一新农保与城居保制度。

早在2011年，借助国家将养老保险覆盖范围扩大到城镇居民、建立城居保的契机，部分地区根据现实情况，直接“合二为一”，即将新农保与城居保两个基本养老保险制度合并实施，毕竟如前所述，两个制度之间并无较大差异，由此，城乡居民基本养老保险制度逐渐得以建立。例如，从

① 赵曼，吕国营．城乡养老保障模式比较研究［M］．北京：中国劳动社会保障出版社，2010.

河南省来看，2011 年，借助国务院开展城居保制度建设，颁布了《河南省人民政府关于开展城乡居民基本养老保险试点工作的实施意见》，以原有的制度模式为蓝本，直接在全省展开城乡居民基本养老保险的试点工作。其后，由于地区间差异的加大，养老保险“碎片化”所带来的问题也逐渐显露，国家决定开始推行制度整合工作。2014 年，党的十八大报告中就将“整合城乡居民基本养老保险”作为完善养老保障体系的重要组成部分。同年，国务院下发正式文件——《关于建立统一的城乡居民基本养老保险制度的意见》，决定“两保合一保”，在全国推行城乡居民基本养老保险。从制度设计上看，除了一些细微差别之外，城乡居民基本养老保险制度设计与已经实施的农村养老保险制度基本一致（见表 2-3）。由此，我国覆盖全民、统一的城乡居民基本养老保险制度得以正式建立起来。随着制度的发展，城乡居民养老保险参保缴费人数也逐年上涨（见表 2-4），实际覆盖人群和受益人群也在不断扩大。并且，近年来各地区一直不断提升城乡居民基本养老保险的待遇水平，如河南省城乡居民基础养老金最低标准已经从最初的每人每月 60 元提高到 2019 年的 103 元，① 而 2019 年广东省也将城乡居民基础养老金升至每人每月 170 元。② 2021 年，国务院发布《关于加强新时代老龄工作的意见》，进一步指出要“扩大养老保险覆盖面，逐步实现基本养老保险法定人员的全覆盖”“健全基本养老保险待遇调整机制，保障领取待遇人员的基本生活”等，以此为多层次养老保险体系的完善助力。③ 覆盖全民的正式养老保险制度可以为城乡居民“老有所养”提供基本的物质保障，相对而言不仅可以增加老年人的经济收入来源，也减轻了家庭养老保障的经济负担，是国家为全体人民编织的一张安享晚年的“安全网”。

---

① 中华人民共和国人力资源和社会保障部．河南：提高城乡居民基础养老金最低标准［EB/OL］. http：//www. mohrss. gov. cn/SYrlzyhshbzb/dongtaixinwen/dfdt/201902/t20190202_ 310122. html.

② 中华人民共和国人力资源和社会保障部．广东：提高城乡居民基本养老保险基础养老金最低标准［EB/OL］. http：//www. mohrss. gov. cn/SYrlzyhshbzb/dongtaixinwen/dfdt/201905/t20190517_ 318004. html.

③ 中国政府网．中共中央、国务院关于加强新时代老龄工作的意见［EB/OL］. http：//www. gov. cn/zhengce/2021-11/24/content_ 5653181. htm.

表 2-3　新农保与城乡居民基本养老保险的区别

保险类型	目标群体	缴费档次	财政补贴标准
新农保	未被正式制度覆盖的农村居民	100 元、200 元、300 元、400 元、500 元	每年不低于 30 元/人
城乡居民基本养老保险	未被正式制度覆盖的城乡居民	100~1000 元（共 10 个缴费档次）以及 1500 元和 2000 元（各地可根据需要增设）	每年不低于 60 元/人

注：这里仅列举国务院发布的关于新农保和城乡居民基本养老保险制度的文件中规定上存在的差别，以供了解。

表 2-4　2012—2021 年历年城乡居民基本养老保险参保人数统计

单位：万人

年份	参保人数
2012	48369.5
2013	49750.1
2014	50107.5
2015	50472.2
2016	50847.1
2017	51255.0
2018	52391.7
2019	53266.0
2020	54244.0
2021	54797.0

数据来源：笔者根据 2012—2021 年《国民经济和社会发展统计公报》公布数据整理。

正式养老保险制度的建立，可以为“老有所养”提供基本的保障，而城乡居民基本养老保险制度的目标也在此，是我国经济发展成果由全民共享的执政理念的重要体现，更是我国共同富裕的实质体现。我国城乡居民养老保险制度“从无到有”的时间看似较短，但事实上，在前期已经进行了诸多探索，并且是在借鉴人类已有经验的基础之上，结合了本国的发展实际而制定出的具有我国特色的养老保险制度，这既是人类智慧的积淀，又是我国经济、社会、文化发展进步的体现。当然，囿于经济社会发展水平，我国城乡居民基本养老保险保障水平较低，对象主要是商业保险市场

“没有价值的顾客”，但这也正是我国经济发展全民共享精神的体现，更是我们制度优越性的展现，该制度的建立有利于弥合长久以来“城乡”之间二元结构所造成的二元分离局面。对于养老保险制度自身而言，“两保合一保”可以缓解制度过于“碎片化”的问题，为养老保险制度的公平、稳定、持续发展铺平道路。

二、城乡居民基本养老保险制度业已取得的成就

城乡居民基本养老保险从建立之初及至现今，走过的时间虽不长，但是是建立在对传统与现代、中西之间有益成果的充分借鉴上，且基于地区差异，已经积累了一定的经验，为我国城乡居民构筑了基本的养老保障网。同时，经过中华人民共和国成立以来实践经验累积的奠基以及养老保险制度自身发展的推动，城乡居民基本养老保险制度已经成为我国增进民生福祉制度体系的重要组成部分，在现实中也取得了一定的成效。

（一）促普惠：覆盖范围持续扩大

“从无到有”，以全民覆盖的制度构建来实现全民享有；“从有到优”，不断完善着制度保障体系，由此，城乡居民基本养老保险制度为我国“老有所养”提供了基础的保障。与此同时，我国社会养老保险制度的全民覆盖也是养老福利事业走向全民普惠的重要标志，更是全民共享经济社会进步所结出累累硕果的重要体现。

从农村养老保险发展来看，长久以来，由于我国经济发展水平的限制，正式的养老保险制度一直将农村居民排斥在外。农村居民养老问题只能依靠以土地为经济基础，以血脉传承、日常亲密互动为组织基础所奠基的代际反哺的家庭养老来予以解决。对于绝大部分农村老年人而言，家庭是他们晚年生活的唯一依靠，他们以自力更生实现着颐养天年的期望。特别是在改革开放之前，在一定年龄“退休”并能获取一定的养老金来保障晚年生活一直是“城里人”“单位人”的“特权”，农村居民对于获取制度性保障虽有期待但仅是“观望”。随着社会经济发展进程加快，特别是

工业化进程对于自由劳动力的需求，迫切需要个体从家庭走进工厂，加之户籍制度改革的稳步推进，农村居民乡土生活的宁静被打破，日渐投入市场经济发展的洪流之中，人们开始离开土地、离乡背井，走向工厂、走进城市。由此，“留守老人”“空巢老人”等问题开始出现，自由主义的经济文化思潮也打破了传统乡土社会的家庭政治经济文化结构，不仅使家庭共同体趋于离散直接影响老年人晚年生活的质量，还影响着整个社会的稳定和谐。现实社会矛盾的产生不断向国家施压，迫切需要政府在农村养老保险制度的建构上给予更多资源支持。在经济发展水平较高的地区，地方政府开始重视构建完善的养老保障体系，而推行养老保险制度就是探索的重要路径选择，有条件的部分地区开始试点农村养老保险制度。虽然在制度发展的初期，参保人员较为有限，但是我国农村养老保险还是实现了“从无到有”，并且不断走向“从有到优”，参保人数也持续不断得到提升（见图 2-1），农村居民也开始有“养老金”的意识。

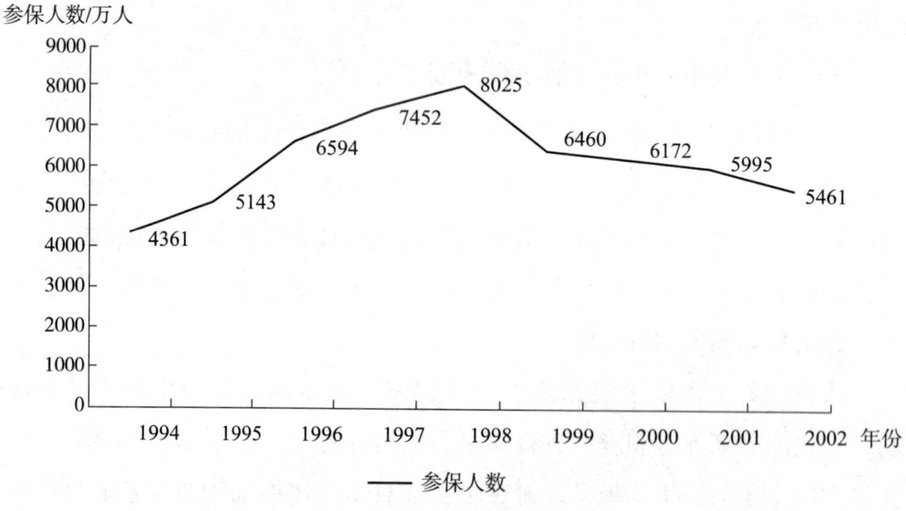

图 2-1　1994—2002 年历年农村社会养老保险参保人数统计

资料来源：转引自张声慧．城乡居民养老保险可持续发展问题研究［D］．大连：东北财经大学，2018.

虽然在老农保停滞发展期，参保人数有所下降，但是在新农保制度推行之后，参保人数得到飞速提升（见图 2-2）。

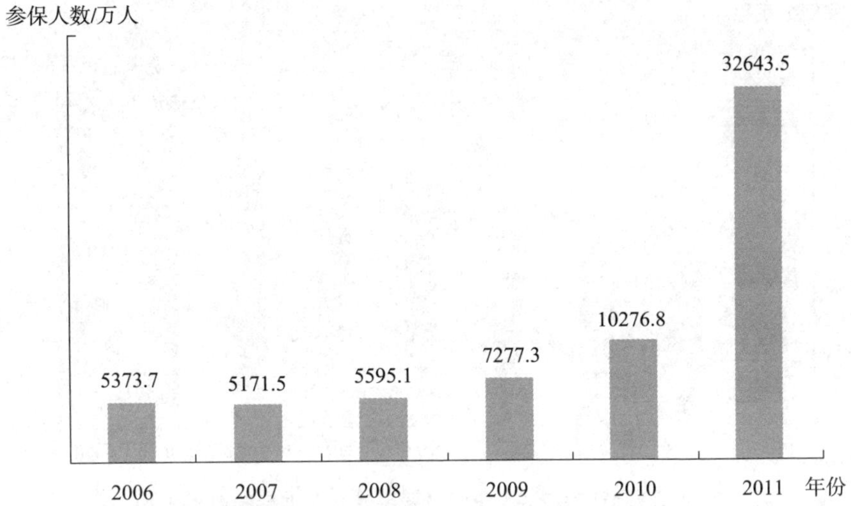

图 2-2　2006—2011 年新农保参保人数

资料来源：转引自张声慧．城乡居民养老保险可持续发展问题研究［D］. 大连：东北财经大学，2018.

而随着城镇居民原有单位保障集体福利制度的解体，新的保障制度并未建立起来，部分城镇居民也失去了正式保障的庇护。同时，随着家庭“空巢化”和“核心化”等问题的加剧，家庭保障能力式微，已经步入老年的居民养老问题也变得日益突出；尚未步入老年的居民也需要为养老提前做准备，为他们的养老问题进行制度建构也显得尤为必要。于是，在充分运用“摸石过河”的经验优势基础上，国家开始向“游离的城镇居民”推行城居保。随着经济形势发展的要求以及政府经济职能转变使然，“两保合一保”被提上日程，国家开始推行“城乡居民基本养老保险”，全体国民均为正式的养老保险制度所覆盖，参保人数也逐渐攀升（见图 2-3）。从统计数据来看，我国基本养老保险参保率从 2015 年的 82%上升到了 2020 年的 91%。①

综观城乡居民基本养老保险的发展变迁可以看出，在结合我国国情的

① 中华人民共和国人力资源和社会保障部．人力资源社会保障部关于印发人力资源和社会保障事业发展“十四五”规划的通知［EB/OL］. http://www.mohrss.gov.cn/SYrlzyhshbzb/zwgk/ghcw/ghjh/202107/t20210702_417552.html.

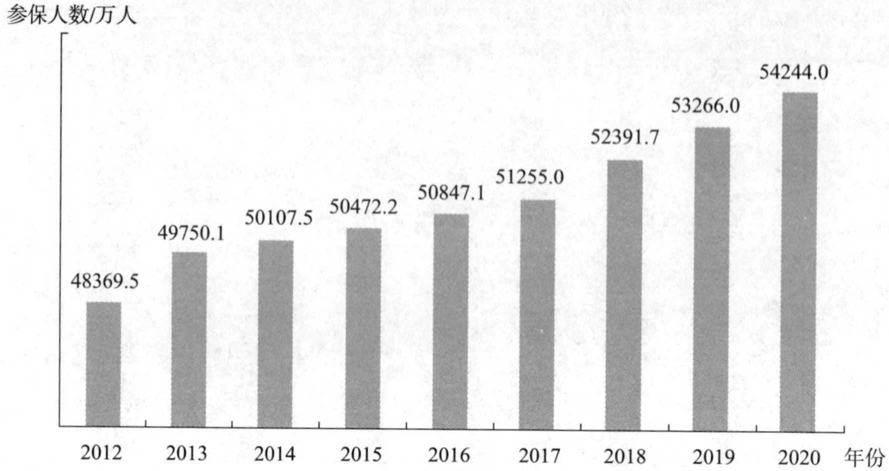

图 2-3　2012—2020 年城乡居民基本养老保险参保人数

数据来源：笔者根据 2012—2020 年《国民经济和社会发展统计公报》相关数据整理。

基础上，较具我国特色的城乡居民基本养老保险制度得以建立起来，虽然建立时间较晚，但打破了始终有部分人群被排斥在正式养老保险制度之外的僵局，其建立标志着民众均被纳入正式的社会保障制度中；达到了“从点到面”的阶段性发展要求，改变了养老保险制度仅是“单位人”特有保障这一局面，实现了从企事业单位职工、城镇企业职工等“少数人”特有向全民享有的跃进。最终，城乡居民基本养老保险不断趋向真正全民覆盖的制度建设目标，体现了我国社会保障事业普惠全民的政策趋向，更促进着我国城乡居民养老福祉水平的提升。

（二）多支柱：资金筹集主体多元

对于保险事业发展来说，资金的筹集是保险事业运行的基础。只有有稳定的筹资渠道来支撑，才能保障“大数法则”的有效运转，从而推动保险事业的持续发展。虽说养老保险的目的是为个人年老时提供经济方面的保障，但是仅由个人自愿出资的资金筹集机制对于城乡居民不具有吸引力和激励性，毕竟在收入有限的情况下，城乡居民更愿意将资金投入应对“眼前的困境”。由此，以责任共担为原则，建立多方筹资模式的养老保险制度以吸引城乡居民参保缴费就显得尤为必要。从制度的建构来看，城乡居民养老社会保险制度就依托于责任分担的原则，建立了“个人+集体+国家”的多筹资渠道。

在改革开放之前，我国在农村地区所实施的针对孤寡老人的“五保供养”制度以及其后所实施的针对全体农村居民的养老保险制度，所依托的都是农村已有的集体经济。具体来看，“五保供养”制度所针对的是需要救济的孤寡老人，所以一般是集体来付费兜底。对于普通农村居民而言，待遇的享有则需要先付出一定的代价，体现出制度权利与义务相统一的原则。结合当时农村集体经济发展的特点以及国家整体较低的经济发展水平的现实情况，老农保将资金来源聚集在个人和集体等主体上，而国家只是提供了一些政策上的支持，即施行“个人缴纳为主，集体补助为辅，国家给予政策支持”的筹资结构，而从实际运行上来看，养老保险基金最为主要的来源应该是个人缴费。虽然事实证明这种筹资模式不具有可持续性，也不能为农村居民所广泛接受，但是在当时的经济发展水平之下，国家对于这一政策的财政扶助能力有限，因此，也只能依靠个人和集体想办法。“与私人保险不同，由公共调节的社会保险的意义恰恰在于，它不能只考虑投保人的经济支付能力，也要从需求的角度考虑问题”，也就是说，“这是一个道德的而非经济的论据”，对于这两个方面的考虑不能顾此失彼。① 这也意味着由国家政策去引导建立的社会养老保险制度，应该更重视福利性质。对于我国来说，随着社会经济发展水平的提升，国家财政实力也日渐增强，在此基础上，只有稳步扩展城乡居民基本养老保险资金筹集渠道，才能保障养老保险基金的稳定性，才能真正发挥保险的功用，在促进制度可持续发展的同时，也能更多展现保障民生发展、增进国民福祉的一面。

当前，基于经济发展水平产生的积累，国家财力得以大幅提升，因此，国家在农村养老保险制度筹资方面的责任开始凸显，构建“个人缴费、集体补助、国家财政补贴”筹资模式的条件开始具备，由此，新农保

① ［德］弗兰茨-克萨韦尔·考夫曼．社会福利国家面临的挑战［M］．王学东，译．北京：商务印书馆，2004.

制度得以建立，个人、集体、政府三方分担的养老保险资金筹集模式在我国初步形成。同时，国家对于社会保障事业的财政投入资金也连年上涨（见表 2-5），不断提升对基本养老保险财政支持水平。在集体方面，由于大部分地区集体经济已经土崩瓦解，丧失了对养老保险的支持能力，呈现“名存实亡”的特点。随着养老保险待遇给付压力的增大，进一步增加了养老保险基金保值增值的压力，为此，国家不断实施“开源”之策：在 2001 年国务院批准下发的《全国社会保障基金投资管理暂行办法》中，提高了社会保障基金投资基金、股票等的比例，将其规定为最高 40%；国家不断将国有资产划拨进社会保障基金的资金池。在国家政策的不断支持下，在对其他主体的充分激励下，国家力保社会保障基金保值增值目标的实现。例如，从社会保险基金的发展来看，全国财政性净拨入的资金累计高达 9595. 82 亿元，而投资增值累计为 11780. 69 亿元；仅 2019 年，国家财政向社会保障基金拨入 464. 943 亿元，社会保障基金投资收益率达到 14. 09%。①

表 2-5　2008—2020 年社会保障与就业财政支出

单位：亿元

年份	中央社会保障与就业财政支出	地方社会保障与就业财政支出	总计
2008	344. 28	6460. 01	6804. 29
2009	454. 37	7152. 31	7606. 68
2010	450. 30	8680. 32	9130. 62
2011	502. 48	10606. 92	11109. 40
2012	585. 67	11999. 85	12585. 52
2013	640. 82	14490. 54	13849. 72
2014	699. 91	15268. 94	15968. 85
2015	723. 07	18295. 62	19018. 69
2016	890. 58	20700. 87	21591. 45
2017	1001. 11	23610. 57	24611. 68

① 全国社保基金理事会．全国社会保增长基金理事会社保基金年度报告（2019 年度）［EB/OL］．http：//www. ssf. gov. cn/cwsj/ndbg/202009/t20200910_ 7798. html.

续表

年份	中央社会保障与就业财政支出	地方社会保障与就业财政支出	总计
2018	1184. 55	25827. 54	27012. 09
2019	1231. 53	28147. 55	29379. 08
2020	1119. 98	31448. 53	32568. 51

数据来源：笔者根据2009—2021年《中国统计年鉴》相关数据整理。

综合来看，我国城乡居民基本养老保险基于前期养老保险制度建设的实践，前期以个人缴费为主。随着经济社会发展水平的提升，国家开始成为重要的筹资主体，且对于社会保障基金的投资限制逐渐放开，同时通过不断划拨国有资产，有力提升了社会保障基金的实力。也就是说，在国家政策和财政的支持下，筹资渠道增多、保值能力增强，进而为社会养老保险制度的可持续运行夯实了基础。

（三）升水平：待遇水平稳步提高

作为我国保障“老有所养”的基本制度设计之一，城乡居民基本养老保险制度承担着在人口老龄化程度不断加深背景下全体城乡居民老年基本生活保障的重任。在制度建立之初，并没有相应的基金积累，但是国家以财力支持直接使已经达到60周岁的目标群体可以获得基本养老金，为城乡居民带来了较大的制度获得感。随着物价水平的变动，养老保险的待遇水平必然也需要合理提升，这也与全民共享发展成果的基本理念相适应。覆盖全民意味着攸关全民，由此，城乡居民基本养老保险的待遇水平就体现着全民老年生活的基本保障水平，其水平的提升也是增进民生福祉的根本要求。“提供适当水平的养老金待遇是公共养老金制度为了满足民众的最终期望而必须实现的两个主要目标之一”，[①] 我国的现实国情决定了对于养老保险待遇水平的提升要慎之又慎，毕竟基数庞大的老年人口意味着，每增加一元养老金，就会产生巨大的支付额度，就会给社会保障基金持续稳

① 高山宪之，王新梅．论公共养老金待遇水平的适当性［J］．社会保障评论，2021（2）：75-80.

定带来巨大的压力，也会给政府财政带来较大负担。但是，全体国民共享社会发展成果是我国社会发展的基本原则，也就是说，随着经济社会发展水平的提高，养老保险待遇水平必然也将随着得到提升。

新农保制度建立之初，没有前期缴费的积累，国家为了使农村居民切实感受到保险制度的优越性，同时也提高他们对制度的认同度、激发他们参保的热情，规定年满 60 周岁的城乡居民，无须缴费可以直接获得 55 元/（人·月）的基础养老金。当然，基于我国地区发展差异性的存在，国家也给予地方以裁量权，文件明确规定地方可以根据地区实际情况适当提高标准。城居保实施之时，国家也是按照这一标准来实施。到 2015 年，人力资源和社会保障部联合财政部等多部门共同下发《关于提高全国城乡居民基本养老保险基础养老金最低标准的通知》，城乡居民基本养老保险的基础养老金水平得到提升，标准为 70 元/(人·月)。到 2018 年，国家在综合考虑经济社会发展水平、城乡居民收支以及物价变动等因素下，将基础养老金最低标准提升至 88 元/(人·月)。而提高待遇标准的资金，在西部地区由中央财政全额补助，对于东部地区则给予 50%补助。[①] 除了中央持续发力之外，近年来各地区也根据自身发展情况，适时提升了城乡居民养老保险待遇水平，如山东省城乡居民基础养老金最低标准已经从最初的 60 元/(人·月)升至 2021 年的 150 元/(人·月)，[②] 而早在 2018 年广东深圳市就将具有本市户籍超过 8 年的城乡居民基础养老金升至 420 元/(人·月)，而对于不满 8 年的，则将基础养老金升至 280 元/(人·月)。[③] 数据显示，城乡居民养老保险基础养老金从 2013 年的 31.59 元/(人·月）提高至 2019 年的 161.86 元/(人·月)，养老保险待遇水平稳步提升。[④]

---

① 中华人民共和国中央人民政府．两部门关于 2018 年提高全国城乡居民基本养老保险基础养老金最低标准的通知[EB/OL]. http：//www.gov.cn/xinwen/2018-05/12/content_5290515.htm.

② 中华人民共和国中央人民政府．山东：居民基本养老保险基础养老金最低标准提高到 150 元［EB/OL］. http：//www.gov.cn/xinwen/2021-07/04/content_5622329.htm.

③ 中华人民共和国中央人民政府．深圳提高居民基础养老金标准［EB/OL］. http：//www.gov.cn/xinwen/2018-10/27/content_5335061.htm.

④ 张开云，徐强，马颖颖．城乡居民基本养老保险制度：运行风险与消解路径［J］. 贵州社会科学，2021（2）：61-69.

养老保险的待遇水平对于老年人的经济获得感会产生一定正向影响,[①] 毕竟这是城乡居民可以看得到的实惠、摸得到的好处。我国城乡居民基本养老保险待遇水平的提升受到地区经济社会发展现实情况的影响。由此，地区基本养老金待遇必然会存在一定差距，呈现出不均衡的特点，但是整体来看，随着地区经济水平的整体提升，各地区城乡居民养老保险基础养老金也得以不断上涨，符合制度发展的初衷，也切实持续提升着我国城乡居民的获得感。

（四）促整合：持续推进制度衔接、提高整合水平

我国在养老保险制度建立之初，考虑地区发展的差异，为了使制度能因地制宜，给予地方一定的自主权，各地区在整体框架不变的基础上，在补贴以及待遇水平等方面存在一定的差别，再加上养老保险统筹层次一直处于较低的水平，因此，很容易造成区域间转移接续不畅的问题。为了完善我国养老保障体系，提升养老保障水平，国家分别针对城镇职工、农村居民以及城镇居民等建立了城镇职工养老保险、新农保和城居保等制度，我国逐步实现了将全民纳入正式养老保障体系的目标，并且以财政投入提升制度的福利性，以真实实现发展成果惠及全民的战略目标，但是针对不同人群设置不同方案的养老保险容易导致制度间梗阻的出现，会引发人群在地区间流动受阻，损毁部分参保人员获取相应养老保障的合法权益，毕竟不同制度意味着需要付出额外的制度衔接成本去实现自由的流动，也就导致了不同制度衔接体系建立的需要。从现实发展来看，现在养老保险只有建立完善的转移接续体系，才符合现代社会发展的需要，也才能切实保障参保人员保险权益的享有。如有学者对劳动人口的迁移行为研究发现，养老保险制度之间存在较大差异的话会带来较大的养老保险迁移成本，进而会阻碍劳动人口的迁移行为。[②]

① 罗叶，贺晓英，宁满秀．新型农村社会养老保险制度对农村老人经济获得感的影响［J］．湖南农业大学学报（社会科学版），2021（1）：63-69.

② 李锐，杨雷．养老保险制度差异对迁移行为的影响分析［J］．人口与经济，2015（3）：106-115.

在2009年之前，我国养老保险制度的发展主要得益于地区“摸着石头过河”，国家也鼓励“百花齐放”，在全国统一的制度框架下可以基于地区发展的现实情况来发展养老保险制度，养老保险在各地区开始“因地制宜”地发展，由此造成了养老保险制度层面设置的统筹层次较多，不同统筹区域养老保险基金独立运营，经办程序也存在一定差别，从而导致了“不同制度之间、统一制度在不同区域之间均无法实现转移衔接”情况的出现，也就是说，养老保险区域隔离状态较为明显，影响了参保人员待遇的享有。特别是对于农民工而言，返乡或者异地流动之时，往往只能选择退保，单位所缴纳的统筹部分资金只能留在参保地，折损了养老保险的参保权益。[①] 而在2009年，人力资源和社会保障部、财政部发布了《城镇企业职工基本养老保险关系转移接续暂行办法》，其中将包括农民工在内的所有参与城镇企业职工基本养老保险的人员在转移基本养老保险关系时资金计算方法、跨省就业转移方法以及待遇领取条件等进行了具体的规定。[②] 除了城镇企业职工基本养老保险之外，随着社会经济发展需求的增加以及提升人民幸福感、获得感的现实需要，国家在推动基本养老保险整合方面的步伐开始加快。

2014年，国务院发布《关于建立统一的城乡居民基本养老保险制度的意见》，将新农保和城居保制度进行了合并，其中明确规定城乡居民参保人员“在缴费期间户籍迁移、需要跨地区转移城乡居民养老保险关系的，可在迁入地申请转移养老保险关系，一次性转移个人账户全部储存额，并按迁入地规定继续参保缴费，缴费年限累计计算；已经按规定领取城乡居民养老保险待遇的，无论户籍是否迁移，其养老保险关系不转移”，并且进一步强调了“城乡居民养老保险制度与职工基本养老保险、优抚安置、城乡居民最低生活保障、农村五保供养等社会保障制度以及农村部分计划生育家庭奖励扶助制度的衔接，按有关规定执行”，从而为养老保险制度

① 李艳荣．碎片整合、制度衔接和统一框架的建立——我国社会养老保险制度改革发展路径［J］．江苏行政学院学报，2016（3）：74-80.

② 中国政府网．国务院办公厅关于转发人力资源社会保障部财政部城镇企业职工基本养老保险关系转移接续暂行办法的通知［EB/OL］．http：//www.gov.cn/zhengce/content/2009-12/29/content_ 8104.htm.

间的衔接做了“铺前性准备”。[①] 同年，发布了《城乡养老保险制度衔接暂行办法》，其中对城镇职工养老保险和城乡居民基本养老保险之间的转移接续相关问题进行了明确规定。[②] 2015 年，国务院发布的《关于机关事业单位工作人员养老保险制度改革的决定》中明确提出“参保人员跨统筹范围流动或在机关事业单位与企业之间流动，在转移养老保险关系的同时，基本养老保险个人账户储存额随同转移”。[③] 2016 年，人力资源和社会保障部印发了《关于城镇企业职工基本养老保险关系转移接续若干问题的通知》，在养老保险转移接续方面进行了明确的规定：“视同缴费年限计算地、缴费信息历史遗留问题处理、临时基本养老保险缴费账户的管理、一次性缴纳养老保险费的转移、重复领取基本养老金的处理、退役军人养老保险关系转移接续、城镇企业成建制跨省转移养老保险关系的处理以及户籍所在地社会保险经办机构归集责任”，[④] 该文件的下发为我们打破不同区域之间、不同制度养老保险的转移接续奠定了基础。2021 年，我国发布的《中共中央关于制定国民经济和社会发展十四个五年规划和二〇三五年远景目标的建议》中将“推进社保转移接续，健全基本养老、基本医疗保险筹资和待遇调整机制”列入重点工作任务之中。[⑤]

“整合不足就是社会排斥的表征”，[⑥] 随着国家政策关注度的增强以及相应措施的逐渐完善，我国基本养老保险转移接续工作已经取得了一定的成果，显著提高了养老保险制度的便携性，更为人员在地区间、行业中的自由流动创设了条件，增强了社会融合性，同时也减轻了基本养老保险制

---

① 中国政府网．国务院关于建立统一的城乡居民基本养老保险制度的意见［EB/OL］．http：//www. gov. cn/zwgk/2014-02/26/content_ 2621907. htm.

② 中国政府网．人力资源社会保障部、财政部关于印发《城乡养老保险制度衔接暂行办法》的通知［OB/EL］．http：//www. gov. cn/gongbao/content/2014/content_ 2701566. htm.

③ 中国政府网．国务院关于机关事业单位工作人员养老保险制度改革的决定［EB/OL］．http：//www. gov. cn/zhengce/content/2015-01/14/content_ 9394. htm.

④ 中国政府网．人力资源社会保障部关于城镇企业职工基本养老保险关系转移接续若干问题的通知［OB/EL］．http：//www. gov. cn/xinwen/2016-12/02/content_ 5142010. htm#1.

⑤ 人民日报．中共中央关于制定国民经济和社会发展第十四五个五年规划和二〇三五年远景目标的建议［N］．人民日报，2020-11-04（1）．

⑥ 彭华民，等．西方社会福利理论前沿：论国家、社会、体制与政策［M］．北京：中国社会出版社，2009.

度的“碎片化”程度。

（五）重服务：管理服务体系不断优化

作为我国增进民生福祉的重要推动力量，广覆盖、高参保率的城乡居民养老保险制度的持续发展至关重要。随着参保人数的不断增加，也考验着我国社会养老保险经办服务机构的能力，反映着我国社会保障管理服务的水平。可以说，社会保障经办管理水平不仅体现着“为人民服务”的基本理念，还体现了社会的文明与进步，是我国社会保障体系高质量发展的重要衡量指标。

现今，随着服务理念的转变以及信息技术水平提升的加持，我国社会保障管理服务水平不断提升。社会保险建立起了“以各级社会保险经办机构为主干、以社会服务机构为依托、以市场服务机构为辅助、以社区服务为基层平台、以网络通信服务为基础平台、以信息化手段为基本技术支撑的服务网络”。[①] 由此，借助银行等市场服务机构，我国城乡社会养老保险参保人员已经被纳入社会化服务，实现了养老金的社会化发放；在部分基层社区服务平台设立有自主柜员机等，提升了服务的可及性、便民性。同时各地区不断优化经办服务体系，已经能实现社会保障经办事项如养老保险、社保关系以及其他保险业务等“一窗通办”，大大提高了便民程度。同时，借助信息技术发展水平提升带来的便利，社会养老保险经办机构也开始不断提升着自身的经办管理水平和人员的业务能力。

在信息技术支撑下，社会保险经办管理机构积极拓展业务经办渠道，采取“线上+线下”的手段，如开发经办业务相关 App、微信小程序以及完善人社局门户网站等方式，便利保险参保人员办理相关业务或者进行信息查询，同时根据需要提供上门服务等，提升人性化水平和关怀度。在资格认证方面，也开通了网上“人脸识别”认证的途径，便于城乡居民待遇领取等。与此同时，我国社会保障经办服务信息化建设已经较具规模，自 1999 年上海市首发社会保障卡以来，我国社会保障经办服务开始踏上了信

① 王美桃．我国社会保险经办服务体系的历史变迁及启示［J］．当代经济，2014（18）：20-21.

息化之路。① 其后，2003 年，国家正式开始进行“金保工程”建设，及至现今我国已经建立完善了以中央、省、市为支撑的三级网络体系，基本实现了中央与省级单位以及省级单位与市级单位社会保险数据中心的网络链接，提升了社会保险管理经办服务的规范化水平，相对来说减少了经办服务过程中人为干预问题的产生。到 2020 年，我国社会保障卡持卡人数已经超过了 13.35 亿人，已经覆盖所有地市，覆盖率达到 95.4%，并且电子社保卡也累计达到 36664.2 张，已经形成了“线上+线下”的“一卡通”服务，极大地便利了城乡居民。② 同时，为了拓展服务通道，提升便民化服务程度，国家开通“12333”电话咨询服务热线，关于相关服务事项，“提供 5×8 小时人工咨询服务和 7×24 小时自动语音服务”，有效减少了部分社会保障事项“办事跑腿”的次数。据相关部门权威统计，在 2020 年全国来电共计 1.55 亿次，人工服务已经实现了地市的全覆盖。③

2020 年底，我国基本养老保险基金管理已经在全国实现了省级统收统支，并且多数省份已经实现了相关养老保险业务的全省通办，相关养老保险关系可自动接续，为人员在省内的自由流动奠定了基础。④ 同时，在 2021 年发布的《人力资源和社会保障事业发展“十四五”规划》中也明确提出要实现基本养老保险的全国统筹，并且要“建设国家社会保障服务中心，构建全国一体的社会保险经办服务体系”，最终要“建立与养老保险全国统筹相适应的经办管理服务体系，逐步建成垂直管理的经办组织架构，统一管理全国统筹基金”。⑤ 统筹层次的提高为保险关系的转移接续、基金保值增值等问题的解决提供了基础支撑，有利于人员的自由流动，也

---

① 职新建．首张社保卡和金保工程［J］．中国社会保障，2019（Z1）：78-79.

② 中华人民共和国人力资源和社会保障部．2020 年度人力资源和社会保障事业发展统计公报［EB/OL］．http：//www.mohrss.gov.cn/SYrlzyhshbzb/zwgk/szrs/tjgb/202107/t20210726_ 419319.html.

③ 中华人民共和国人力资源和社会保障部．2020 年度人力资源和社会保障事业发展统计公报［EB/OL］．http：//www.mohrss.gov.cn/SYrlzyhshbzb/zwgk/szrs/tjgb/202107/t20210726_ 419319.html.

④ 中华人民共和国人力资源和社会保障部．健全多层次养老八项体系［EB/OL］．http：//www.mohrss.gov.cn/xxgk2020/fdzdgknr/zcjd/zcjdwz/202107/t20210713_ 418347.html.

⑤ 中华人民共和国人力资源和社会保障部．人力资源社会保障部关于印发人力资源和社会保障事业发展“十四五”规划的通知［EB/OL］．http：//www.mohrss.gov.cn/SYrlzyhshbzb/zwgk/ghcw/ghjh/202107/t20210702_ 417552.html.

有利于经办服务水平的进一步提升，更助力了制度的可持续运行。

以快速发展的信息技术为支撑，以为人民服务的信念为引导，我国城乡居民社会保障管理服务能力不断得到提升，从而有效减少了城乡居民办理养老保险相关事项所花费的时间和精力，提高了城乡居民的获得感和幸福感，有助于增进我国民生福祉。

（六）重规范：相应法律体系日益完善

法律体系是制度顺利、持续运行的重要保障，而对于现代社会保障制度而言，为了实现健康发展，必须以法律为依据，相关项目必须在管理机构有效监管下实施。① 从我国城乡居民基本养老保险制度发展来看，“从无到有”不仅体现在制度的建立上，也体现在法律体系的构建上，关于城乡居民基本养老保险相应的法律体系也逐渐走向了完善。

1953 年，政务院修正《中华人民共和国劳动保险条例》（以下简称《劳动保险条例》），决定对“单位人”开展劳动保险制度，标志着我国正式养老保险制度的建立，虽然当时覆盖范围极为有限，但其是我国在社会保险法治进程中较具里程碑意义的行政法规。1954 年《中华人民共和国宪法》的颁布，其中明文规定：“中华人民共和国劳动者在年老、疾病或者丧失劳动能力的时候，有获得物质帮助的权利。国家举办社会保险、社会救济和群众卫生事业，并且逐步扩大这些设施，以保证劳动者享受这种权利。”② 至此，我国最高法将建立社会保险制度确定下来。1992 年，民政部发布《县级农村社会养老保险基本方案（试行）》，国家关于养老保险的制度探索开始面向农村，由此老农保制度得以在全国开始推行，这也是我国农村居民首次被纳入正式的社会保障体系中。在 1994 年颁布实施的《中华人民共和国劳动法》中对“养老保险、医疗保险、工伤保险、失业保险和生育保险”等方面作了一些原则性的规定，进一步明确了劳动者在这些方面所享有的权益。1996 年《中华人民共和国老年人权益保障法》颁

① 郑功成．社会保障学［M］．北京：商务印书馆，2000.

② 中国人大网．中华人民共和国宪法（1954 年）［EB/OL］．http：//www.npc.gov.cn/wxzl/wxzl/2000-12/26/content_ 4264.htm.

布，在相应条文中规定了建立养老保险制度来保障老年人基本生活需要的满足。2009 年之后，随着国务院颁布相关指导意见，新农保和城居保以及城乡居民基本养老保险制度等逐步得以推行。及至 2010 年《社会保险法》正式颁布，对我国社会保险方面进行了具体的法律规定，这也是我国首部关于社会保险方面的综合性法律，对于基本养老保险全国统筹、基金监管、转移接续等问题都作出了明确规定，是“对我国社会保险制度转型成果的全面总结，它不仅填补了社会保险领域综合性法律缺失的空白，而且是中国社会保障法制建设的重要里程碑”，标志着我国社会养老保障的法制建设“从分散走向相对集中”，被誉为“改革开放以来社会养老保障体系建设的最大亮点”。

我国城乡居民基本养老保险法律体系经历了从缺失到逐渐完善的过程，在初始的探索阶段，呈现出了过度“碎片化”的特点，相应制度的推行多是依托于国务院或者地方政府及其职能部门所作出的指导意见、办法等，并且随着制度推广区域的不断扩大，各地纷纷根据本地区的具体情况而制定了不同的意见、办法等，加大了制度“碎片化”的程度，为统一养老保险制度的建构设置了更多的障碍，不仅损害了部分群体的利益，也折损了制度的权威性，制约着养老保险制度发展的进程。虽然《社会保险法》的建立为我国破除养老保险制度碎片化、建立统一养老保险制度奠定了法治基础，但是制度不统一、① 可操作性不强②以及法律之间的衔接③等问题的存在，使其仍存有较大需要完善的空间，真正的效果仍需要实践去检验。

三、城乡居民基本养老保险制度尚需完善之处

城乡居民基本养老保险制度的建立，奠定了我国民生事业发展的基础，更是增进国民福祉的重要内容之一，也是共同富裕在现实生活中的重

---

① 杨思斌．社会保险法实施中的问题与对策［J］．云南行政学院学报，2013（4）：140-143.

② 栗燕杰．中国社会保险法治评估与展望——以《社会保险法》为核心的考查［J］．人民论坛，2014（34）：127-129.

③ 蒋悟真，尹迪．社会救助法与社会保险法的衔接与调适［J］．法学，2014（4）：66-73.

要体现。其虽然发展时间较短，但是已经取得了瞩目的成就，当然“瑜不掩瑕”，发展的进程并非坦途，从现今城乡社会养老保险制度发展实践来看，仍有一些需要完善之处，制约着制度的可持续发展。

（一）名与实：城乡差异依然存在，公平性亟待增强

“任何名副其实的社会保障计划，都必须保证每个公民在其一生的工作中，只要尽可能地履行了劳动义务，作为权利，都能在年老退出工作后申领维持基本生活的收入。”① 虽然我国实现了养老保险制度对于全民的覆盖，并且以基本养老金来兜底城乡居民的晚年生活，但是，覆盖面大并不必然意味着养老金的作用也大。② 城乡二元分割现实的长期存在导致城乡居民在同一制度之下所获得的福利待遇存在较大差异。早期为了加快社会经济发展的步伐，我国针对农村和城市实施不同的政策措施，最终形成了城乡分离的二元格局。多年来的制度分割以及不同政策的导向等现实问题的存在使城乡发展虽方向一致但差距始终存在，并且随着经济转型，以第一产业为主的农村地区发展始终较为滞后，不断拉大城乡之间的差距。同时，以地域、行业等为基础构建的不同制度模式，导致了地域间、行业里不同群体的待遇享受也存在较大差距，也极易导致不同群体之间获得感存在较大差异。

虽然近年来国家一直致力于城镇化建设，农村居民人口不断缩减，农村人口占全国总人口的比例已经从 1949 年的 89.36%减少到 2020 年的 36.11%，③ 但是基数依然大，农村居民还是一个庞大的群体，需要给予一定的政策保障。从现今城乡居民基本养老保险制度本身而言，在制度设计上，关于缴费模式、计发办法等，城乡居民基本一致，而在待遇给付标准方面，城乡居民基本养老金的标准是一致的，但是由于农村和城镇在消费

① ［英］贝弗里奇．贝弗里奇报告：社会保险和相关服务［M］．社会保险研究所，译．北京：中国劳动社会保障出版社，2008.

② ［丹麦］哥斯塔·埃斯平-安德森．福利资本主义的三个世界［M］．李秉勤，贡森，译，北京：商务印书馆，2010.

③ 国家统计局．中国统计年鉴——2021［EB/OL］．http：//www.stats.gov.cn/tjsj/ndsj/2020/indexch.htm.

结构等方面差异的存在决定了即使是同一待遇水平城乡居民获得感的差距仍然较大。特别是从经济支持上来看，农村居民除了基本养老金待遇之外，还可以依托土地保障，当然在现实发展中，这样容易产生农村老年人“劳而不休”的问题。对于城镇老年人来说，则没有土地的保障，如果没有退休金收入，则只能依靠自己或者家庭给予支持，相对来说，保障来源较窄。再加上城乡居民在消费水平上存在差异，同样的基本养老金为城乡居民带来的效用不同，因此在福利的获得上存在实质性的差距，由此造成了城乡居民在获得感方面存在较大差异。例如，仅以城乡居民基本养老金待遇水平来看，2020 年人均养老金为 170 元/月，[①] 占城镇居民人均可支配收入的 4.6%，而占农村居民人均可支配收入的 11.9%，[②] 也意味着同样的基本养老金对于城乡居民而言在实际购买力上肯定存在差异，导致了城乡老年人在待遇获得感方面也存在差距。

除了上述隐性待遇不平等的存在之外，由城乡居民基本养老保险与城镇职工基本养老保险代表的两大群体也存在较大的显性待遇不平等。从本质上来看，参保人员中，城镇人员在城镇职工基本养老保险制度中占据较大比例，而农村居民则在城乡居民基本养老保险中占据较大比例，从根本上来看，这两种制度所凸显的显性不平等也是城乡差异——特别是经济发展基础上的差异存在的一种重要体现。从资金筹集方面来看，月缴费制是城镇企业职工养老保险的基本缴费模式，一般由单位和个人按照工资的一定比例构成每月缴费额；而城乡居民基本养老保险则以个人选档缴费外加政府财政补助的方式按年缴纳构成，资金累积基础的不同造成了两种养老保险制度在待遇上存在较大程度的差异。例如，随着 2021 年人力资源和社会保障部以及财政部联合发布的《关于 2021 年调整退休人员基本养老金的通知》，其中明确提出要对城镇企业职工退休人员退休金进行调整，其

① 中华人民共和国人力资源和社会保障部．社会保障制度改革向纵深发展［EB/OL］. http：//www. mohrss. gov. cn/SYrlzyhshbzb/dongtaixinwen/buneiyaowen/rsxw/202107/t20210701_ 417521. html.

② 根据《中国统计年鉴——2021》相关数据整理。国家统计局．中国统计年鉴—2020［EB/OL］. http：//www. stats. gov. cn/tjsj/ndsj/2020/indexch. htm.

中调整水平为“按照2020年退休人员月人均基本养老金的4.5%确定”。[①] 我国城镇职工退休人员退休金实现了“十七连涨”，截至2020年年底，我国企业退休人员人均基本养老金已达2900元/月。[②] 与此相比，我国城乡居民基本养老金除了国家统一规定的最低养老金标准93元/月之外，虽然各省市按照不同的发展情况进行不同的“加码”，但是水平仍较为有限，到2020年全国城乡居民人均养老金170元/月。[③] 有学者针对城镇职工和城乡居民月人均的基本养老金水平进行对比发现，城乡之间养老金待遇差距的鸿沟有进一步扩大的趋势（见表2-6）。[④] 分析不同群体参保人员养老保险待遇水平可以发现，机关事业单位人员养老保险替代率可以达到80%~90%，企业职工基本养老保险金的替代率是65%左右，但是城乡居民基本养老金的替代率则为10%~14%，城乡居民基本养老保险待遇水平明显偏低。[⑤]

表2-6 2009—2018年城镇职工和城乡居民月人均基本养老金水平对比[⑥]

年份	城镇职工			城乡居民			差距	
	基金支出/亿元	平均待遇领取人数/万人	月人均养老金/元	基金支出/亿元	平均待遇领取人数/万人	月人均养老金/元	差额/元	比值
2009	8894	5556	1334	76	1034	61	1273	21.9
2010	10555	6056	1452	200	2210	75	1377	19.4
2011	12765	6566	1620	599	5812	86	1534	18.8

① 中华人民共和国人力资源和社会保障部．关于2021年调整退休人员基本养老金的通知［EB/OL］. http：//www. mohrss. gov. cn/SYrlzyhshbzb/shehuibaozhang/zcwj/yanglao/202104/t20210416_412924. html.

② 中华人民共和国人力资源和社会保障部．应保尽保建成世界最大社保网——中国共产党成立100周年社会保障工作述评［EB/OL］. http：//www. mohrss. gov. cn/SYrlzyhshbzb/dongtaixinwen/buneiyaowen/rsxw/202107/t20210709_ 418141. html.

③ 中华人民共和国人力资源和社会保障部．社会保障制度改革向纵深发展［EB/OL］. http：//www. mohrss. gov. cn/SYrlzyhshbzb/dongtaixinwen/buneiyaowen/rsxw/202107/t20210701_ 417521. html.

④ 薛惠元，曾飘．公平性视角下城乡基本养老保险制度比较研究［J］. 河北大学学报（哲学社会科学版），2019（6）：138-146.

⑤ 华颖，郑功成．中国养老保险制度：效果评估与政策建议［J］. 山东社会科学，2020（4）：66-74.

⑥ 薛惠元，曾飘．公平性视角下城乡基本养老保险制度比较研究［J］. 河北大学学报（哲学社会科学版），2019（6）：138-146.

续表

年份	城镇职工			城乡居民			差距	
	基金支出/亿元	平均待遇领取人数/万人	月人均养老金/元	基金支出/亿元	平均待遇领取人数/万人	月人均养老金/元	差额/元	比值
2012	15562	7136	1817	1150	10918	88	1729	20. 6
2013	18470	7744	1988	1348	13422	84	1904	23. 7
2014	21755	8317	2180	1571	14041	93	2087	23. 4
2015	25813	8868	2426	2117	14557	121	2305	20. 0
2016	31854	9623	2759	2150	15035	119	2640	23. 2
2017	38053	10565	3001	2372	15434	128	2873	23. 4
2018	44645	11412	3260	2906	15748	154	3106	21. 2

从基金支出情况来看，两项基本养老保险制度的人均基金支出存在较大差距，如仅以 2017 年来看，城乡居民基本养老保险制度人均基金支出为 126. 7 元/月，而城镇职工基本养老保险人均基金支出达到了 2875. 9 元/月。人均基金支出方面的巨大差距也体现出了在两种保险制度下，不同群体享受到的基本养老保险待遇存在较大差距（见表 2-7）。

表 2-7　2011—2017 年城乡居民和城镇职工基本养老保险人均基金支出①

单位：元/月

年份	城乡居民基本养老保险		城镇职工基本养老保险	
	人均基金支出	年增长额	人均基金支出	年增长额
2011	57. 0	−1. 2	1558. 3	163. 3
2012	73. 3	16. 3	1741. 7	183. 4
2013	81. 6	8. 3	1914. 2	172. 5
2014	91. 5	9. 9	2109. 6	195. 5
2015	119. 2	27. 7	2353. 0	243. 3
2016	117. 3	−1. 9	2627. 4	274. 5
2017	126. 7	9. 4	2875. 9	248. 5

① 王延中 . 中国社会保障发展报告 . 2019：养老保险与养老服务［M］. 北京：社会科学文献出版社，2019.

虽说绝对的公平只是人们追求的一种理想，但是“公平”始终是我国制定相关制度的基本原则。同时“所有行业及所有个人，由于互相依存，应当履行同样的义务，被同等对待”，[①] 因此不同基本养老保险制度上存在的待遇水平差异，会使群体成员对于制度公平性的感知存在差异，[②] 推动“较富裕的劳动者也会成为较富裕的退休者”[③] 这种情况所带来的阶层固化，容易增加城乡居民群体间的不公平感，影响着目标群体在制度中应有的获得感，与制度设计的初衷背道而驰，也会阻碍制度的持续运行，侵蚀着我国和谐社会发展的基础。

（二）供与需：保障内容尚需充实，全面性更应提升

增进民生福祉一直是我们追求的目标，毕竟幸福生活才是我们努力奋斗的主要动力，也是社会发展的永恒主题。制度的供给就是增进民生福祉的重要路径，具体到城乡居民基本养老保险制度来看，制度的建立是要为人们安享晚年服务的，这也是我国民生事业所要追求的目标之一，最终还是为了提升城乡居民的养老福祉水平，增强城乡居民的幸福感、获得感。

从具体制度来看，养老保险主要是用理性思维来为人们提供经济方面的保障，而城乡居民基本养老保险当然也不例外，主要就是通过对城乡居民提供养老金来为其晚年提供经济保障，从制度设计来看，保障内容较为单一；并且制度待遇的确定也符合“基础”的标准，制度的建立是为了保障基本的生活，保障水平也相对有限。虽然说经济支持可以对个体实现生存等基本需要给予一定的满足，但是事实上，人的需求较具多样性，人不仅有保障生存的生理需要，马斯洛更进一步提出还有社交、尊重、认知、审美以及自我实现等方面的需要，[④] 而阿尔德佛也提出除了基本的生存需

---

① ［英］贝弗里奇．贝弗里奇报告：社会保险和相关服务［M］．社会保险研究所，译．北京：中国劳动社会保障出版社，2008.

② 刘娜，梁兵．社会公平视阈下不同养老保险制度分析［J］．中国老年学杂志，2017（7）：1789-1792.

③ ［美］Neil Geilbert，Paul Terrell. 社会福利政策引论［M］．沈黎，译．上海：华东理工大学出版社，2013.

④ ［美］亚伯拉罕・马斯洛．动机与人格（第三版）［M］．许金声，等译．北京：中国人民大学出版社，2007.

要之外，还有其他需求的存在。满足这些需要的基础就是更为稳固、水平更高的经济保障。虽然生存的需要的确是人类最为基础的需要，而关于需要的理论也均把保障生存视为基础。随着经济的飞速发展以及物质资料的丰富，即使是保障生存的需要，标准也会不断提高，相应地，所需要的经济支持也会不断提高。仅从现今情况来看，在满足生存需要的经济支持上，随着老年人日渐年老体衰，其相关需求将会日益增多，除了基本的生活消费之外，还需要一定的护理费用等。同时，老年人还有“老有所为”以及社会交往等需求，这些需求的满足都需要一定的经济支持。这些需求所产生的经济支持费用的现实存在以及必要性都会为老年人自身乃至家庭带来较为沉重的负担，也应成为我国社会养老保险的重要保障内容。现今城乡居民社会养老保险制度提供的仅是维持基本生活所需的基础养老金，无法支撑老年人多样需求的满足，仅是对基本生活消费的维持也较为吃力。以 2020 年相关数据来看，平均 170 元/月的基础养老金在城镇居民人均消费支出中仅占 7.5%，在农村居民人均消费支出中也仅占 14.9%，对于城乡居民养老生活的经济支持保障能力、保障内容也更趋于片面有限。[①] 特别是对于失能老年人来说，物资消耗水平会更高，仅是片面保障、较低水平的养老金是无法满足老年人基本生活需求的，由此，制度建立对于他们的意义就会大打折扣，继而会使城乡居民对政策的实质意义产生怀疑，影响制度的公信力和持续性。

在现今不高的待遇水平下，城乡居民基本养老保险制度无法实现对于目标群体的制度承诺，仅能在制度之初，使目标群体获得感较高，但是随着现实生活压力的加大，较低的保障水平使城乡居民制度获得感将会日渐降低，最终将降低他们参保缴费的积极性，阻碍制度稳定持续地发展。

（三）群与群：制度间隔断依然较大，碎片化亟须消弭

为了完善养老保障体系，我国“因地制宜”“因人制宜”构建了较具地方特色、针对不同群体的基本养老保险制度。现今主要存在针对城镇职

---

① 国家统计局 . 2020 年中国统计年鉴［EB/OL］. http://www.stats.gov.cn/tjsj/ndsj/2020/indexch.htm.

工、机关事业单位工作人员以及前者覆盖群体之外的城乡居民，以“个人+单位”或“个人+国家”等缴费模式支撑运行的养老保险项目。以不同筹资模式为基础的不同养老保险制度的建立，调动了行业间和地域间人们生产的积极性，提升了经济发展的活力。随之而来的制度“碎片化”问题一直影响着基本养老保险制度的可持续发展，正如勒格兰德所说“某些社会政策的提供可能没有缓解，反而加剧了某些不平等”,[①] 制度“碎片化”的存在必然导致人们在制度中的获得感降低，进而影响对制度的认可度。如前所述，近年来在养老保险制度整合方面，国家已经取得了一定的成果，如新农保与城居保已经实现了“两保合一保”，但是从现今发展来看，制度整合的进程始终较慢，“碎片化”的基本养老保险制度仍制约着我国社会的发展。

养老保险制度的“碎片化”不仅导致不同群体之间待遇水平不同，造成了前述分析所论述的不公平问题的存在，并且会引致公共财政负担不均衡以及福利的重复享有，阻碍养老保险制度统筹层次的提高、统一建构以及水平的提升。例如，从国家财政支持方面来看，城乡居民基本养老保险主要是依托于公共财政的支持而拉动的，国家既补“出口”也补“入口”，特别是中央财政的支持，财政支持的确是发挥政府职能作用的一种体现，是政府对农村居民参保缴费的一种激励，也是国家对全民共享发展理念的践行；城镇职工养老保险则主要依托自身和单位缴费，职工个人和单位的负担较重，而政府财政投入有限，从而使制度间的不公平性更为凸显。除此之外，制度的“碎片化”更体现在与基本养老保险同时存在的其他保障项目也较多，如仅从农村地区来看，除了发挥养老保险真正功用之外，养老保险也成了地区发展的助推器，地方政府会根据地区发展的需要向农村居民提供较具福利性质的养老保险项目，由此导致了农村地区养老保险制度种类较多（见表 2-8）。具体到城乡居民养老保险制度来看，制度建立之初，为了避免农村居民对制度保障作用的忽视，在制度中设立有“捆绑

① ［英］哈特利·迪安．社会政策学十讲［M］．岳经纶，温卓毅，庄文嘉，译．上海：格致出版社，2009.

缴费”的机制，导致部分农村居民无法根据自身意愿参保，甚至形成“重复参保”的问题，毕竟农村居民中有一部分也参加了城镇企业职工养老保险，若要使家庭中的老年人获得基本养老金，再参加新农保也就显得尤为必要。有学者就梳理了农村已有的养老保障制度，发现养老保险制度“碎片化”的存在会引发个人利益叠加的问题。

表 2-8 农村地区部分社会养老保险项目在筹资机制和待遇标准方面的差别①

保险项目	筹资机制	待遇标准
新型农村养老保险	个人账户由“个人缴费+地方补助”组成，基础养老金主要由中央财政补助	840 元/（人·年）+个人账户养老金
失地农民养老保险	个人账户：个人缴费+集体经济组织缴费 统筹账户：当地政府补贴	不低于当地当时最低生活保障标准
农民工养老保险	用人单位（12%）和个人（4%～8%）共同缴费	基础养老金与个人账户养老金

养老保险制度“碎片化”也体现在地方的“各行其道”上。我国地区发展差异较大，因此，为了使制度更加贴合地区发展的实际需要，国家在制度设计中，给地方留存了一定的自由裁量权，地区可以根据经济发展情况在待遇给付以及资金筹集等方面进行调整，从而使同一养老保险制度在不同区际也存在较大差异。例如，从城乡居民基本养老保险来看，地区在待遇领取和政府补贴方面就存在较大差距，仅以河南省来看，不同地区在待遇给付和资金筹集方面的差别就较大，如表 2-9 所示，从 2017 年汝州市和义马市关于城乡居民基本养老保险的规定来看，汝州市关于制度的规定基本与河南省的规定一致，但是义马市对本区域目标群体在待遇标准和政府补贴方面财政支持水平更高，相应地，该地区的参保人群所获得的保障水平也会更高。并且义马市对于独生子女父母等部分群体加大了参保政府补贴，即规定在政府补贴方面“对参保缴费的烈士遗属、年龄在 45～59 周岁的领证独生子女父母和涉农社区计划生育双女父母，每人每年补贴

① 丁建定，曹永红．共享发展理念视域下中国农村养老保障制度体系的完善［J］．学海，2017（6）：42-47.

100元；对年满60周岁，符合养老金待遇领取条件的独生子女父母和涉农社区计划生育双女父母，每人每月再多给予10元的基础养老金补贴”。① 相比之下，汝州市则更偏重于待遇补贴，规定“市财政对烈士遗属和经市人口计生部门确认的领证独生子女父母和农村计划生育双女父母，领取养老保险待遇时，每人每月增发基础养老金30元”。②

表2-9 河南省部分地区城乡居民基本养老保险待遇领取和政府补贴情况

地区	待遇标准	政府补贴	政策文件
义马市	基础养老金：中央基础养老金+3元+市财政补贴 分年龄层补贴： 60~79周岁，25元/(人·月)； 80~99周岁，35元/(人·月)； 100周岁及以上，45元/(人·月)。 多缴多得： 岁数≥60岁，缴费年限≥15年，每增加一年缴费，市财政加发2元基础养老金	100~400元，不低于30元/(人·年)，市财政补贴70元/(人·年)； 500元以上，不低于60元/(人·年)，市财政补贴70元/(人·年)	2017年颁布的《义马市城乡居民基本养老保险实施办法》
汝州市	基础养老金：中央、省基础养老金+市财政7元/(人·月)	100~400元，不低于30元/(人·年)； 500元以上，不低于60元/(人·年)； 500~1000元，市财政补贴10元/(人·年)；1500~5000元，市财政补贴20元/(人·年)	2017年颁布的《汝州市城乡居民基本养老保险实施办法》

（四）区与区：统筹层次还应提升，流动性仍需加强

“统筹”含有“综合协调、通盘规划”之意，对于城乡居民基本养老保险制度而言，就是要在一定的区域范围之内，对养老保险的覆盖范围、缴费规定、待遇给付等进行统一规制，而对于社会养老保险基金则统一管理、统一调剂使用等。③ 基本养老保险制度要想实现制度设立的初衷，必然要实现全国统筹，这也是我国养老保险发展水平的重要体现。统筹层次

① 义马市人力资源和社会保障局．义马市城乡居民基本养老保险实施办法［EB/OL］. http://rsj. yima. gov. cn/art/2017/8/25/art_ 1455_ 87522. html.

② 汝州市人民政府．汝州市城乡居民基本养老保险实施办法［EB/OL］. http: //www. ruzhou. gov. cn/562/33037. html.

③ 白维军．完善省级统筹，促进全国调剂［D］. 南京：南京大学，2011.

的高低直接影响着养老保险制度能否均衡发展和持续运行，并且会对劳动力市场是否自由、有序等产生影响。特别是在我国养老保险制度缴费设置、个人缴费财政补贴标准地区特色明显的背景下，较低的统筹层次会进一步拉大基本养老保险制度的区域差距，降低制度的共济性和持续性。

现今我国在基本养老保险统筹方面已经获得了巨大的成果，2020 年底我国已经实现了城乡居民基本养老保险的省级统筹，标志着我国基本养老保险可以在省级区域内实现缴费基数、待遇标准等的统一，并且相关养老保险关系可在省内自由转移接续，有利于劳动人员在省级范围内的自由流动，更有利于弥合不同劳动者之间的收入差距。[①] 在市场经济的发展日趋成熟的背景下，各地区经济交往日益紧密，人员流动也日益加快，加之全国“一盘棋”的现实情况，省级范围内调配流转的养老保险制度统筹层次不能满足发展的现实需求。特别是在现今我国流动人口规模依然庞大的背景下，如第七次人口普查数据显示，2020 年我国流动人口的规模达到了 3.76 亿，相比 2010 年，增幅达到了 69.73%。[②] 仅以农民工群体来说，在 2020 年，跨省流动的农民工规模仍然较大，已达 7052 万人（见表 2-10）。流动人口规模过大，意味着统筹层次过低，这不仅会影响人口的自由流动，也将损害部分劳动人员的养老权益，违背养老制度的公平性和持续性。

表 2-10　2020 年外出农民工的总量及其构成

地区	外出农民工总量/万人			构成/%		
	跨省流动	省内流动	合计	跨省流动	省内流动	合计
东部	719	3905	4624	15.5	84.5	100
中部	3593	2617	6210	57.9	42.1	100
西部	2557	2933	5490	46.6	53.4	100
全国	7052	9907	16959	41.6	58.4	100

资料来源：国家统计局 . 2020 年农民工监测调查报告［EB/OL］. http：//www. stats. gov. cn/tjsj/zxfb/202104/t20210430_ 1816933. html.

① 穆怀中 . 养老保险统筹层次收入再分配理论研究［J］. 辽宁大学学报（哲学社会科学版），2014（6）：115-122.

② 童玉芬，刘志丽，宫倩楠 . 从七普数据看中国劳动力人口的变动［J］. 人口研究，2021（3）：65-74.

统筹层次较低意味着城乡居民养老保险制度的“碎片化”问题仍然无法跨越，各省份根据地区发展情况所制定的缴费标准、待遇标准等也不尽相同，不利于养老保险在不同省份之间的转移接续，更不利于社会保险基金的统一管理和调度，折损了制度的共济性，也增加了保险经办业务的复杂性以及制度运行的难度和成本。同时现有的省级统筹尚无法消弭地区之间因地制宜所制定的养老保险各方面政策规定所引致的差异，较为明显的体现就是各地区基本养老金标准就存在较大差异。除此之外，基本养老保险基金是按照“多缴多得”的原则在省级范围内调配使用，很容易造成经济发展水平较高的地区城乡居民缴费水平较高，从而社会养老保险的基金积累和获取的中央调剂金也就较高，基金结余将会增多，养老负担相对较轻。反之，经济发展水平较缓，特别是外出务工人员较多的省份养老保险基金的缺口将会加大，而在“叶落归根”思潮以及农村现实情况的影响下，其养老支出压力会更大。例如，从2019年城乡居民养老保险基金收支情况来看，参保人数最多的河南省在年底养老保险基金累计结余555.6亿元，江苏省社会保险基金结余高于河南省130多亿元，但是参保人数却仅为河南省的一半。参保人数是江苏省一半的辽宁省当年基金累计结余也仅有80.1亿元（见表2-11）。地区之间养老保险基金盈余差距较大，所面临的支付压力也不同。在省级统筹的框架下，人员跨省流动存在制度性障碍，并且各省份也很容易“关起门来过日子”，不利于城乡居民养老保险基金的合理利用。

表2-11　2019年年底部分地区城乡居民基本养老保险情况

地区	参保人数/万人	基金收支情况/亿元		
		基金收入	基金支出	累计结余
河南	5106.6	283.7	203.6	555.6
山东	4560.3	435.8	296.1	1125.5
河北	3524.1	222.6	153.3	408.7
安徽	3501.7	224.9	141.1	481.8
湖南	3413.7	188.1	135.8	363.8
江苏	2336.9	357.3	305.5	689.8

续表

地区	参保人数/万人	基金收支情况/亿元		
		基金收入	基金支出	累计结余
贵州	1855.8	71.2	59.7	135.6
福建	1554.1	120.1	90.1	195.5
辽宁	1057.7	77.7	71.4	80.1

数据来源：笔者根据《中国统计年鉴——2020》相关数据整理。

基本养老保险的全国统筹，不仅是我国经济社会发展公平有序的必然要求，更是制度本身得以持续运行的必然条件。基本养老保险的全国统筹已经被写入《社会保险法》中，也就是说，在法律层面上将该目标的实现予以明确规定，也进一步证明了我们对于基本养老保险全国统筹实现的决心。毕竟只有实现了基本养老保险的全国统筹，才能真正促进劳动力的自由流动，才能切实维护劳动者的合法权益，也才能发挥出制度对于收入分配的调节功用，推动制度建设目标的实现，也为促进共同富裕奠定基础。现在在仅完成省级统筹的背景下，基本养老保险制度的这些优势必然不能被充分激发出来，不利于市场经济的发展以及民生福祉的提升。

（五）办与管：经办体系尚待完善，服务性也应巩固

社会保险经办服务体系完善与否直接体现着我国服务型政府建设的水平，① 也是提升基本养老保险制度满意度的基本路径之一，更是促进制度可持续运行的重要条件。随着我国基本养老保险参保人数的不断增长、项目的日益丰富，社会保险经办服务的业务量持续增多，不断考验着养老保险经办服务体系的能力和水平。事实上，我国养老保险经办体系仍有需要完善的较大空间。

养老保险经办服务体系的支撑，一方面，需要以人力资源为基础。事实上，在经办机构和人员供给方面却仍存在不足，“小马拉大车”的状况依然存在，毕竟扩大经办工作人员规模就意味着会提高行政管理成本，加

① 郑秉文．中国社会保险经办服务体系的现状、问题及改革思路［J］．中国人口科学，2013（6）：2-16，126.

重财政负担，也会对基本养老保险水平产生一定“挤出效应”。① 因此会产生较多的编外人员或者抽调其他部门人员来临时支援，影响经办服务工作的质量。更为主要的是，在经办法务人员中，社会保障专业知识背景的人员相对较为缺少，而在基层经办人员中，更多的是兼职，限于知识储备以及理解能力水平的制约，不能提供专业的经办服务，影响城乡居民基本养老保险经办服务质量的提高。另一方面，信息化手段的运用是提升城乡居民基本养老保险经办服务水平的重要抓手，但是现实中信息化手段的发展进程却较为缓慢。对于城乡居民基本养老保险而言，参保信息在经办机构中具有共享性、联通性、整合性才能保障参保人员可以享受便捷、高效的经办服务体验，但是在现今省级统筹的制度条件下，全国统一的信息化建设平台难以真正建立，各地区仍在分散建设、分散管理，从而使相关的数据指标等存在不一致的情况，标准化的缺乏为保险关系在省际转移接续带来较大的不便。加之由于各省发展情况不一，在经济基础存在较大差异的现实背景下，信息化建设水平也会存在较大差距，不利于全国统一信息化平台的建设和推广。同时，信息化建设的滞后也体现在与其他部门之间存在信息条块分割的情况，不能有效实现互联互通，从而影响了“一站式”服务目标的实现，提升了参保人员享受相关服务的成本，也相应降低了参保人员对经办服务能力的评价和满意度。

除了经办服务之外，养老保险经办机构也需进一步完善。特别是养老保险经办机构名称仍存在不一致的情况，如在中央经办机构为“社会保险事业管理中心”，而在地方则存在“社会保险管理中心”“社会保险局”“社会保险公司”等多名称并存的情况，不利于统一经办形象的树立；并且在实施中还存在按照险种以及参保人员的类别来设置经办机构的情况，分散设置的结果必然造成机构业务的重叠浪费，影响参保人员接受服务的质量。②

---

① 贾康，苏京春．创新与优化并施，健全社会保险经办服务体系［J］．经济研究参考，2014(30)：30.

② 边恕，李东阳．加快建设高质量社会保险经办服务体系研究［J］．内蒙古社会科学，2020(5)：158-165，213.

由于我国各地区发展存在较大差异，地区经办服务体系的建立也存在较大的差别，造成我国经办服务体系发展也存在较大的复杂性。因此，有必要在国家的统一规划之下，结合本地区实际情况，深入研究其存在的问题，并予以针对性完善，否则养老保险经办服务体系必将出现较大的差距，影响参保人员的获得感。

第三章 城镇职工基本养老保险制度的建立与发展

一、城镇职工基本养老保险政策梳理

在社会保障体系中，居于核心地位的是社会保险制度；在社会保险制度中，养老保险制度又是重要的组成部分。养老保险制度是促进社会公平的制度安排，然而其本身却蕴含典型的、有违公平的群体分割性。具体而言，国家根据个体社会身份制定了差异化的养老保险制度，这种差异化体现在个体受制于户籍（农业户口或非农业户口）、从事工作的单位性质（企业还是机关事业单位）等因素参与相应的养老保险制度。有学者指出，在现实中，不同群体与福利供给主体的接近程度并不一致，这导致他们之间享受的养老保险待遇水平、获得的国家保障能力等存在明显差异，也即社会中存在“福利距离”（Welfare Proximity）。[①] 不容忽视的是，“公平、正义、共享”始终是社会保障体系建设过程中孜孜不倦的价值追求。

为此，党和政府高度重视社会保障体系的城乡统筹发展。近年来，统筹推进城乡养老保险制度建设，实现养老保险制度全国统筹等表述在党的十七大报告、十八大报告、十九大报告中均有提及。这表明国家正在不遗余力地提升社会保障体系的公平性。

中央积极的支持只是社会保障体系城乡统筹发展的外部条件，地方政府的深入实践才能使这一目标最终实现。这项工作是复杂而艰巨的，涉及

---

① 岳经纶，方珂．福利距离、地域正义与中国社会福利的平衡发展［J］．探索与争鸣，2020（6）：85-96.

群体之间、区域之间、制度之间的协调统一，因而在此过程中需要运用系统性、整体性的思维。在现实中，差异化的群体特征、社会经济发展水平和养老保险制度设计导致基本养老保险制度全国统筹的推进工作更加任重道远。回顾历史有利于我们把握其中的演变脉络，更加准确地预估养老保险制度的未来发展。

（一）机关事业单位基本养老保险政策演变（1955—2014 年）

1951 年，《劳动保险条例》颁布，然而此时在工龄计算方法、工资标准等方面，国家机关工作人员与企业职工并不一致，所以《劳动保险条例》无法在国家机关中实行。基于此，国务院于 1955 年出台了针对国家机关工作人员退休、退职等问题处理办法的规范性政策文件，分别是《国务院关于颁发国家机关工作人员退休、退职、病假期间待遇等暂行办法和计算工作年限暂行规定的命令》《国家机关工作人员退休处理暂行办法》和《国务院关于处理国家机关工作人员退职、退休时计算工作年限的暂行规定》等。这三份文件规定了国家机关工作人员退职/退休的条件、退职金/退休金的标准、退职金/退休金的支付方式等内容，其中，退职金/退休金的发放方式由原来的一次性发放调整为按月发放。值得注意的是，个人缴费及其待遇享受本是相对应的，然而此时机关事业单位职工的缴费由财政担负，这意味着他们无须缴费便可获得退职金/退休金。

1957 年和 1958 年《国务院关于工人、职员退休处理的暂行规定》与《国务院关于工人职员退职处理的暂行规定（草案）》陆续出台。在这两份政策文件中，国有和公私合营企业的工人/职员与国家机关和事业单位的工人/职员在诸如退休和退职条件、待遇水平等方面是基本一致的。这表明机关事业单位与城镇企业职工养老保险制度基本统一的局面在我国首次实现。虽然现实中的制度并轨效果微弱，但是理论意义重大。

两项制度经历了 20 多年的统一后，在 20 世纪七八十年代开始分别运行，标志是 1978 年《关于安置老弱病残干部的暂行办法》和《关于工人退休、退职的暂行办法》，以及 1980 年《关于老干部离职休养的暂行规定》（国发〔1980〕253 号）的出台。从这三份文件中我们可以看到，国家针对机关干部和企业工人制定了相应的退休政策，由此出现了影响深远的双轨制局面。

实际上，我国在计划经济的组织细胞——人们所从属的企业或单位之上建立了养老保险制度。① 退休养老制度在传统体制下，缴费主体是单位和国家，个体无须承担缴费的责任。因此，此时的养老保险权利与义务不对等，并不具备社会保险的性质。值得注意的是，这一时期低工资、高福利保障模式不仅缺乏激励性，而且加大了国家和单位的财政负担。

20 世纪八九十年代，为了适应国有企业改革的需要，各地纷纷对企业退休费用社会统筹进行了改革、探索与完善。1992 年，人事部颁布《关于机关事业单位养老保险制度改革有关问题的通知》（人退发〔1992〕2 号）。该文件指出养老保险制度改革要兼顾经济的发展与适当的积累。这份文件意味着我国改变了传统的现收现付制这一筹资模式，转而将现收现付制与基金积累制相结合，独具中国特色的部分积累制由此形成；打破了由国家单独负担缴费的局面，变为由国家、集体与个人三方共担，推动了养老保险制度中的权利与义务相对等。

中央政策往往是原则性的，各地会根据中央政策文件进行积极探索实践。然而，分散试点和制度的不成熟、不健全，导致制度不统一、统筹层次低和企业负担重等一系列问题，成效并不明显。与此同时，人们对制度间的福利待遇差异给予了极大关注。于是，改革机关事业单位基本养老保险制度再次被提上议程。② 实际上，机关事业单位基本养老保险制度改革涉及众多利益主体之间的反复博弈，因而是复杂和困难的。为此，我国采取了“允许试验”的方式，以减少改革阻力，提高方案的适用性。

全国多个地方在 1994—1997 年，陆续开展了一系列机关事业单位养老保险制度改革的试点工作。据统计，大约有 1700 个地市、县。这一阶段顶层设计缺乏统一性，使各地政策的实施细节、适用范围等迥异。2000 年，《关于完善城镇社会保障体系的试点方案》（国发〔2000〕42 号）规定，

---

① 宋晓梧．中国社会保障体制改革与发展报告［M］．北京：中国人民大学出版社，2001.

② 卢驰文．机关事业单位养老保险改革的制约因素与策略选择［J］．理论探索，2011（5）：87-90.

企业和职工应参加何种类型的养老保险制度，宜视转变后的企业性质和工作性质而决定。2011 年，劳动和社会保障部出台了《关于职工在机关事业单位与企业之间流动时社会保险关系处理意见的通知》（劳社部发〔2001〕13 号），以畅通的养老保险关系来促进劳动力的合理流动。

2006 年，《关于机关事业单位离退休人员计发离退休费等问题的实施办法》（国人部发〔2006〕60 号）出台，文件规定了机关事业单位不同人群的退休费计发基数，计发比例在 80%~90%。

2008 年，国务院颁布了《关于印发事业单位工作人员养老保险制度改革试点方案的通知》（国发〔2008〕10 号），提出开展试点工作有利于积累成功经验，促使改革稳妥推进。在试点方案中，明确了养老保险制度的几个关键问题：首先，确立了统账结合模式；其次，细化了待遇计发办法；再次，建立了养老金待遇正常调整机制；最后，建立了与企业年金制度相对应的职业年金制度。2009 年正式启动改革。然而，此次改革缺乏顶层设计，无论是在政策规范性上，还是在政策的统一性上，均存在一定的不足。因此，试点工作难以推进，最终效果不佳。

2011 年 3 月，中共中央、国务院出台了《关于分类推进事业单位改革的指导意见》。为配合事业单位分类改革，该文件明确了养老保险改革的核心问题：实行统账结合模式、单位和个人共同缴费、基金单独建账、实行省级统筹以及待遇社会化发放等。同年，《事业单位职业年金试行办法》（国办发〔2011〕37 号）出台，制度并轨又向前迈进了一步。

（二）城镇企业职工基本养老保险政策演变（1951—2014 年）

1. 养老保险制度的探索阶段（1951—1990 年）

《劳动保险条例（草案）》在 1951 年颁布。在新中国社会保障发展历史上，它是第一部基础性法规。该条例的政策目标群体是企业职工，机关事业单位工作人员并未被提及。其规定，在管理方面，劳动保险费用由企业行政方面或资方负担，由全国总工会办理，由中国人民银行代为保管；在缴费方面，保险费由企业全部缴纳，个人不承担缴费责任，因此是非缴费型的国家保障制；在退休年龄方面，初步确立了男女职员分别为 60 岁和

50岁退休并领取养老金。随着国家深入推进经济建设，旧有的《劳动保险条例》的部分条款已难以适应变化了的现实。对此，1953年和1956年，国家曾先后两次开展修订工作。在修订后的《劳动保险条例》中，养老保险制度的覆盖范围得以扩大，待遇标准得以提高。

1966年，《关于轻、手工业集体所有制企业职工、社员退休统筹暂行办法》出台，退休条件、补助标准、基金来源和征集等内容在该文件中得以明确，这有利于保障年老体弱者的生活。

改革开放促使企业成为自负盈亏型的经济实体，原有的单位保障制被弱化，亟须国家采取措施保障企业职工的老年生活。在现实中，企业性质不同与职工工伤、疾病等风险不同，使企业之间的劳动保险负担存在明显差异。鉴于此，国家迫切需要建立一种社会化的养老保险统筹机制，以均衡各类企业之间的养老风险。① 1984—1990年，各地（大约有2200个县市）陆续开展了一系列退休费用社会统筹试点工作。北京、上海、江西等地实行了市省统筹。然而，改革企业职工养老保险制度过程中也出现了如基金挪用、停产企业缴费难等问题，这给基金的安全性和征收工作带来了困难。1990年，劳动部发布了《关于加强养老保险基金的征缴与管理工作的通知》，这对增强养老保险制度的保障能力具有积极意义。

2. 养老保险制度的改革阶段（1991—1997年）

1991年6月，国务院颁布了《关于企业职工养老保险制度改革的决定》（国发〔1991〕33号），明确提出了养老保险费用由国家和企业包办转变为国家、企业和个人三方共同负担（其中，个人缴费标准比例不超过本人标准工资的3%），遵循“以支定收、略有结余、留有部分积累”的原则进行统一筹集，建立多层次养老保险体系。这意味着一方面我国养老保险开始强调权利与义务的对等，另一方面养老制度的发展从单一层次走向多层次、多支柱。邓大松认为，“该决定是中国养老保险制度改革历史上的一个重要里

---

① 何文炯．改革开放以来中国社会保险之发展［J］．保险研究，2018（12）：96-100.

程碑”。[①] 然而，国家层面的政策往往是框架性和原则性的，各地需结合当地实际情况对政策内容进行再生产，[②] 即进一步更新和细化政策内容，所以各地区、各产业部门间的养老保险制度不尽相同，养老保险制度改革方案呈现多样化。

1993 年，《中共中央关于建立社会主义市场经济体制若干问题的决定》明确了养老保险制度的改革应遵循三个原则：其一，养老保险体系的构建应坚持多层次、多支柱；其二，个人与企业共担缴费，实行统账结合模式；其三，行政管理和基金经营分开。

1995 年，国务院又发布了《关于深化企业职工养老保险制度改革的通知》（国发〔1995〕6 号），以提高企业职工养老保险制度发展的规范性。该政策文件要求养老保险体系建设应实行统账结合、坚持权利与义务对等、促进资金来源多样化。与此同时，还确定了一个具有重要意义的政策目标：2000 年之前建立统一的养老保险制度。这从国家层面推动了差异化养老保险制度的归并。然而《关于深化企业职工养老保险制度改革的通知》提供了两种统账结合实施办法以供各地选择并自行组织开展试点工作，由此导致各地个人账户缴费比例不一，出现几乎一个地区一个办法的现象。悬殊的差异制约了劳动力的流动。另外，随着养老保险制度的深入实施，统筹层次低、企业负担重的问题日益突出。

上述一系列问题亟待通过统一的企业职工基本养老保险制度加以解决。为此，国务院于 1997 年出台了《关于建立统一的企业职工基本养老保险制度的决定》（国发〔1997〕26 号），对统账结合的方式、个人和企业的缴费比例、养老保险基金的管理、基金统筹层次的逐步提高等方面做出了统一规定。

通过审视城镇企业职工养老保险制度的发展历程，可以发现，贯穿改革过程始终的理念是公平与可持续。

---

① 邓大松，刘昌平，等．中国社会保障改革与发展报告（2019）［M］．北京：人民出版社，2020.

② 刘河庆，梁玉成．政策内容再生产的影响机制——基于涉农政策文本的研究［J］．社会学研究，2021，36（1）：115-136.

3. 养老保险制度的全方位完善阶段（1998—2014 年）

1997 年之后，国家对企业职工养老保险制度的良性运转陆续提出了一系列优化方案（见表 3-1），具体包括提高养老保险基金的统筹层次、推动各地政府做实个人账户、优化养老保险关系转移接续等多个方面，这对增强养老保险制度的公平性与可持续性、保障参保人的养老保险权益、促进劳动力的有序流动具有重要作用。

表 3-1　完善企业职工基本养老保险制度的任务与相应政策

任务	政策文件	核心内容
提高养老保险基金的统筹层次	《关于实行企业职工基本养老保险省级统筹和行业统筹移交地方管理有关问题的通知》（国发〔1998〕28 号）	实行省级统筹，部分行业的统筹由地方负责管理
	《关于推进企业职工基本养老保险省级统筹有关问题的通知》（劳社部发〔2007〕3 号）	明确了省级统筹的重点任务、制定了省级统筹的标准
推动个人账户的规范化和做实个人账户	《关于规范企业职工基本养老保险个人账户管理有关问题的通知》（劳社厅发〔2001〕5 号）	完善个人账户：及时建立与补建；严格记录与对账制度；做好接续、清理与转移
	国务院陆续批准天津市、山西省、上海市、山东省、河南省、湖北省、湖南省、新疆维吾尔自治区等地开展做实企业职工基本养老保险个人账户试点工作（见民函〔2006〕82 号、83 号、84 号、85 号、86 号、87 号、88 号、89 号）	允许各地在做实个人账户的范围、方式、起步比例、基金管理、投资运营等方面进行试点探索
	《关于提高做实企业职工基本养老保险个人账户比例的通知》（人社部发〔2008〕9 号）	企业职工养老保险个人账户的做实比例从 3%提高到 4%
优化养老保险关系转移接续	《城镇企业职工基本养老保险关系转移接续暂行办法》（国办发〔2009〕66 号）	确定了基金转移计算方法、关系转移办理程序、待遇领取地等内容
	《关于贯彻落实国务院办公厅转发城镇企业职工基本养老保险关系转移接续暂行办法的通知》（人社部发〔2009〕187 号）	在制定实施方案、做好经办服务、开展宣传解释与业务培训工作等方面推动政策落地
	《关于印发城镇企业职工基本养老保险关系转移接续若干具体问题意见的通知》（人社部发〔2010〕70 号）	着力加快制定实施办法、规范农民工参保、做好信息系统建设和应用工作等

续表

任务	政策文件	核心内容
优化养老保险关系转移接续	《关于职工基本养老保险关系转移接续有关问题的函》（人社厅函〔2013〕250号）	对北京市在养老保险关系转移中出现的跨省流动就业参保人员延长缴费问题、视同缴费年限核查认定问题、核定缴费基数等问题给出明确答复
基本养老保险基金的管理	《企业职工基本养老保险基金实行收支两条线管理暂行规定》（财社字〔1998〕6号）	设立养老保险基金收入户、财政专户和支出户；养老保险代征机构是社会保险经办机构或税务机构
全面完善基本养老保险制度	《关于完善企业职工基本养老保险制度的决定》（国发〔2005〕38号）	扩大覆盖范围、做实个人账户、强化基金征缴与监管等

（三）城镇职工基本养老保险制度的初步形成（2015年至今）

在国外，公务员养老金制度与私人部门雇员养老金制度逐渐从分门而立走向整合。[①] 在我国，各地的实践探索积累了宝贵的经验，同时缩小不同群体间“待遇差”的呼声日益强烈，基于此，国务院于2015年颁布了《国务院关于机关事业单位工作人员养老保险制度改革的决定》（国发〔2015〕2号）。该文件意味着企业职工与机关事业单位职工养老保险制度在核心内容上保持了一致，如均实行统账结合模式、个人和单位共同缴费等，为从根本破解“双轨制”困局迈出了实质性一步。另外，职业年金制度与企业制度一样，都是国家多支柱养老保险体系中重要的第二支柱。该文件的出台标志着城镇职工养老保险制度的形成，即机关事业单位与城镇企业职工基本养老保险制度合并。至今，城镇职工养老保险制度已实施了6年多，国家重点完善了以下5个方面的内容：

1. 优化养老保险关系转移接续

流动人口养老保险权益保护问题随着大规模流动人口的出现而日益受到政府与社会的广泛关注。2016年、2017年，《关于城镇企业职工基本养

① 杨洋．国外公务员养老金制度“由分立到统一”的改革［J］．社会保障研究，2021（1）：103-111.

老保险关系转移接续若干问题的通知》（人社部规〔2016〕5号）和《关于机关事业单位基本养老保险关系和职业年金转移接续有关问题的通知》（人社部规〔2017〕1号）接连出台。前者对部分参保人员养老保险关系跨省转移过程中出现的“视同缴费年限计算地”“缴费信息历史遗留问题”等做出了明确规定；后者不仅明确了职工的养老保险关系在事业单位间、企事业单位间、跨地区间流动时的转移办法，而且规定了职业年金的转移接续与待遇计发办法。这些举措对劳动力合理流动、劳动力市场开放等具有积极意义。2019年，人力资源和社会保障部又发布了《关于职工基本养老保险关系转移接续有关问题的补充通知》（人社厅发〔2019〕94号），对于跨省转移接续养老保险关系、重复领取养老保险待遇、社会保险经办机构规范化管理等方面的问题做出了规定。

2. 拓宽基金投资渠道以增强其保值增值能力

职工缴纳养老保险是一种“跨期”选择，因此养老保险基金必须能够保值增值，才能够吸引更多的参保者加入，并维护他们的权益。虽然养老保险基金存入银行的方式保证了资金的安全性，但是保值增值却面临挑战。因此，国务院颁布了《基本养老保险基金投资管理办法》（国发〔2015〕48号），对养老保险基金的投资原则、投资范围与比例等进行了明确规定，这有利于规范投资主体的行为，提高基金的投资收益率。

3. 降低企业缴费负担以激发企业活力

职工仅是养老保险费的缴纳主体之一，企业是另一重要的缴费主体。根据政策规定测算，单位缴纳五险的累计比例高达25%，仅养老保险其中一项便高达20%。这对企业而言无疑是巨大的经济负担。人力资源和社会保障部、财政部于2016年联合发布《关于阶段性降低社会保险费率的通知》（人社部发〔2016〕36号），要求从2016年5月1日起将单位缴费比例高于20%的统一调整为20%，基金累计结余较多的地区可阶段性地将单位缴费比例下调至19%，并按两年期执行。2018年下发的《关于继续阶段性降低社会保险费率的通知》（人社部发〔2018〕25号），延长了一年的降费期限。2019年，国务院办公厅颁布了《关于印发降低社会保险费率综合方案的通知》（国办发〔2019〕13 号），养老保险单位缴费比例下调 4%，降到 16%。人力资源和社会保障部、财政部随之又出台了《关于降低在京中央国家机关事业单位基本养老保险单位缴费比例的通知》（人社厅发〔2019〕65 号）。国家出台的这一系列政策有利于降低企业成本、激发企业活力。从理论上而言，降低养老保险缴费比例将会减少养老金收入，不利于养老金的可持续发展，然而有研究表明，降费不但不会导致养老保险金收不抵支，反而能够增强基金的收支平衡能力。①

4. 建立中央调剂制度以平衡地区养老负担

突出的人口老龄化问题、大规模的人口流动等是抚养比在地区间呈现巨大差异的重要因素。经济发达地区，如广州、深圳、上海等地作为人口流入省份，有大量的养老保险缴费群体与较少的领取群体，最终使这些地区的基金结余较多。反观辽宁、黑龙江等人口流出省份，已然陷入了基金结余入不敷出的窘境。目前追求的省级统筹已难以解决地区间畸轻畸重的养老负担。鉴于此，国务院出台了《关于建立企业职工基本养老保险基金中央调剂制度的通知》（国发〔2018〕18 号），确定了养老保险基金调剂的基本原则与主要内容，规定了养老保险基金的上解基数与上解比例。这无论是对维持制度的平稳运转，还是平衡地区之间的养老负担，抑或维护制度的公平正义，都具有重要意义。

5. 发展多层次养老保险体系以缓解养老压力

减轻国家养老负担的重要路径是促进多支柱、多层次养老保险体系的发展。与此同时，该举措能够为职工养老问题提供多重保障。2015 年，《机关事业单位职业年金办法》（国办发〔2015〕18 号）出台，规定了个人缴费、账户管理等问题，但这些问题的规定较为宏观，地方需要在此基础上对政策内容进行进一步细化。2017 年，国务院办公厅印发《关于加快发展商业养老保险的若干意见》（国办发〔2017〕59 号），提出开展个税递延型商业养老保险（EET 模式：购买商业养老保险产品时免税，个人商

① 王国洪，张君，杨翠迎．降低养老保险费率会导致养老金收不抵支吗？——基于 2001—2015 年中国 31 个省级面板数据的分析［J］．商业研究，2020（3）：138-144.

业保险账户的投资运营收益免税，提取养老金待遇时收税）试点工作，以激发职工购买商业养老保险的热情。

二、城镇职工基本养老保险制度的运转成效

近10年来，我国城镇职工养老保险惠及面继续扩大，待遇水平不断提高，关系转移接续更加顺畅，基金统筹层次逐渐提升，基金投资渠道日益多元。整体而言，城镇职工养老保险制度和政策体系得到了进一步完善。

（一）养老保险参保人数持续增加

2011—2020年，参加城镇职工基本养老保险人数的绝对值持续稳步上升。具体来看，从28391万人增加到45621万人，增加了17230万人，增长了60.69%，年均增长率为4.86%（见图3-1）。参加养老保险制度的职工人数不断增加，这表明职工养老保险待遇水平的提高与制度的不断完善，有效地增强了制度的吸引力。

审视参保人数的具体增长情况可以发现，2016年较2015年的参保人数出现了较大幅度的增长，增长了7.27%。原因在于：其一，深入实施了全民参保登记计划。在制度覆盖人数、覆盖率两个核心指标上确定了阶段性的目标，即2017年、2020年分别实现9亿人、10亿人参保，同时覆盖率在2020年提高到95%。在这个过程中，更多非正规就业人群被纳入职工基本养老保险体系之中，增加了职工基本养老保险制度的参保人数。其二，机关事业单位的缴费者成为城镇职工养老保险制度缴费者的重要组成部分。其三，降低保险费率等相关政策的出台，如2016年，人力资源和社会保障部、财政部联合发布《关于阶段性降低社会保险费率的通知》（人社部发〔2016〕36号），降低了企业缴费负担，稳定和扩大了职工参保人数。① 值得注意的是，虽然部分政策，如全面参保登记计划是在2014年底推出的，但政策实施效果在实践中具有滞后性。

参加城镇职工养老保险者占城镇就业人员的比例呈上升趋势。具体来

① 郑功成．中国社会保障发展报告（2017）［M］．北京：中国劳动社会保障出版社，2017.

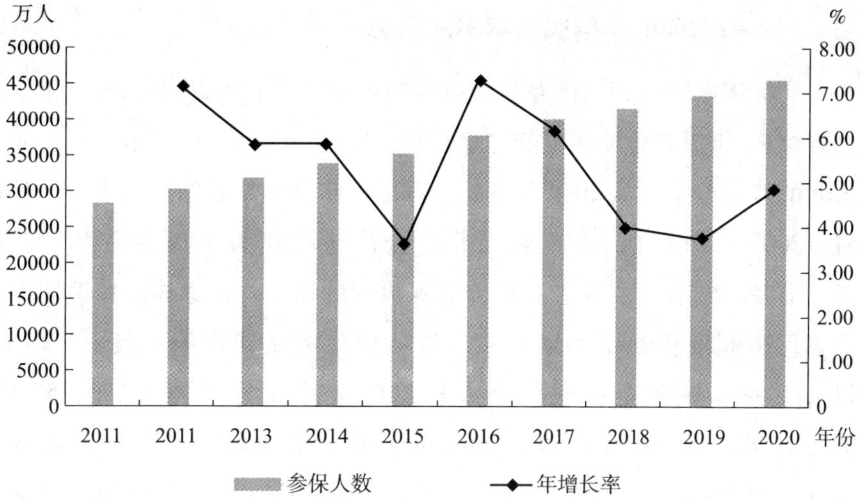

图 3-1 2011—2020 年全国城镇职工基本养老保险参保人数及年增长率的变化趋势

数据来源：笔者根据《2011—2020 年度人力资源和社会保障事业发展统计公报》整理与计算。

看，2011 年参保职工占城镇就业人员的比例约为 60.05%，2020 年这一比例增加到了 72.32%，增加了 12.27%（见表 3-2）。这反映出我国的制度扩面工作虽然取得了明显成效，但未来仍应着力提高城镇职工养老保险的参保率。

表 3-2 2011—2020 年参保职工、城镇就业人员及二者的比例

年份	参保职工/万人	城镇就业人员/万人	参保人员占城镇就业人员的比例/%
2011	21565	35914	60.05
2012	22981	37102	61.94
2013	24177	38240	63.22
2014	25531	39310	64.95
2015	26219	40410	64.88
2016	27826	41428	67.17
2017	29268	42462	68.93
2018	30104	43419	69.33
2019	31177	44247	70.46
2020	32859	45433	72.32

数据来源：笔者根据《2011—2020 年度人力资源和社会保障事业发展统计公报》和《中国统计年鉴（2012—2021 年）》整理与计算。

（二）养老保险金待遇水平不断提高

不同群体之间巨大的待遇差距有损制度的公平性。2005—2021年，我国已连续17年提高企业职工养老金水平，以缩小企业和机关事业单位职工二者间的待遇差距。从2016年开始，国家同步调整二者的待遇水平。具体来看，2005—2015年，企业职工养老金待遇涨幅为10%左右。[①] 其中，2015年国家实施了机关事业单位养老保险制度改革，这意味着城镇职工基本养老保险制度覆盖了国家机关与事业单位的正式在编人员。[②] 2016—2021年，我国城镇企业职工月人均退休金涨幅分别为6.5%、5.5%、5.0%、5.0%、5.0%和4.5%。2011年，我国城镇职工月人均养老金为1511元，到2020年上涨至2900元，增长了91.93%（见图3-2），劳动者的获得感、幸福感与满足感不断得到提升。

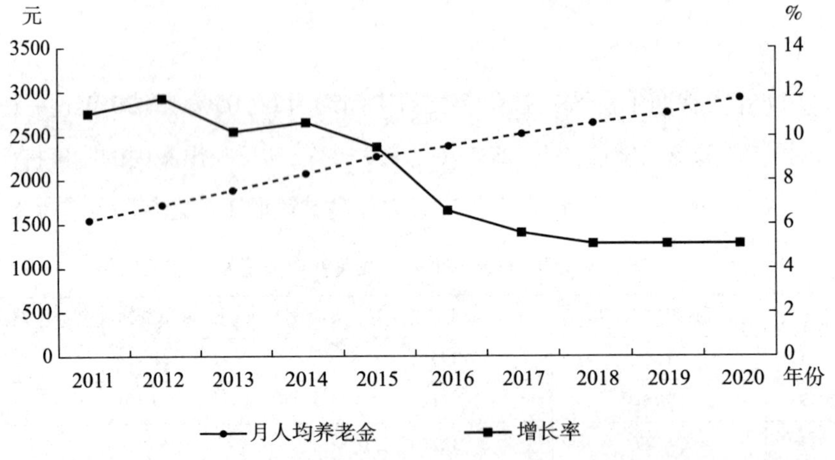

图3-2　2011—2020年城镇职工月人均基本养老金及增长率变化趋势

数据来源：笔者根据《2011—2020年度人力资源和社会保障事业发展统计公报》整理与计算。

由此可见，虽然我国职工的基本养老金待遇不断提升，但增长幅度日趋放缓。何文炯（2017）认为，这反映了中央政府决策的理性。[③] 之所以

① 2006年增幅为23.7%。

② 郑功成．中国社会保障发展报告（2017）[M]．北京：中国劳动社会保障出版社，2017.

③ 参见《中国社会保障发展报告（2017）》中何文炯的《养老保险发展报告》。

下调涨幅：其一，养老金待遇增长过快增加了基金支付压力，部分地区已然面临收不抵支的困境。其二，城乡居民与城镇职工之间的养老待遇差距拉大，前者远不及后者，不公平问题突出。其三，潜在养老金“倒挂”问题，也即“迟退休者待遇低，早退休者待遇高”。这既不利于激励劳动者，也不利于延迟退休方案的实施。其四，职工缴费水平、基本养老保险待遇或养老金替代率过高将会限制第二、第三支柱养老保险制度的发展。值得注意的是，养老金替代率过低也会增加职工或居民的预防性储蓄，因此养老金替代率应保持在适度区间。

（三）养老保险关系转移接续更加顺畅

当前，中国经济社会的常态之一是日益活跃的劳动力流动。[①] 数据显示，2019 年全国流动人口达到 2. 36 亿人。[②] 然而，如上文所言，现实中根据个体社会身份（如拥有农业或非农业户籍、从事工作的单位性质是企业还是机关事业单位等）而建立的养老保险制度产生了流动壁垒。实际上，2009 年至今，国家出台了一系列政策以打破流动壁垒，维护参保人员的养老金权益。

当前，人口跨地区、跨单位性质流动特征明显。针对跨地区流动，2009 年国务院办公厅颁布了《关于转发人力资源社会保障部、财政部城镇企业职工基本养老保险关系转移接续暂行办法的通知》（国办发〔2009〕66 号），该文件提出了资金转移办法、业务办理方法、待遇领取地等关键问题的解决办法；针对跨单位性质流动，2017 年，人力资源和社会保障部、财政部联合发布的《关于机关事业单位基本养老保险关系和职业年金转移接续有关问题的通知》（人社部规〔2017〕1 号），规定了职工从机关事业单位转移至机关事业单位或企业，从企业转移至机关事业单位，个人账户资金计算办法、基金转移方法、待遇计发参数等内容。这些政策保障了工作变动职工的养老保险权益。

---

① 路锦非，王桂新．养老金权益流动性：西方脉络、中国图景与政策实践［J］．复旦学报（社会科学版），2019，61（5）：167-174.

② 数据来源：《中国统计年鉴——2020》。

（四）养老保险统筹层次逐渐提升

基本养老保险统筹层次事关我国养老金财务可持续发展，提高基础养老金的统筹层次既是深化养老金体系改革的重要举措，也是党和政府不断追求的目标。[①] 由于我国职工基本养老保险制度改革是从市县起步的，因此在较长的时间内基金统筹层次都比较低。较低的统筹层次意味着制度在实质上是分割的，这将导致区域之间责任分担不均、制度运行成本高昂、名义缴费率与实际缴费率相背离、基金保值增值能力弱等一系列问题。[②③] 基于此，必须提高统筹层次，优化顶层设计。然而，这项复杂的工程难以一蹴而就。对此，循序渐进策略便是国家改革养老保险制度的占优方案。国家逐步提高养老保险统筹层次的策略是从“市县（区）级”到“建立省级调剂金”，再到“省级统筹”，再到“建立中央调剂制度”（见图3-3）。

图 3-3　基本养老保险

注：笔者梳理相关政策文件后自制。

2017 年 10 月，党的十九大报告指出要“尽快实现养老保险全国统筹”。为此，划拨国有资产充实社保基金、实行税务机关统一征缴社保费等一系列配套措施纷纷出台。2018 年，我国迈出了养老保险全国统筹的第一步，即建立中央调剂制度。虽然这会加剧地方政府之间的博弈，基金结余省份较多的城市存在降低缴费率或缴费基数以减少上解调剂金的可

① 郭秀云，于丽平．从中央调剂到全国统筹的实现路径研究——来自养老金省级统筹的启示［J］．兰州学刊，2020（5）：174-185.

② 韩小凤，赵燕．我国基本养老保险的区域差异及治理之道［J］．东岳论丛，2020，41（4）：87-95.

③ 王延中．中国社会保障发展报告（2019）［M］．北京：社会科学文献出版社，2019.

能,[①] 但其也能够均衡地区间的养老负担,[②] 促使各地共担养老金支付风险，进一步增强养老保险制度的互济性。

（五）养老保险基金投资渠道日益多元化

养老保险基金投资必须遵循的三大原则：安全性、收益性与流动性。1993 年，劳动部发布的《企业职工养老保险基金管理规定》（劳部发〔1993〕117 号）规定，养老保险基金主要通过存入银行来实现安全性，利息率为人民银行规定的同期城乡居民储蓄利率。提高收益率则主要通过购买国库券和国家银行发行的债券，或者委托国家银行、国家信托投资公司进行放款。购买股票等市场化运作模式虽然有更高的收益率，但因风险较大，所以并不被认可与接纳。整体而言，这一时期存入银行和购买债券等方式的投资虽然保障了资金的安全性，但是却面临着较低的收益率，养老保险基金存在贬值风险。数据显示，养老保险基金存入银行的年利率约为 2.0%，1990—2013 年我国消费者物价指数（Consumer Price Index，CPI）年均增长率为 4.7%左右，十几年间养老保险基金损失逾千亿元，远未达到保值增值的目标。[③]

2015 年，《基本养老保险基金投资管理办法》（国发〔2015〕48 号）出台。该文件指出养老保险基金投资应坚持市场化、多元化和专业化，投资范围限于国内市场，投资资产包括养老金产品、股票、短期融资债等。这表明我国养老保险基金投资领域不断拓宽，为提升投资绩效打开了窗口。与此同时，国家通过对不同产品的投资比例进行限制来保证资金的安全性，如股票类资产小于等于 30%，股权类资产小于等于 20%等。2016 年 12 月，全国社会保障基金理事会开始接受委托进行养老保险基金的投资运营工作。通过对《中国养老金发展报告 2020》的相关数据进行分析，我们可以发现，2017 年、2018 年的投资收益相对较好，收益率高于同期通胀

---

① 陈昱阳．养老金中央调剂金制度的效应分析［J］．劳动保障世界，2017（12）：8-9.

② 郭秀云，邵明波．养老保险基金中央调剂制度的省际再分配效应研究［J］．江西财经大学学报，2019（3）：73-84.

③ 王延中．中国社会保障发展报告（2019）［M］．北京：社会科学文献出版社，2019.

率，前者分别为 5.23%、2.56%，后者分别为 1.6%、2.1%，前者分别高于后者 3.63 个百分点和 0.46 个百分点。2019 年、2020 年，基本养老保险基金投资收益率分别为 9.03%、[①] 15.84%。[②] 其中，股票市场对 2017 年和 2019 年的养老保险基金的高收益率做出了重要贡献。另外，虽然职业年金市场化运作在 2020 年启动，但当年年末投资规模便达到了 1.29 万亿元，全年累计收益额 1010.47 亿元，收益率为 7.8%。从相关数据我们可以发现，全国社会保障基金理事会以其专业化的技能，收获了相对较高的投资收益，在一定程度上实现了基金的保值增值。

（六）养老保险管理体制不断优化

建立统一的社会保障管理机构是我国社会保障管理体制改革的重要目标。[③] 20 世纪 50 年代到 60 年代中期，养老保险制度的管理机构经历了由劳动部与中华全国总工会共同管理，到中华全国总工会单独管理再到劳动部与工会组织共管的过程。“文化大革命”期间，养老保险管理体制受到重创，工会组织遭到破坏，撤销了养老保险管理机构，养老保险征缴与管理等工作陷入无政府状态。

养老保险管理事务在“文化大革命”结束后，恢复了由劳动部和工会组织共同管理的局面。整体来看，1986—1993 年，我国养老保险事务管理呈现分散化、多头管理的特点，严重影响了养老保险的管理效率。伴随我国行政管理机构改革，养老保险管理机构也发生了一系列变化（见表 3-3），我们可以发现养老保险管理工作从“政事合一”走向“政事分离”，[④] 从基金与管理混合到基金与管理分开，养老保险管理机构逐渐整合，管理工作也更加专业化。

---

① 数据来源：《全国社会保障基金理事会基本养老保险基金受托运营年度报告（2019 年度）》。

② 数据来源：《全国社会保障基金理事会基本养老保险基金受托运营年度报告（2020 年度）》。

③ 邓大松，刘昌平，等．中国社会保障改革与发展报告（2019）［M］．北京：人民出版社，2020.

④ 胡晓义．走向和谐：中国社会保障发展 60 年［M］．北京：中国劳动社会保障出版社，2009.

表 3-3　养老保险管理体制的演变

年份	管理机构	主要职能
1951—1953	劳动部为全国劳动保险业务的最高监督机关	贯彻实施《劳动保险条例》；负责检查全国劳动保险业务的执行情况
	中华全国总工会为全国劳动保险事业的最高领导机关	负责全国劳动保险事务的统筹工作
1954—1956	中华全国总工会	统一管理劳动保险工作
1957—1965	劳动部和工会组织	负责统管养老保险事务
1966—1976	行政部门	负责企业基层社会保险工作
1977—1981	劳动部与工会组织共管	负责统管养老保险事务
1982—1987	人事部	综合管理养老等社会保险和职工福利
1988—1997	劳动部	负责城镇职工养老保险制度事务的管理工作
	人事部	负责机关事业单位养老保险事务的管理工作
1990—1997	民政部	主管农村社会保险工作
1993—1997	劳动部社会保险事业管理局	负责社会保险经办机构的监督与管理
1998—2007	劳动和社会保障部养老保险司	负责城镇劳动者的养老、伤残和遗属保险
	劳动和社会保障部农村社会保险司	负责农村养老保险事务
	劳动和社会保障部社会保险基金监督管理司	负责各类社会保险基金管理的监督工作
2008 年至今	人力资源和社会保障部	负责基本养老保险、企业/职业年金等的管理工作
2018 年至今	财政部	负责管理全国社会保障基金理事会，以及基金的安全性与保值增值

资料来源：笔者梳理相关政策后自制。

三、城镇职工养老保险制度发展中存在的问题

虽然我国城镇职工养老保险制度取得了一定的成效，但应该看到这一制度的整体运转效率还不算高。一方面，制度的公平性不足。其主要表现为不同群体之间的待遇差异和地区间的支付能力差异等。另一方面，制度的可持续性令人担忧。其主要表现为基金收支失衡、增收困难等。

（一）不同群体之间养老金待遇差异悬殊

当前，企业职工、机关事业单位职工和城乡居民是我国领取养老保险待遇的三大群体，在现实中，他们之间的待遇差异悬殊，突出表现为：①从养老金的绝对水平来看，城乡居民的养老金待遇水平仅为城镇职工的3.8%~5.9%（见表3-4）。②从养老金制度替代率来看，机关事业单位职工与城镇企业职工的养老金替代率分别为70%~90%、40%~60%，城乡居民的养老金替代率最低，为10%~15%。

另外，从第二支柱养老金的建立情况来看，企业是否建立企业年金制度是一种自愿性选择。在现实中，部分企业，尤其是中小企业建立企业年金制度的积极性并不高，原因在于：虽然建制能够在一定程度上提高企业的吸引力，但根本上会加重企业用工负担，为此，部分中小企业并无建制的积极性。职业年金的单位缴费部分源于政府财政，因此职业年金几乎覆盖了机关事业单位的全部工作人员。所以，退休后的机关事业单位职工不仅可以领取基本养老保险金，还可以领取第二支柱养老金。从缴费基数来看，城镇企业职工出于节约成本的考虑，大多并未做实缴费基数，也即缴费基数往往低于职工的实际工资水平。薛惠元等（2017）研究发现，城镇职工实际缴费基数大约为城镇单位就业人员平均工资的65%。① 然而，机关事业单位职工的缴费基数与本人的实际工资水平是一致的。待遇差异悬殊违背了养老金制度对“公平”这一价值理念的追求，城镇企业职工也易产生不公平感。

表3-4　城镇职工与城乡居民人均养老金水平

年份	城镇职工年人均养老金/元	城乡居民年人均养老金/元	二者比值
2011	18132	690	26：1
2012	20232	880	23：1
2013	22272	979	23：1
2014	24600	1098	22：1

① 薛惠元，郭文尧. 城镇职工基本养老保险基金收支状况、面临风险及应对策略［J］. 经济纵横，2017（12）：74-84.

续表

年份	城镇职工年人均养老金/元	城乡居民年人均养老金/元	二者比值
2015	26880	1430	19∶1
2016	28344	1408	20∶1
2017	29904	1521	20∶1
2018	31404	1828	17∶1
2019	32976	1942	17∶1
2020	34800	2088	17∶1

数据来源：笔者根据《2011—2020年度人力资源和社会保障事业发展统计公报》整理与计算。

计算方法：人均养老金水平=当年城镇职工养老金支出（城乡居民养老金支出）/当年实际待遇领取人数。由于城乡居民养老金支出中包含为建档立卡贫困户、低保对象、特困供养人员等代缴的养老保险费，所以部分年份会出现高估城乡居民年人均养老金水平的问题。

（二）地区之间养老保险基金支付能力呈现差异化

养老保险可持续发展的核心指标之一是财务的可持续性，也即基金收入远大于支出。实际上，基金结余规模越大，表明当地基金支付能力越强，有利于实现可持续发展。养老保险基金的可支付能力受参保人口数量、缴费率、缴费基数、政府财政支持以及养老金待遇水平等一系列因素的影响。我国地区之间经济发展状况差异较大，人口流入与流出状况也不相同，不同省份省级统筹的基本养老保险基金可支付月数呈现出差异化的特征（见表3-5）。《中国养老金发展报告2020》的测算数据显示，内蒙古、辽宁、吉林等省（自治区）的基本养老保险基金收支状况在2019—2024年极不理想。随着时间的推移，山西、甘肃、宁夏等地的基本养老保险基金收支状况逐步恶化。即便是经济发达的浙江省，到2022年，其基本养老保险基金可支付的月数变为0。养老保险基金可持续性状况相对较好的地方在北京、湖南等地。如此便呈现出明显的“马太效应”，即财务可持续性较好的省份不但可以将结余资金进行市场投资运作以获得更高的收益率，而且能够吸引更多的劳动力加入，增加基金收入；基金收不抵支甚至逐渐恶化的省份不但难以支付退休人员的养老金，而且无结余基金可以进行投资。

为解决各地养老负担畸轻畸重的问题，中央调剂制度于2018年应运而生。然而，即便引入中央调剂制度之后，各省份基本养老保险基金累计结余可支付月数仍旧存在较大差异（见表3-6）。例如，西藏、广东、北京等省（自治区）的基本养老保险基金可支付月数超过9个月，但内蒙古、吉林、青海等省（自治区）的基本养老保险基金可支付月数却仍不足3个月。这表明中央调剂制度虽然能够在一定程度上平衡各地的养老负担，但各地仍需从源头出发增收，如继续扩大覆盖面、采取措施鼓励参保、做实缴费基数、拓宽基金投资渠道等。此外，还需通过建立科学的养老金待遇调整机制来优化养老保险的基金支出。

表3-5　基本养老保险基金可支付数月估计（2019—2024年）

单位：月

地区	2019年	2020年	2021年	2022年	2023年	2024年
全国	12.3	11.5	11.2	11.2	11.1	10.9
北京	47.1	50.8	55.9	61.0	66.1	71.2
天津	9.9	10.3	11.4	12.9	14.6	16.5
河北	5.6	5.5	5.8	6.4	7.1	7.9
山西	16.3	13.6	11.0	8.3	5.4	2.3
内蒙古	—	—	—	—	—	—
辽宁	—	—	—	—	—	—
吉林	—	—	—	—	—	—
黑龙江	—	—	—	—	—	—
上海	4.6	3.6	3.2	3.2	3.5	3.7
江苏	12.7	11.4	10.7	10.5	10.3	9.7
浙江	7.5	4.4	1.7	0	0	0
安徽	18.6	17.7	17.0	15.9	14.3	12.6
福建	18.8	20.6	23.3	26.4	29.3	31.6
江西	4.8	3.8	3.1	2.6	2.1	1.3
山东	5.6	3.4	1.6	0.1	—	—
河南	10.0	9.2	8.7	8.3	7.9	7.4

续表

地区	2019 年	2020 年	2021 年	2022 年	2023 年	2024 年
湖北	4.6	3.8	3.4	3.2	3.0	2.7
湖南	17.9	18.9	20.4	22.0	23.4	24.9
广东	58.9	62.4	67.7	74.0	80.9	87.5
广西	5.7	5.7	6.5	8.1	10.3	12.9
海南	16.1	17.3	18.9	20.3	21.6	23.0
重庆	11.6	11.2	11.2	11.3	11.2	10.9
四川	13.5	13.1	13.2	13.2	13.1	12.7
贵州	26.1	27.9	30.6	33.9	37.1	40.3
云南	26.5	28.6	31.9	35.7	39.9	44.7
西藏	67.1	77.6	90.9	106.1	122.5	140.9
陕西	6.3	5.2	4.4	3.7	2.9	2.1
甘肃	5.4	3.9	2.8	2.0	1.2	0.4
青海	—	—	—	—	—	—
宁夏	4.6	2.5	0.7	—	—	—
新疆	30.7	31.0	32.3	33.6	34.4	34.6

数据来源：转引自《中国养老金发展报告》。

表 3-6　引入中央调剂制度后基本养老保险基金累计结存可支付月数概况（2019—2024 年）

序号	可支付 9 个月以上						可支付 3 个月以下					
	2019 年	2020 年	2021 年	2022 年	2023 年	2024 年	2019 年	2020 年	2021 年	2022 年	2023 年	2024 年
1	西藏	西藏	西藏	西藏	西藏	西藏	内蒙古	山东	浙江	浙江	浙江	甘肃
2	广东	广东	广东	广东	广东	广东	吉林	上海	宁夏	宁夏	宁夏	浙江
3	北京	北京	北京	北京	北京	北京	辽宁	内蒙古	山东	山东	山东	宁夏
4	新疆	新疆	新疆	新疆	新疆	新疆	青海	吉林	上海	上海	上海	山东
5	云南	云南	云南	云南	云南	云南	黑龙江	辽宁	内蒙古	内蒙古	内蒙古	上海
6	贵州	贵州	贵州	贵州	贵州	贵州		青海	吉林	吉林	吉林	内蒙古
7	安徽	安徽	安徽	安徽	安徽	安徽		黑龙江	辽宁	辽宁	辽宁	吉林
8	湖南	湖南	湖南	湖南	湖南	湖南			青海	青海	青海	辽宁
9	山西	山西	山西	山西	海南	海南			黑龙江	黑龙江	黑龙江	青海

续表

序号	可支付9个月以上						可支付3个月以下					
	2019年	2020年	2021年	2022年	2023年	2024年	2019年	2020年	2021年	2022年	2023年	2024年
10	海南	海南	海南	海南	福建	福建						黑龙江
11	福建	福建	福建	福建	四川	四川						
12	四川	四川	四川	四川	重庆	重庆						
13	重庆	重庆	重庆	重庆	江苏	天津						
14	江苏	江苏	江苏	江苏	河南	河北						
15	河南	河南	河南	河南	天津	广西						
16	天津	天津	天津	天津	河北	江苏						
17					广西	河南						
18					山西	湖北						

资料来源：转引自《中国养老金发展报告》。

（三）养老保险制度赡养率不断攀升

养老保险制度赡养率为退休人口与在职人口之比。2011—2020年，我国参保职工由21565万人增长到32859万人，参保离退休人数由6826万人增长到12762万人。同期参保赡养率①由31.65%增长到38.84%，其中，2019年参保赡养率达到了39.48%（见表3-7）。这意味着原来由3个参保人赡养1个参保离退休人员，现今则由2.5个人赡养1个参保离退休人员。预计到2050年，参保赡养率将为81.8%，缴费赡养率②将高达96.3%，③这意味着赡养1个退休者几乎需要1个缴费者。这表明，未来城镇职工养老保险制度将面临巨大的支付压力，潜存着财务不可持续的风险。

制度赡养率攀升与人口老龄化程度的加深密不可分。我国已于1999年步入人口老龄化国家的行列。当年，65岁及以上人口为9.25万人，占总

① 制度内离退休人数与参保人数的比率。
② 制度内离退休人数与缴费人数的比率。
③ 数据来源：《中国养老金精算报告（2019—2050）》。

人口的比例为11.4%。[①] 数据显示，2010—2020年，我国60岁及以上人口（65岁及以上人口）比重上升了5.44个百分点（4.63个百分点），在2020年达到了18.70%（13.50%）。[②] 若不扩大养老保险制度的覆盖面，增加参保人数，则未来制度赡养率将不断攀升，养老金财务可持续性将面临挑战。

表3-7 2011—2020年参保职工、参保离退休人数与参保赡养率概况

年份	参保职工/万人	参保离退休人数/万人	参保赡养率/%
2011	21565	6826	31.65
2012	22981	7446	32.40
2013	24177	8047	33.28
2014	25531	8598	33.68
2015	26219	9142	34.87
2016	27826	10103	36.31
2017	29268	11026	37.67
2018	30104	11798	39.19
2019	31177	12310	39.48
2020	32859	12762	38.84

数据来源：笔者根据《2011—2020年度人力资源和社会保障事业发展统计公报》整理与计算。

（四）养老保险个人账户空账运转

统账结合是我国城镇职工养老保险的典型特征，但受历史债务与转制成本等因素影响，个人账户在实际运行过程中却出现了严重的空账问题，导致个人账户始终无法完全做实。2014年我国城镇职工养老保险空账额高达3.6万亿元。[③] 在实践中，虽然部分省（自治区、直辖市），如辽宁、吉林、江苏、浙江、河南等地积极试点实施做实个人账户，但从总体上来看，结果并不尽如人意。

---

① 数据来源：《中国统计年鉴——2020》。

② 数据来源：第六次、第七次全国人口普查数据。

③ 数据来源：《中国养老金发展报告——2015》。

个人账户空账运转产生了一系列问题。第一，部分积累制流于形式，难以落地，有名无实。在统账结合模式中，社会统筹部分体现了现收现付制，增强了养老保险制度的互济性；个人缴费全部计入个人账户的方案体现了完全积累制，有利于增强养老保险制度抵御老龄化风险的能力，提高制度的激励性。基金积累制的筹资原则为远期纵向平衡。个体将年轻时的部分收入存入养老个人账户，待年老时取出来保障个人生活。这实际上是一种收入再分配制度，只不过这种再分配发生在个体的生命周期中，具有跨时性。第二，难以应对老龄化的冲击。第三，削弱职工对制度的信心。第四，将养老金给付压力“传导”给后代人等。

实际上，做实个人账户是一项比较困难的工作。究其原因：其一，做实养老金个人账户需要大量的财政补贴，这对于经济欠发达省份而言，无异于雪上加霜；其二，即便部分省份能够做实个人账户，但做实个人账户后若不对个人账户累计基金进行投资，那么仍面临贬值的风险与较低的收益率；其三，如果不借用个人账户的基金来支付当期养老金待遇，则部分省份需要投入更大规模的财政补贴。在现实中，第一个做实个人账户试点的辽宁省，由于养老金支付压力巨大，因此又重新向“个人账户”借支，这实际上意味着辽宁省又回到了最初的个人账户空转状态。

（五）养老保险基金财务可持续性面临挑战

在保证缴费与保障水平合理的情况下，养老保险基金的可持续可促使制度实现自我收支平衡。这是养老保险制度健康运转的重要特征。然而，数据显示现实情况事与愿违，城镇职工养老保险基金财务可持续性面临挑战（见表 3-8 和图 3-4）。首先，2011—2020 年，城镇职工养老保险基金收入与支出持续上升，10 年间分别上涨了 61.66%、201.89%，支出的增长率远高于收入，前者是后者的三倍多。2020 年更是出现了基金收入负增长与收不抵支的窘境。具体而言，2020 年城镇职工养老保险基金收入增长率为-16.14%，收支差额为-6925 亿元。

其次，基金累计结余呈持续增长之势，但增长速度却呈下降之势。2011—2015 年城镇职工养老保险基金累计结余年均增长率为 16.03%，

2016—2018 年为 14.86%，2019—2020 年为-11.54%。具体来看，城镇职工养老保险基金累计结余的增速在 2018 年之后明显大幅下滑，2020 年更是呈现出了负增长。

最后，城镇职工养老保险基金收入部分依赖各级政府的财政补贴，难以实现自我收支平衡。从绝对值来看，2011—2017 年各级政府财政补贴保持高速上升，年均增长率为 23.35%；从相对值来看，2011—2017 年各级政府财政补贴占当期基金收入的比值分别为 13.45%、13.24%、13.31%、14.02%、16.07%、18.57%，占比呈上升趋势。实际上，若无政府的财政补贴，那么 2015—2017 年全国城镇职工养老保险基金当期便会出现收不抵支的问题。

表 3-8 2011—2020 年城镇职工养老保险基金收支、累计结余与各级财政补贴概况

单位：亿元

年份	基金收入	基金支出	收支差额	累计结余	各级财政补贴
2011	16895	12765	4130	19497	2272
2012	20002	15562	4439	23941	2648
2013	22680	18470	4210	28269	3019
2014	25310	21755	3555	31800	3548
2015	29341	25813	3528	35343	4716
2016	35058	31854	3204	38580	6511
2017	43310	38052	5258	43885	8004
2018	51168	44645	6523	50901	—
2019	52919	49228	3691	54623	—
2020	44376	51301	-6925	48317	—

数据来源：笔者根据《2011—2020 年度人力资源和社会保障事业发展统计公报》整理。

（六）养老保险制度全国统筹面临诸多问题

近 10 年，基本养老保险全国统筹虽然仍在持续推进，但进展速度有所放缓。① 我国实行的是分权制，在养老保险事务管理过程中，中央政府主

① 张立琼，田宋，席恒．基础养老金全国统筹：问题缘起、政策框架与制度创新［J/OL］．社会保障研究：1-8［2021-08-20］．http：//kns.cnki.net/kcms/detail/42.1792.f.20210806.1011.004.html.

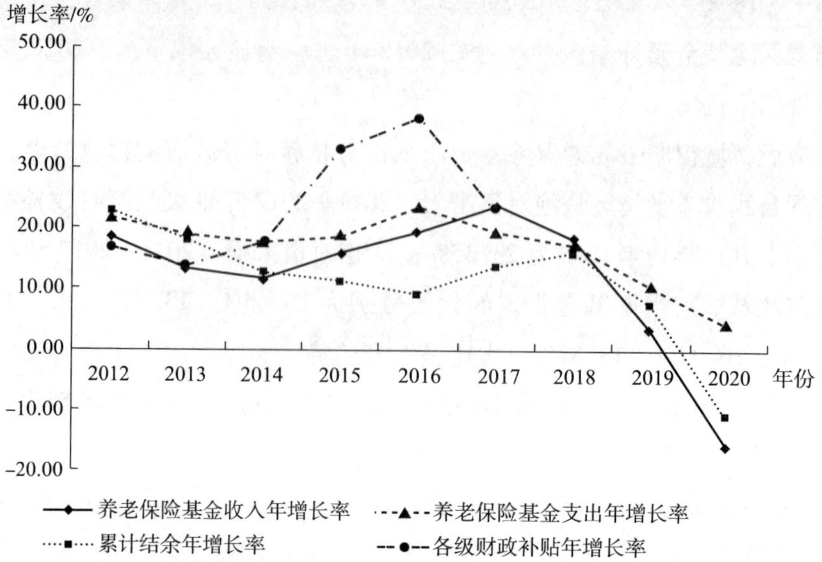

图 3-4　城镇职工养老保险基金收支、累计结余与各级财政补贴年增长率变化情况

数据来源：笔者根据《2011—2020 年度人力资源和社会保障事业发展统计公报》相关数据计算得出。

要负责立法规范、宏观政策制定与外部监督等工作，地方政府则是主要责任主体。鉴于此，养老保险制度的地方特征明显。各地政策规定不统一，养老金缴费率、待遇计发与调整办法、财政补贴政策、信息管理模式等方面均存在差异，实现养老保险全国统筹则需要逐步减少制度间的差异。目前中央政府建立的中央调剂制度仅是一种过渡措施，全国统筹还面临着区域利益失衡、政策之间不协调、管理体制不统一、管理系统难整合、政府间责任划分不合理等多种问题。①②

首先，存在利益冲突。在中央调剂背景下，中央将基金结余较多省份上解的基金调剂金给基金结余较少甚至收不抵支的省份，对前者而言意味着其用于投资运作的资金减少，故而上解养老金意味着地方利益的损失。

---

① 刘洪伟，刘一蓓．基础养老金全国统筹的主要障碍与对策研究［J］．中州学刊，2020（2）：76-83.

② 曹信邦，阙梦香．基本养老保险全国统筹的系统性整合研究［J］．中国行政管理，2021（4）：94-98.

其次，如前文所言，统筹养老保险制度需要逐渐统一不同省份的制度，然而制度发展存在路径依赖（Path Dependence），政府将不得不为协调制度间的关系而支付高昂的时间、精力、资金等改革成本。再次，不同地区统筹进度不一，管理模式不一，全国范围内部分地区实行省域范围内的统收统支，部分地区则实行市县（区）层面的统收统支，并建立省级调剂金。最后，各地建立的养老保险信息管理平台并未遵循统一的标准，导致全国层面的整合困难重重。

（七）基本养老保险基金增收困难

增加养老保险基金收入能够从源头避免收不抵支的问题，同时当期增加的结余可以通过市场化运作方式提高收益率。然而，目前我国基本养老保险基金却存在增收困难的问题。

首先，企业缴费基础普遍不实，即“虚低”。一方面，企业为降低用工成本与缴费压力，选择的缴费基数低于员工实际工资水平，这势必会减少社会统筹部分的基金收入；另一方面，员工为了增加当期收入，也默许了这一不符合政策规定的“现象”，其养老保险个人账户的累计基金额也会减少，这将削弱职工个人的自我保障能力。

其次，养老保险制度扩面并非易事。城镇企业职工的参保人群大多为大中型企业中的正式职工。虽然我国正逐步将个体工商户、灵活就业人员等纳入制度范围，但其需额外缴纳20%的社会统筹部分，在职职工则由企业代为缴纳，因此较高的缴费门槛将这部分群体排除在了制度之外。另外，扩面工作集中于农民工，但其流动性较大且参保意识薄弱，[①] 因此推进农民工参保是一项艰巨的工作。有研究表明，农民工群体仅占参加城镇职工养老保险人数的9.3%。[②] 与此同时，受新冠肺炎疫情的冲击，部分中小微企业和劳动者参加城镇职工养老保险的能力和意愿被严重削弱，这更加大了城镇职工养老保险扩面工作的难度。

---

① 薛惠元，郭文尧．城镇职工基本养老保险基金收支状况、面临风险及应对策略［J］．经济纵横，2017（12）：74-84.

② 韩俊强．农民工养老保险参保行为与城市融合［J］．中国人口·资源与环境，2017，27（2）：135-142.

再次，缴费收入中的“非正常缴费收入”占比较大。2010—2015 年，城镇职工基本养老保险基金征缴收入中非正常缴费大约占到缴费人数的 11.72%、13.60%、11.76%、10.05%、9.68%和 10.22%。[①] 非正常缴费主要源于部分缴费人群的预缴和补缴等。部分临近退休人员选择“一次性趸交”，这一做法虽然能够在短期内增加当期基金收入，暂时缓解基金支付压力，但并不利于基金收入的长期稳定增长，而且容易导致基金未来面临更大的支付压力。

最后，养老保险基金投资运营存在三大问题。第一，委托投资规模较小。在各省养老保险基金累计结余中，被委托投资的部分占比相对较低。例如，2018 年江苏省投资的城镇企业职工养老保险基金占当年基金累计结余的比例约为 25.34%，为 1000 亿元；[②] 就全国来看，2018 年年底各省委托投资合同总额仅占全国基本养老保险累计结余的 15.22%。[③] 第二，由全国社会保障基金理事会统一投资的方法难以兼顾各省份对风险偏好与利益诉求的差异化。各省基金结余与支付能力不同，因此部分地区追求高收益，部分地区则强调安全性。第三，监管力量薄弱。当前关于养老保险管理与投资的监管政策多是国务院规范性文件和部门规章，并无相关法律出台。

（八）多层次养老保险体系仍不完善

多层次养老保险制度体系建设是我国养老保险制度未来发展的重点之一。1994 年，世界银行提出了“三支柱模式”。第一、第二、第三支柱分别为公共养老金计划、职业/企业养老金计划和个人养老储蓄计划，它们的特点分别是法律强制，企业、个人共同缴费与责任共担，以及强调个人养老责任。多层次养老保险体系的发展对国家和个人均有益，于前者，能够减轻第一支柱负担；于后者，为老年人提供多重保障。

---

① 王延中．中国社会保障发展报告（2019）［M］．北京：社会科学文献出版社，2019.

② 数据来源：根据《2018 年度江苏省人力资源和社会保障事业发展统计公报》与《省政府办公厅关于归集企业职工基本养老保险基金委托投资运营资金的通知》（苏政办发〔2018〕5 号）中的数据计算得出。

③ 邓大松，刘昌平，等．中国社会保障改革与发展报告（2019）［M］．北京：人民出版社，2020.

1991 年，《国务院关于企业职工养老保险制度改革的决定》（国发〔1991〕33 号）提出要“逐步建立起基本养老保险与企业补充养老保险和职工个人储蓄性养老保险相结合的制度”。1995 年，《国务院关于深化企业职工养老保险制度改革的通知》（国发〔1995〕6 号）中鼓励企业建立企业补充养老保险和个人储蓄性养老保险，构建多层次养老保险体系。

关于第二支柱养老保险的发展。2000 年，国务院颁布《关于完善城镇社会保障体系的试点方案》（国发〔2000〕42 号），企业年金被正式提出使用，采用市场化的运作方式；2003 年，国家先后颁布了《企业年金试行办法》《企业年金基金管理试行办法》；2013 年，《关于企业年金职业年金个人所得税有关问题的通知》（财税〔2013〕103 号）出台，规定实施个税递延型优惠政策。

关于第三支柱养老保险的发展。国家曾在 2017 年指出多层次养老保险体系的构建主要包括基本养老保险、职业/企业年金，以及个人储蓄性养老保险和商业保险等内容。与此同时，要深入开展个人税收递延型商业养老保险试点。2018 年，国家又出台了《关于开展个人税收递延型商业养老保险试点的通知》（财税〔2018〕22 号）。经过 30 多年的探索，我国逐步形成了以第一支柱养老保险制度为支撑，以第二支柱职业养老金计划和第三支柱个人养老储蓄计划为补充的多层次、多支柱养老保险体系（见表 3-9）。

表 3-9　社会养老保险制度的多支柱体系结构

	名称	作用	责任主体	目标群体	优势
第一支柱	基本养老保险	保障老年人的基本生活	国家	全体公民	公平
第二支柱	企业年金	提升养老金水平	市场	就业者	效率
第三支柱	个人储蓄养老	实现多元养老	个人	全体公民	效率

注：依据资料，内容有所变动。

资料来源：邓大松，刘昌平，等．中国社会保障改革与发展报告 2019［M］．北京：人民出版社，2020．

在实践中，虽然中央一直在积极推动，但基本养老保险制度“一支独大”、多层次养老保险制度发展不均衡的问题并未得到解决。第二支柱发展滞后、覆盖面狭窄、保障能力弱，主要体现在（见表 3-10）：第一，企业年金扩面面临“瓶颈”。2011—2020年，我国新建企业年金的企业数不断增加，从4.49万户增长到了10.50万户，翻了一番，但从每年建立企业年金的企业数年增长率来看，整体增长率呈下降趋势，由2012年的21.83%下降到了2020年的9.38%。其中，2016年相较于2015年，新建企业年金的企业数仅增长了1.06%。第二，参加企业年金的职工数量较少。从企业年金参保职工数与城镇参保职工数的比值可以发现，近10年，企业年金参保职工一直不足城镇参保职工的10%。这意味着我国企业年金的发展存在巨大的潜力。第三，企业年金基金规模较小。目前参加企业年金的企业多为国有企业、垄断企业等大中型企业，中小微企业由于税收优惠的有限性与较高的准入门槛而并未建立。[①] 企业年金基金累计结存虽然呈现上升的趋势，但整体增速却是缓慢的。2016年增长率仅为16.26%。从企业年金资产总额占GDP的比重来看，2018年仅为1.61%。究其原因：首先，企业在建立企业年金方面拥有一定程度的自主决策权，而建立企业年金对企业而言意味着用工成本的增加，因此企业的“理性”选择是不建立，但是这种理性是有限度的；其次，部分企业人员结构复杂，员工流动较大；最后，部分企业不愿建立企业年金制度的重要原因之一是制度的激励性不足，突出表现为税收优惠政策等支持力度较小。

我国个税递延型商业养老保险制度起步较晚，而且远未达到预期的试行效果。在开展试点的上海市、福建省和苏州工业园区三地，因个税递延型税收优惠政策的优惠力度较小、税延额度较低等原因，整体效果不佳。截至2020年4月，个税递延养老保险试点过程中，参保人数仅4.76万人，累计保费收入约3亿元。

表3-10　2011—2020年企业年金发展情况

年份	建立企业年金的企业数/万户	建立企业年金的企业数年增长率/%	参保职工/万人	企业年金参保职工/万人	企业年金参保职工/城镇参保职工	年金基金累计结存/亿元	年金基金累计结存年增长率/%
2011	4.49	—	21565	1577	7.31%	3570	—

① 王延中．中国社会保障发展报告（2020）［M］．北京：社会科学文献出版社，2020.

续表

年份	建立企业年金的企业数/万户	建立企业年金的企业数年增长率/%	参保职工/万人	企业年金参保职工/万人	企业年金参保职工/城镇参保职工	年金基金累计结存/亿元	年金基金累计结存年增长率/%
2012	5.47	21.83	22981	1847	8.04%	4821	35.04
2013	6.61	20.84	24177	2056	8.50%	6035	25.18
2014	7.33	10.89	25531	2293	8.98%	7689	27.41
2015	7.55	3.00	26219	2316	8.83%	9526	23.89
2016	7.63	1.06	27826	2325	8.36%	11075	16.26
2017	8.04	5.37	29268	2331	7.96%	12880	16.30
2018	8.74	8.71	30104	2388	7.93%	14770	14.67
2019	9.60	9.84	31177	2548	8.17%	17985	21.77
2020	10.50	9.38	32859	2718	8.27%	22497	25.09

数据来源：笔者根据《2011—2020 年度人力资源和社会保障事业发展统计公报》整理与计算。

第四章 统筹构建：养老保险制度的城乡统一

一、城乡养老保险制度间的差异客观存在

目前，我国已走过了养老保险制度城乡分割阶段，正处于城乡统筹阶段，未来将走向城乡一体化整合阶段（见图 4-1）。在城乡统筹与一体化发展阶段，从法理角度来看，养老保险制度应由国家层面进行统一安排。然而，现实中因养老保险事务实行的是属地化管理，加之中央层面的政策往往是原则性的，使地方政府拥有了进一步细化养老保险制度的自主决定权，进而导致城乡之间、地区之间的养老保险政策不一。[①] 这种不一表现在制度设计、制度运行与支持三大方面。

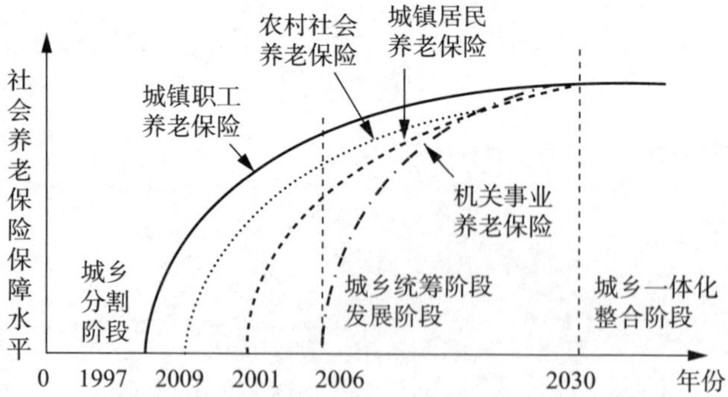

图 4-1 我国城乡社会养老保险制度发展路径

资料来源：蒋军成，高电玻，吴丽丽．农村社会养老保险制度保障效果及其城乡统筹［J］．现代经济探讨，2017（4）：26-31.

---

① 郑功成．中国养老金：制度变革、问题清单与高质量发展［J］．社会保障评论，2020，4（1）：3-18.

（一）制度设计方面

1. 设计理念的差异

理念既是行动的先导，又是制度的灵魂。[①] 制度设计理念不同是城乡居民养老保险制度与城镇职工养老保险制度的最大区别。[②] 理念不同产生了差异化的基本养老保险政策设计。具体来看，个人缴费是城乡居民参保的先决条件，辅之以政府和集体的财政补贴，因而是一种准社会福利政策，体现的是兜底保障的理念；城镇职工养老保险是职工个人与单位的共同责任，权利与义务相对等，体现的是互助共济的理念。在城镇职工养老保险制度中，政府主要担负着管理、投资运营等方面的责任，无缴费责任。

2. 参保方式的差异

（1）主体：公民个人与企事业单位

城乡居民与企事业单位职工参保的依托对象不同，前者以公民个人为单位，以集体为依托，后者则需依托其所在的企业或单位。换言之，在前者，虽然政府和集体经济组织会给予参保者一定的参保补贴，但公民个人始终为参保主体，其缴费后才有资格享受国家的财政补贴；在后者，企事业单位和职工为参保主体，其中企事业单位为主要缴费者。这一差异源自二者的劳动方式不一致，城乡居民往往需要自给自足，尤其是农村居民；城镇职工则在企事业单位进行劳动，单位有责任保障其老年后的基本生活。

（2）性质：自愿性与强制性

自愿性原则是城乡居民参保缴费所遵循的原则，即城乡居民在是否参保缴费、选择何种缴费档次等方面拥有自主权和决策权。城镇企事业单位职工参加养老保险遵循的是强制性原则，且无法自主选择缴费档次。就前者来看，2009 年国务院发布的《关于开展新型农村社会养老保险试点的指导意见》（国发〔2009〕32 号）和 2011 年国务院发布的《关于开展城镇居民社会养老保险试点的指导意见》（国发〔2011〕18 号）均指出，要发

---

① 凌文豪．差序平等：中国社会保障新理念［J］．道德与文明，2012（1）：112-115.

② 朱勤．实现城乡基本养老保障均等化的改革路径——兼议农民退休制度［J］．人民论坛，2020（25）：80-84.

挥政府在城乡居民参保缴费过程中的主导作用，遵从居民意愿，最终形成普遍参保的局面。就后者来看，《国务院关于完善企业职工基本养老保险制度的决定》（国发〔2005〕38 号）则明确提出“城镇各类企业职工、个体工商户和灵活就业人员都要参加企业职工基本养老保险”。

通常情况下，以强制性方式参保的参保人数增长速度会高于自愿性参保的。然而，现实中却出现了相反的情况。2018 年末城镇职工参保率不足 70%，而在政府动员与个人理性计算的结果下，城乡居民参保率达到 90% 以上。2012—2020 年，城乡居民和城镇职工养老保险参保人数分别由 47360 万人增长到 54244 万人、30426 万人增长到 45621 万人，增长率分别为 14.54%、49.94%。具体来看，城乡居民和城镇职工养老保险参保人数分别于 2018 年和 2016 年[①]出现了增长小高峰，城乡居民养老保险参保人数增长率、城镇职工养老保险参保人数增长率分别为 2.22% 和 7.27%（见图 4-2）。前者的原因为：2018 年，《关于建立城乡居民养老保险待遇确定和基础养老金正常调整机制的指导意见》（人社部发〔2018〕21 号）的出台，减少了人们对其老年生活的担忧，增强了人们对制度的信心；后者的原因为：2015 年，《关于机关事业单位工作人员养老保险制度改革的决定》（国发〔2015〕2 号）和《关于印发基本养老保险基金投资管理办法的通知》（国发〔2015〕48 号）连续出台，一方面将机关事业单位职工纳入了城镇职工养老保险制度中；另一方面拓宽了资金投资渠道，增强了基金的保值增值能力。此外，“十四五”规划纲要提出“基本养老保险参保率要提高到 95%”。鉴于此，当前仍未参保缴费的“农民工、灵活就业人员和新业态从业人员”等将是未来扩面的着力点。政府不仅应大力宣传动员，而且要采取一系列优惠措施，鼓励他们积极参保，最终实现全员参保的目标。

3. 筹资模式的差异

（1）缴费标准：档次制与比例制

档次制是早期的新农保、城居保以及现行的城乡居民养老保险制度一

① 政策产生实际效果具有时滞性，因此国家于 2015 年出台的政策在 2016 年产生了明显效果。

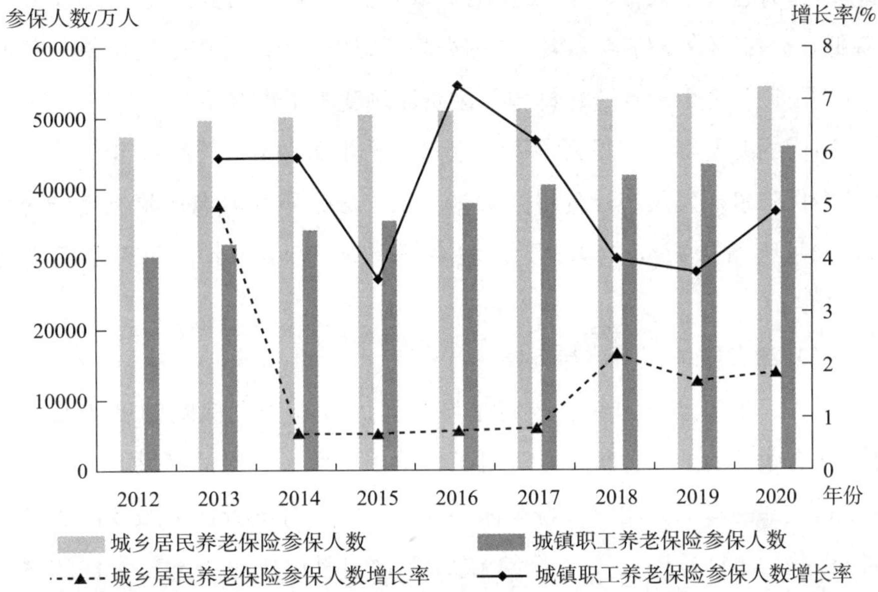

图 4-2 2012—2020 年养老保险参保人数及其增长率变化

直实行的缴费标准，即居民从国家设定的缴费档次中，选择他们能够承受且认为合理的。具体来看，新农保试点时期，国家设定了 5 个缴费档次，分别为 100 元、200 元、300 元、400 元和 500 元；城居保试点时期分别为 100 元、200 元、300 元、400 元、500 元、600 元、700 元、800 元、900 元和 1000 元，共 10 个缴费档次；城乡居民养老保险统一后的缴费档次为 12 档，分别为 100 元、200 元、300 元、400 元、500 元、600 元、700 元、800 元、900 元、1000 元、1500 元和 2000 元。由此可见，养老保险缴费档次日益多元化。

比例制是早期的企业职工、机关事业单位养老保险制度以及现行的城镇职工养老保险制度一直实行的缴费标准。1997 年、1999 年、2001 年、2003 年、2005 年职工缴费比例分别为 4%、5%、6%、7%和 8%。养老保险制度的落地生根有赖于地方政府这一责任主体，然而现实中各地的财政实力、缴费与领取人数等又存在较大差异，所以各地缴费比例参差不齐。例如，部分地区职工缴费比例为 11%，且个人账户中有一部分来自单位缴费。2006 年，全国职工个人缴费比例与单位缴费比例统一规定为 8%和

20%，分别进入个人账户和社会统筹账户。2019 年国务院办公厅印发的《降低社会保险费率综合方案》（国办发〔2019〕13 号）中提出将单位缴费比例下调 4 个百分点，也即单位缴费比例变为了 16%。

不同的缴费标准使得人均筹资水平也产生了差异。《2019 年人力资源和社会保障事业发展统计公报》数据显示，城镇职工养老保险制度的人均筹资水平为每人每年 16973 元，城乡居民则为 1103 元，前者是后者的 15.39 倍。①

（2）缴费主体：个体与集体

个人、集体经济组织、政府是城乡居民基本养老保险制度的缴费主体。在有条件的地方，集体经济组织将给予参保人一定的补助，这意味着并不是全部的参保人均能获得集体补助。因此，有学者认为城乡居民基本养老保险的集体补助往往是有名无实。② 政府补贴则是每一位参保的城乡居民均可获得的，差异在于不同地区、选择不同缴费档次的参保人获得的入口补贴水平不一致。例如，2020 年，南京市和贵阳市的最低缴费档次者可分别获得政府给予的每人每年 130 元、30 元的缴费补贴；对于不同档次的缴费者，郑州市的缴费补贴标准体现了明显的梯度化（见表 4-1）。前者的原因在于对参保人缴费予以补贴的责任主体是地方人民政府，不同地区的社会经济发展水平迥异；后者则体现了制度设计中的激励机制。

表 4-1　2020 年郑州市城乡居民基本养老保险缴费补贴标准

单位：元/(人·年)

缴费水平	补贴标准	缴费水平	补贴标准
200	65	1000	160
300	70	1500	190
400	75	2000	220
500	80	2500	250

① 高传胜．新时代我国城乡居民社会保险制度改革建设再思考——兼论人口流动对现行社会保险制度的挑战与应对［J］．新疆师范大学学报（哲学社会科学版），2021，42（3）：2，112-129.

② 海龙，尹海燕，陈秋霖．构建稳定可持续的城乡居民基本养老保险筹资机制［J］．宏观经济研究，2019（10）：112-121.

续表

缴费水平	补贴标准	缴费水平	补贴标准
600	90	3000	280
700	100	4000	310
800	120	5000	340
900	140	—	—

职工个人及其所在单位均需缴纳养老保险费，二者缺一不可，否则便意味着个人无法参加城镇职工养老保险。若无单位可依托，那么个人可选择其他养老保险险种，如城乡居民或灵活就业人员养老保险制度。

4. 基金管理的差异

（1）个人账户运行：实账管理与空账运行

我国养老保险制度实行的统账结合模式结合了完全积累制和现收现付制的优点，规避了二者的不足。其中，个人缴费部分记入个人账户，凸显制度的激励性；企业、机关事业单位等的缴费进入社会统筹部分，凸显制度的互济性。

在实践中，城乡居民养老保险个人账户实行的是实账管理，也即参保人个人账户的资金记录与银行实际的资金状况是对应的。然而，城镇职工养老保险制度由于资金给付出现缺口，导致职工个人账户基金被挪用，① 产生空账问题，也即虽有记账记录却无实际资金。《中国劳动保障发展报告（2016）》数据显示，2007 年年末个人账户空账规模为 1.10 万亿元，到 2014 年年末高达 3.60 万亿元，年均增速为 18.55%。② 实质上，个人账户中基金的产权属于缴费者，未经允许便挪作他用是对参保人利益的损害，同时会削弱职工的参保积极性。部分地区虽然进行了“做实个人账户的试点”，但我国地区之间发展严重失衡，欠发达地区做实个人账户较为困难，东部沿海等经济发达地区无做实个人账户的主观愿望，即便它们

① 万树，蔡霞，郭旭．做实个人账户观点综述与试点评价［J］．社会保障研究，2012（6）：41-45.

② 蒋梦惟．个人养老金空账规模已近 3.6 万亿［EB/OL］．http：//www.cssn.cn/glx/glx_yjts/201609/t20160930_ 3223216.shtml.

拥有充足的财政实力。基于此，空账问题仍旧难以被破解。

（2）个人账户记账利率：低与高

《统一和规范职工养老保险个人账户记账利率办法》（人社部发〔2017〕31号）规定，国家每年公布全国统一的职工养老保险个人账户记账利率。在记账利率影响因素方面，职工工资增长状况、基金平衡状况等扮演重要角色。与此同时，合理的系数也被国家用来调整记账利率。我们梳理了我国城镇职工养老保险个人账户在2016—2020年的记账利率（见表4-2），可以发现，其远高于银行定期存款利率。当前各地城乡居民养老保险个人账户记账利率并不统一，但多参考银行的存款利率，为2.0%~5.0%，如2019年浙江为3.79%，广西则为2.25%。在省域范围内，广西2019年城镇职工养老保险个人账户记账利率是城乡居民的3.38倍。这表明，同样的基金规模，前者拥有相对更高的收益率。

表4-2　2016—2020年城镇职工养老保险个人账户记账利率

年份	记账利率/%
2016	8.31
2017	7.12
2018	8.29
2019	7.61
2020	6.04

数据来源：人力资源和社会保障部官网，http://www.mohrss.gov.cn/。

（3）投资运营：“三年分批进入+增量改革为主”与探索投资路径

城乡居民养老保险基金累计结余一直在稳步增长，到2020年已达到9759亿元。虽然这一景象值得欣喜，但是郑秉文认为这面临着三大问题：通货膨胀带来的贬值压力、“内部收益率”引致的福利损失，以及购买力下降的风险。在历史上，企业职工养老保险制度也曾面临着这三大问题，却选择了“透支”个人账户，最终结果是个人账户空账运转，至今无法做实。城乡居民养老保险制度则选择直接入市，主要措施是“三年分批进入与增量改革为主”相结合。

“三年分批进入”主要指将全国30多个统筹地区和单位的城乡居民养

老保险基金分为三批，依次进行入市（见表 4-3）。

表 4-3 分批次入市省份及时间

批次	省（自治区、直辖市）	启动入市时间
第一批	上海市、湖北省、广西壮族自治区、重庆市、四川省、云南省、西藏自治区、陕西省、甘肃省	2018 年年底
第二批	河北省、吉林省、江苏省、浙江省、安徽省、福建省、河南省、广东省、青海省	2019 年
第三批	北京市、天津市、山西省、内蒙古自治区、辽宁省、黑龙江省、江西省、山东省、湖南省、海南省、贵州省、宁夏回族自治区、新疆维吾尔自治区、新疆生产建设兵团	2020 年年底

“增量改革为主”主要指城乡居民用于投资运作的部分来自 2017 年及之后的年度新增结余，而且新增结余并非全部用于投资，投资部分占新增结余的比例为 80%。

城镇职工基本养老保险基金市场化运作的步伐要早于城乡居民。广东省于 2012 年将 1000 亿元养老基金进行委托投资，受托方为全国社保基金理事会。可以说，广东省是首开先例者。就结果来看，广东省两年内累计收益 173.36 亿元。在这一阶段，城镇职工养老保险基金投资运作属于“摸着石头过河”，进行了不断的尝试，基于此，城乡居民养老保险基金才得以“跑步”入市。

（4）统筹层次：县区统筹、省级统筹与中央调剂制度

养老保险制度全国统筹在实践中面临重重困难。当前，城乡居民基本养老保险基金统筹层次多为县区级，市级统筹乃至省级统筹的地方极少。在现实中，基金分散在各地既削弱了养老保险制度的互济性，又难以产生规模效应，无法实现保值增值的目标，由此加剧了制度不可持续的风险。

当前，城镇职工基本养老保险基金正竭力实现省级统筹，[①] 且在中央层面建立了调剂制度。截至 2020 年 11 月底，全国共有 28 个省份[②]及新疆

① 养老保险制度实行全省统一政策、统一费率、统一项目、统一拨付方式、统一使用基金、养老保险经办机构统一垂直管理。

② 浙江、新疆和内蒙古三省尚未公布“省级统筹”方案。

生产建设兵团正在或即将实施省级统筹方案。与此同时，2018 年国家建立了企业职工基本养老保险中央调剂制度。2018—2020 年，企业职工基本养老保险基金中央调剂的上解比例分别为 3%、3.5%和 4%，调剂规模分别为 2422 亿元、6303 亿元和 7400 亿元。3 年间，调剂规模增长了 205.53%。有学者指出，中央调剂制度虽然能够缓解部分地区的养老金制度压力，平衡各地的养老负担，但是无法弥补养老保险基金在总量上的支付缺口。[①] 但养老金调剂不仅存在正向空间溢出效应，而且能够促进地方养老保障健康发展。[②]

5. 待遇水平的差异

（1）养老金计发办法

个人账户存储额与基础养老金是居民在年老时领取养老金的两大部分。就前者而言，居民每月可领取的金额为个人账户存储额的 1/139。就后者而言，各地在中央最低指导线下，根据当地社会经济发展状况、个人缴费年限等因素来确定，高于国家最低标准部分的费用由地方政府负担。

与城乡居民领取养老金的来源相同，城镇职工年老时获得的养老金也来自个人账户养老金和基础养老金。个人账户养老金的计发办法与城乡居民个人账户养老金计发办法相同。基础养老金的计发办法为 $\frac{\text{全省上年度在岗职工平均工资}+\text{本人指数化月平均缴费工资}}{2}\times\text{缴费年限}\times 1\%$。由此可见，在计算城镇职工基础养老金水平时，缴费年限、工资水平等是重要参数。

（2）养老金替代率

养老保险缴费率、缴费基数与替代率是改革养老金制度的三大参数。当我们评估养老金水平时，养老金替代率可作为重要指标，它反映的是职工退休后与在职时的收入差异。世界银行认为，养老金替代率为 60%～70%，方可满足老年人的基本生活需求。然而在现实中，我国除了机关事

① 毛婷．中央调剂制度的综合效应分析［J］．经济体制改革，2020（4）：33-41.

② 金银凤，史梦昱．中央调剂金制度对地区养老保障发展状况影响研究［J］．财经论丛，2019（12）：35-43.

业单位的养老金替代率（80%~90%）高于这一水平之外，城乡居民养老金替代率水平远低于这一水平，如2010—2012年，新农保的替代率分别为11.7%、9.4%和11.1%，[①] 城镇企业职工则为40%~60%。这一方面反映了单纯依靠基本养老保险制度，城乡居民和城镇企业职工难以维持年老后的生活水平，因此，发展第二、第三支柱养老保险制度尤为迫切；另一方面则凸显了群体之间的待遇不公平问题，表明实现公共服务均等化的目标任重道远。

（3）待遇调整机制

2013—2020年，城乡居民基础养老金最低标准分别为每人每月55元、70元、70元、70元、70元、88元、88元和93元。由此可见，虽然城乡居民基础养老金有所上涨，但并非逐年上涨。2018年，由人力资源和社会保障部及财政部下发的《关于建立城乡居民基本养老保险待遇确定和基础养老金正常调整机制的指导意见》（人社部发〔2018〕21号）指出，基础养老金正常调整机制要增强科学性与合理性，重点考虑收入、物价变动、职工养老金水平等因素。

反观城镇职工的养老金待遇，已实现“十七连涨”，增长水平与速度远高于城乡居民基础养老金，两者之间非制度的调整削弱了制度设计中的激励机制，是一种广受诟病的政策举措。[②] 有学者指出，当前，我国城镇职工基本养老金待遇调整框架已初步形成，在待遇调整方式、时间、对象、幅度等方面有了相对成熟的做法。[③] 值得注意的是，缴费档次标准、缴费补贴、基金保值增值等因素事关养老金待遇的最终确定，因此应通过优化缴费补贴、调整档次标准等措施来激励居民选择更高档次的缴费标准，同时要通过市场化运作的方式增强基金的保值增值能力。

---

① 赵春玲，刘朋伟．基于公平视角的我国养老保险制度问题及成因分析［J］．现代管理科学，2014（5）：79-81.

② 袁中美．养老金待遇调整研究述评［J］．社会保障研究，2016（1）：106-112.

③ 刘桂莲．基本养老金待遇调整政策：历程、评估与建议［J］．北京航空航天大学学报（社会科学版），2021，34（4）：76-83.

（二）制度运行方面

1. 制度间对接机制缺乏

当前，城乡居民养老保险制度的出现表明城镇居民与农村居民养老保险制度实现了有机对接。现今，企业职工与机关事业单位职工养老保险制度的对接机制仍需进一步优化。

养老保险关系的转移接续以及养老资金的转移等均内嵌于养老保险制度间的对接机制之中。对于前者，关系的顺畅转移有赖于全国范围内信息化平台的构建与养老保险制度的一体化设计。虽然“金保工程”正在建设，但应注意的是，此工程应将全体参保人纳入其中，促使城乡之间、地区之间养老保险关系的转移更加及时、准确和简便。① 对于后者，如果只转移关系而不转移资金，则潜在降低参保者养老保障收益的风险，为保证资金和关系的有效有序转移，应深入推进养老保险基金的全国统筹。②

2. 基金保障能力的差异

基金保障能力体现在三个方面：其一，基金的收入状况；其二，基金当期收支结余状况；其三，基金累计结余状况，该指标反映了基本养老保险基金能够用于投资运营的规模。

就基金收入来看，城镇职工养老金收入远高于城乡居民，差距最大的年份在2018年，前者是后者的13.33倍；就基金当期收支状况来看，2020年，城镇职工养老保险基金便出现了收不抵支的不理想现象，城乡居民当期收支结余一直在增长，2012—2020年，增长了120.62%，年均增长率为9.19%；就养老保险基金累计结余状况来看，城镇职工远高于城乡居民，2012—2020年，前者分别是后者的10.4倍、9.4倍、8.3倍、7.7倍、7.2倍、6.9倍、7.0倍、6.6倍、5.0倍（见表4-4）。由此可见，二者的差异逐渐缩小。但城镇职工养老保险基金资金池较大，因此在投资运营的过程

① 李艳荣．碎片整合、制度衔接和统一框架的建立——我国社会养老保险制度改革发展路径［J］．江苏行政学院学报，2016（3）：74-80.

② 殷宝明．社会养老保险关系转续的资金转移困境［J］．人口与经济，2020（6）：112-120.

中，即使二者面临同样的收益率，那么前者将获得更高的收益额。

表 4-4　养老保险基金收支与累计结余状况

单位：亿元

年份	城镇职工养老金收入	城镇职工养老金支出	收支差额	累计结余	城乡居民养老金收入	城乡居民养老金支出	收支差额	累计结余
2012	20001	15562	4439	23941	1829	1150	679	2302
2013	22680	18470	4210	28269	2052	1348	704	3006
2014	25310	21755	3555	31800	2310	1571	739	3845
2015	29341	25813	3528	35343	2855	2117	738	4592
2016	35058	31854	3204	38580	2933	2150	783	5385
2017	43310	38052	5258	43885	3304	2372	932	6318
2018	51168	44645	6523	50901	3838	2906	932	7250
2019	52919	49228	3691	54623	4107	3114	993	8249
2020	44376	51301	-6925	48317	4853	3355	1498	9759

3. 制度运行效率的差异

“公平与效率”是社会保障领域研究的核心问题。毫无疑问的是，公平是社会保障领域的第一价值追求，与此同时，也不能忽略制度的效率提升。在我国，两类养老保险制度①运转效率在区域之间差异明显。

强国民等②研究表明，从东北部、东部、中部与西部来看，城镇职工养老保险制度运行效率最高的是东北地区，西部和东部差异不大，中部地区最低；城乡居民养老保险制度运行效率最高的是东部地区，东北、中部与西部地区之间差距不大。原因在于：经济发展水平对养老保险制度运转效率具有正向作用，城镇化水平、老龄化水平与政府公共支出规模等在两种类型的养老保险制度中产生了不同的影响。具体来看，对城镇职工养老保险制度运转效率具有正向影响的是政府公共支出规模，具有负向影响的是城镇化水平与老龄化程度；对城乡居民养老保险制度运转效率具有正向

① 城乡居民养老保险制度与城镇职工养老保险制度。

② 强国民，丁建定．中国养老保险效率区域差异及其影响因素研究——基于“职保”与“居保”比较的视角［J］．江西财经大学学报，2020（1）：62-70.

影响的是城镇化水平，具有负向影响的是政府公共支出规模。

（三）制度支持方面

1. 政府财政责任的差异

如前文所言，虽然城乡居民和城镇职工是养老保险制度的重要缴费主体，但政府的财政补贴也是基金收入的重要组成。对于城乡居民而言，政府财政补贴远高于城乡居民的个人缴费。数据显示，2012—2017 年，城乡居民个人缴费分别为 594 亿元、636 亿元、666 亿元、700 亿元、732 亿元和 810 亿元，分别仅占基金收入总额的 32.48%、30.99%、28.83%、24.52%、24.96%、24.52%。[①] 这意味着近 2/3 乃至 3/4 的养老金收入来自政府补贴、集体经济组织补贴或养老金投资收益。由此可见，城乡居民是名义上的缴费主体，政府财政补贴才是养老金收入的主要来源。

政府财政补贴，即“入口补”与“出口补”相结合对于实现城乡居民应保尽保发挥了重要的促进作用。然而，有研究表明，“入口补”策略不仅未能实现“多缴多得”的正向激励，反而出现了逆向分配，进而导致政府补贴在“公平与效率”方面的双流失。基于此，可考虑控制“补入口”的速度或将“两头补”变为单纯的“补出口”，以提高财政补贴的利用效率。[②③]

职工个人和单位既是名义上又是实质上的缴费主体。《社会保险法》规定，“基本养老保险基金支付不足时，政府给予补贴”，这表明政府财政补贴的定位是补充作用。经计算，2012—2017 年，各级财政补贴占城镇职工养老金收入的比例分别为 13.24%、13.31%、14.02%、16.07%、18.57%、18.48%。[④] 整体来看，各级财政补贴不足城镇职工养老金收入的 1/5。我们可从上述分析中发现，政府在不同类型的养老保险制度中扮演的角色并

---

① 根据历年《人力资源和社会保障事业发展统计公报》计算得出。

② 海龙．中国城乡居民基本养老保险财政补贴绩效：2009—2018［J］．宏观经济研究，2021（3）：136-145.

③ 许鼎，杨再贵．“补入口还是补出口”？——对城乡居保财政补贴模式的精算评估［J］．统计与信息论坛，2021，36（1）：108-118.

④ 根据历年《人力资源和社会保障事业发展统计公报》计算得出。

不相同，在城乡居民养老保险制度中是实质缴费主体，在城镇职工养老保险制度中则发挥补充作用。

2. 多层次养老保险制度构建的差异

多支柱养老保险制度发展不平衡是我国养老保险体系的突出问题。[①] 在社会保障制度高质量发展的过程中需要高度关注这一问题。[②] 大力发展第二、第三支柱不仅能够缓解第一支柱压力，而且能够为人们的老年生活提供多重保障。

第二支柱养老保险的提供主体是单位，机关事业单位人人可享有，大部分城镇企业职工也可享受，城乡居民恰恰缺失这一支柱。商业养老保险虽然是一种个人选择，能够增强个体在年老时的风险抵御能力，但对于城乡居民而言，他们一方面对商业养老保险缺乏了解，另一方面家庭传统的养老观念，如养儿防老等，会抑制城镇居民参与商业养老保险的积极性；[③] 在城镇职工范围中，个税递延型商业养老保险制度（第三支柱）的市场需求相对较为广阔。有学者基于 2017 年中国职工养老储备指数调查数据分析发现，40%以上的职工存在购买商业养老保险的意愿。[④]

3. 法律规范支持存在差异

目前，国家并未出台关于养老保险方面的专门法律。于 2011 年出台的《中华人民共和国保险法》（以下简称《保险法》）中，关于城镇居民养老保险制度的规定（条文）仅 1 条，关于新型农村社会养老保险制度的规定（条文）有 2 条，关于城镇职工养老保险制度的规定（条文）则有 9 条。由此可见，即便在同一部法律中，城乡居民养老保险与城镇职工养老保险制度的法律支持也存在差异。2018 年，国家虽然对《社会保险法》进行

---

① 高庆波．多层次养老保险制度发展不平衡探析：约束与选择［J］．华中科技大学学报（社会科学版），2021，35（3）：38-47.

② 邓大松，张怡．社会保障高质量发展：理论内涵、评价指标、困境分析与路径选择［J］．华中科技大学学报（社会科学版），2020，34（4）：38-47.

③ 郑路，徐旻霞．传统家庭观念抑制了城镇居民商业养老保险参与吗？——基于金融信任与金融素养视角的实证分析［J］．金融研究，2021（6）：133-151.

④ 张鑫，孙立娟．个税递延型商业养老保险购买意愿影响研究——来自中国职工养老储备指数调查数据［J］．江西财经大学学报，2020（2）：52-61.

了修订，但上述规定的内容并无变化。

二、城乡养老保险制度间差异引致的问题

城乡二元结构、以“人群分设”的制度设计理念等使城乡居民与城镇职工养老保险制度呈现明显的差异。在实践中，这些差异也产生了一系列问题，突出表现在以下三个方面：

（一）限制制度的转移衔接

跨工作性质、跨地区、跨城乡流动是现代社会的一种常态，流动职工养老权益保护问题成为社会热点。2009 年，国务院出台了《城镇企业职工基本养老保险关系转移接续暂行办法的通知》（国办发〔2009〕66 号）。2012 年，国家颁布了《城乡养老保险制度衔接暂行办法（征求意见稿）》，但由于符合条件的人数较少，导致制度意义明显大于现实意义。[①] 2014 年，《关于建立统一的城乡居民基本养老保险制度的意见》（国发〔2014〕8 号）出台，意味着国家将新农保和城居保“合二为一”，形成城乡居民养老保险制度，这有利于促进居民养老保障的均等化。[②] 由此可见，国家一直在推动制度之间的整合，且养老保险制度城乡统筹已成为社会共识。

然而，现实情况复杂、地区之间利益冲突等问题的存在，导致养老保险关系与基金转移始终进展缓慢。尤其是制度之间的差异使得养老保险制度的便携性差，限制了养老保险关系的顺利转移，而养老保险关系的顺利转移接续能够促进劳动力的自由流动，劳动力的自由流动又是促进社会和谐发展的根本路径。[③] 养老保险制度的便携性之所以欠佳，原因在于：首先，现收现付制模式导致参保人的资金在无形中变为了公共资金，而完全

---

① 邓悦，郅若平．新时代下城乡社会保障制度整合现状与路径分析［J］．理论月刊，2019（6）：131-136.

② 冉昊．开启全体人民共同富裕的现代化新征程：基于分配改革的路径研究［J］．科学社会主义，2021（4）：98-104.

③ 俞宪忠．劳动力自由流动与和谐发展研究［J］．齐鲁学刊，2012（2）：94-101.

积累制模式则是将养老资金全部存入个人账户，携带个人账户在地区之间、城乡之间流动更加容易。如上文所言，城镇职工养老保险制度中个人账户空账运转更使养老保险资金难以转移。其次，城乡居民养老保险制度统筹层次大多仍在县区级，统筹层次较低。最后，各地根据地方实际为参保人提供经办服务，但在城乡之间、区域之间差异较大的现实情况下，各地经办服务之间的衔接也不畅顺。

若缩小制度间的城乡差异，那么，不仅能够增强养老保险制度的便携性，还能够缩小城乡劳动力之间的收入差距。邹铁钉在三部门经济框架下拓展了 Harris 和 Todaro（1970）关于劳动力流动及其经济与社会影响的 H-T 模型，实证检验了养老保险便携性的积极作用。他发现，养老保险便携性的增强使 2000—2019 年农村劳动力的收入提高了 35%以上，城乡劳动力收入差距缩小了 15%~34%。[①]

构建城乡统一的养老保险制度，逐步减少城乡养老保险制度间的差异已然“箭在弦上，不得不发”。朱勤认为，未来 10 年是推动养老保险制度城乡一体化的窗口期，[②] 故应抓住机遇，顺势而为。然而，高传胜认为整合城乡居保与城镇职保的征途依然漫长，优化养老保险政策设计，增强其激励性与便携性是未来工作的重点。[③]

（二）影响制度的公平持续

“统一是制度公平的前提。”[④] 养老保险制度城乡统一是公共服务均等化的重要一环。然而，目前制度差异既削弱了制度公平性，又影响了制度可持续发展。有研究表明，公众对养老保险制度的公平性认可度总体不

① 邹铁钉．养老保险可携带性、农村劳动力流动与农村反贫困［J］．统计研究，2021，38（8）：45-58.

② 朱勤．实现城乡基本养老保障均等化的改革路径——兼议农民退休制度［J］．人民论坛，2020（25）：80-84.

③ 高传胜．新时代我国城乡居民社会保险制度改革建设再思考——兼论人口流动对现行社会保险制度的挑战与应对［J］．新疆师范大学学报（哲学社会科学版），2021，42（3）：2，112-129.

④ 袁涛，仇雨临．从城乡统筹到制度融合：中国养老保险实践经验与启示［J］．海南大学学报（人文社会科学版），2016，34（3）：35-40.

高，认为公平的不足一半。[①] 郑功成指出，不统一的养老保险政策设计，损害了制度的统一性、公平性与严肃性，因此应加快养老保险制度统一的步伐。[②]

值得注意的是，公平有绝对之分与相对之别。罗尔斯曾指出，追求起点的绝对公平，追求结果的相对（有限）公平。因此，养老保险城乡一体化并非制度的绝对一致，也并非完全意义上的均等化，仍要注重个体之间的差异。例如，城乡居民养老保险制度与城镇职工养老保险制度在覆盖率、参保机会等方面要尽可能缩小差距，甚至消除差距，实现“统一国民资格”;[③] 深入推进与持续优化“多缴多得、长缴多得”激励机制。将待遇差距控制在合理范围之内，才是民众能够认可的好制度。

另外，未来应重点关注两类群体的参保缴费。一类是户籍在农村但却生活、工作在城市的农民工群体。数据显示，2008—2019 年，我国农民工人数由 2.25 亿人上涨到 2.91 亿人，其中，跨省流动的农民工占比由 52.69%上升到 56.91%。[④] 这要求增强养老保险制度的吸纳力与包容度，努力将庞大的农民工群体纳入保障制度中。

另一类是在互联网平台经济快速发展背景下异军突起的新业态从业人员（如外卖员、网约车司机等）。数据显示，2020 年，我国共享经济服务提供者有 8400 万左右，平台企业员工数约 631 万人。[⑤] 当前，新业态从业人员参加养老保险的意识较低，参保率也极低。有研究表明，企业网店与个人网店中，店主和店员中分别有 46%、59%和 63%、83%的新业态从业人员未参加养老保险。[⑥] 因此，为了提高制度的覆盖率与公平性，在养老

---

① 徐强．基本养老保险制度的公平性评价及影响因素［J］．保险研究，2013（5）：104-112.

② 郑功成．中国养老金：制度变革、问题清单与高质量发展［J］．社会保障评论，2020，4（1）：3-18.

③ 袁涛，仇雨临．从城乡统筹到制度融合：中国养老保险实践经验与启示［J］．海南大学学报（人文社会科学版），2016，34（3）：35-40.

④ 数据来源：《农民工监测调查报告》。

⑤ 数据来源：《中国共享经济发展报告（2021）》。

⑥ 贾丽萍．中国养老保障 70 年：在整合中走向高质量［J］．社会科学战线，2019（10）：19-27.

保险城乡一体化建设的过程中，应增强养老保险制度的适应性，吸纳新业态从业人员参保，让他们能够享受到社会经济的发展成果。

（三）阻碍制度的水平提高

如上文所言，城乡二元结构是不同类型养老保险制度差异性特征突出的重要因素之一。现实中城乡养老保险制度不统一会引致养老基金管理的碎片化，进一步导致养老保险资金分散在各地的财政专户中，难以形成巨额资金池进行投资运作，进而形成规模效益、获得高额回报率。结果是养老保险基金存在巨额缺口，难以实现自身的动态平衡，需要国家划拨国有资产、财政转移支付或其他途径予以支持。所以应积极推动养老保险制度统筹层次的提升。实证研究也表明，养老保险省级统筹对于缓解养老保险基金缺口有正向的促进作用，① 同时能够增强养老保险制度的抗风险能力与基金调剂能力。反之，养老保险制度保障能力与保障水平的提升将被限制。实际上，养老保险制度城乡统筹不仅对制度本身的保障水平产生影响，还能够对居民消费水平产生影响。研究发现，城乡居保并轨促进了农村居民消费。②

现今，我国城镇化水平呈现高速增长的态势。2000 年，常住人口城镇化率为 36.09%，2010 年为 49.68%，2020 年，这一数字增长到 63.89%。③ 城乡一体化进程不断加快，社会结构趋于一元化，现实中的养老保险制度的城乡分割显然已与这一趋势格格不入，故应逐步推动“公正、平等、共享”的理念在社会保障制度建设过程中落地生根。养老保险制度城乡统筹的着力点为城乡居民与城镇职工养老保险制度的一体化建设，如保障水平、待遇给付等方面的均等性。强化城乡居民养老保险制度的激励机制，通过优化账户形式、提高参保率、加大政府财政补贴等方

---

① 王银梅，李静．提高统筹层次能缓解养老保险基金缺口吗？——基于面板数据的实证检验［J］．河北学刊，2018，38（5）：140-145.

② 臧旭恒，李晓飞．养老保险发展、制度并轨改革与城乡居民消费——基于职工和居民养老保险的差异性分析［J］．当代经济研究，2020（12）：73-83，116.

③ 参见 http：//news. cnhubei. com/content/2021-09/25/content_ 14126410. html。

式，缩小其与城镇职工养老保险制度的差距。[①]

三、城乡统一养老保险制度构建的条件支撑

如前所述，现今我国关于城乡居民基本养老保险制度方面“碎片化”问题的存在，不仅影响着制度目标的实现，阻碍了制度的持续运行，更是不利于经济社会发展的稳定和谐之路。因此，有必要结合我国发展的现实情况，适时构建统一的制度模式。虽然存在一定的梗阻，但是现今城乡统一养老保险制度建构已经具备了一定的基础条件。

（一）党执政理念的结果

自改革开放以来，我国国民经济发展水平稳步提升，人均收入水平也不断增长，在全面建成小康社会奋斗目标已经实现的背景下，区域间发展不平衡问题的依然存在就显得尤为不和谐，影响我们第二个百年奋斗目标——全面建成社会主义现代化强国的实现。“理念是制度的灵魂”，[②] 城乡统一养老保险制度的建构就离不开党执政理念的指引。

在新时代的现在，“共享”发展理念已经作为社会发展的基本理念为党所重视，更将其上升到指导“以人民为中心”这一核心执政理念的地位。2015 年，在党的十八届五中全会中明确了“共享发展”的理念，强调了要使改革发展的成果全民共享。在 2020 年中共中央所制定的《关于制定国民经济和社会发展第十四个五年规划和二〇三五年远景目标的建议》中又进一步重申要坚定不移地贯彻包含“共享”在内的新的发展理念，同时将“发展成果由人民共享”作为经济社会发展所要遵循的基本原则之一，从而推动“促进社会公平，增进民生福祉，不断实现人民对美好生活的向往”目标的实现。[③] 共享发展主要包含了四重含义：社会经济发展的

① 范林．农村社会养老保险的城乡统筹［J］．人民论坛，2017（31）：92-93.

② 凌文豪．我国三类基本养老保险制度改革的理念和路径［J］．社会主义研究，2017（4）：38-45.

③ 中共中央关于制定国民经济和社会发展第十四个五年规划和二〇三五年远景目标的建议［N］．人民日报，2020-11-04（1）.

成果所有人都有权享有；广大人民要共建共享、积极参与；共享建基于国情的基础之上，要量力而行、尽力而为，含有“渐进”之意；共享在内容上是全面共享，体现了我国社会主义建设的本质以及优越性。[①] 从城乡社会养老保险制度来看，城乡居民养老保险过低的保障水平并不能体现出共享发展理念的实质，毕竟只能算作“聊胜于无”，而并不能在实质上实现“老有所养、老有所医、老有所教、老有所学、老有所乐、老有所为”，毕竟对于相当一部分城乡居民来说，养老金的待遇水平仅是“保基础”，对于切实推动生活质量提升的助力仍较小。城镇职工养老保险在保障水平上远远高于城乡居民基本养老保险，会进一步拉大老年群体内部的收入差距，同时也影响着养老福祉水平的提升，这与“共享”的发展理念是不相适应的，也与党的“执政为民”执政理念背道而驰。因此，在养老保险制度建构中应该消除制度间的壁垒、破除“碎片化”，从而使广大劳动者能在晚年生活中最大限度地共享社会经济繁荣发展的成果。也就是说，推动城乡统一养老保险制度的建设是政府“执政为民”职能的重要体现，是党“以人民为中心”的执政理念的外在表现，可以切实完善民生养老保障体系、增进民生福祉、推动共同富裕的实现。共享发展的理念也是我国养老保险制度顶层设计、具体行动等的指导思想，同时城乡统一养老保险制度的建立也是共享发展理念的重要表现和“坚强制度保障”，[②] 是我国“执政为民”执政理念的重要推动力量。

不同养老保险制度间待遇差距过大，所引致的老年群体内部晚年生活质量的巨大差距，会降低老年人生活满意度水平以及民生建设的获得感，埋下社会安定和谐的隐患，不利于社会的稳定团结，更影响党“以人民为中心”的执政理念的贯彻实施。为切实提高民众的福利水平、增进民生福祉，党的十九大报告进一步明确了关于社会保障体系建设的要求，强调“按照兜底线、织密网、建机制的要求，全面建成覆盖全民、城乡统筹、

---

① 朱恒鹏，徐静婷．共享发展、共同体认同与社会保障制度构建［J］．财贸经济，2016（10）：5-29.

② 丁建定，曹永红．共享发展理念视域下中国农村养老保障制度体系的完善［J］．学海，2017（6）：42-47.

权责清晰、保障适度、可持续的多层次社会保障体系”。作为多层次养老保障体系的基础，国家则将城乡统一保险制度的建立上升到国家重点改革战略的地位。从本质上来看，涉及全民的城乡统一养老保险制度的建立与完备是党“以人民为中心”执政理念的重要体现，是党的初心与使命的重要彰显。在“以人民为中心”的执政理念指导下，必然要实现城乡统一养老保险制度的建立。

（二）经济社会发展的奠基

“经济扩展的正确意义，意味着国民经济产量的增长，使全体人民都能在增长份额中分得一部分”，[①] 对于老年人而言，经济的增长必然也会带来养老福祉水平的提升。从我国发展来看，经济社会发展是影响制度构建的基础因素之一，也是民生建设水平的重要影响条件，并且“经济发展与社会保障制度变革相辅相成”，[②] 经济发展水平的提高为增进养老福祉提供了可能，因此，其也是城乡统一养老保险制度建立的重要推动力量。随着经济水平的提高，民众共享经济发展成果的水平也应随之得到提高，对于城乡居民养老保险制度而言，相应保障水平也应得到提升，并且群体间差距更应得到缩小，这也是我国社会发展的目标追寻。

在中华人民共和国成立之初，要想使久经磨难、千疮百孔的中华人民共和国迅速地得到重建并发展起来，必须最大限度地调动全国人民的力量，以进行社会主义现代化建设。在充分考量了我国国情的基础之上，国家决定实施计划经济来实现国家强盛的目标。1956 年，我国国内生产总值（GDP）超过了千亿元大关，人均 GDP 达到 165 元。[③] 而通观我国历年 GDP 数据可知，在 1958 年之前，我国国民收入主要依靠农业发展，即以第一产业为支柱。1958 年之后，第二产业的发展超越了第一产业，其发展

① ［西德］路德维希·艾哈德. 大众福利［M］. 祝世康，穆家骥，译. 北京：商务印书馆，2017.

② 董克用，沈国权. 党指引下的我国社会保障制度百年变迁［J］. 行政管理改革，2021（5）：26-34.

③ 国家统计局. 1999 年中国统计年鉴［EB/OL］. http：//www. stats. gov. cn/yearbook/indexC. htm.

趋势也显示出，在计划经济体制下我国经济结构已经实现了调整和变迁（见表4-5）。在以农业经济为主导的时候，我国尚不存在建立养老保险的经济基础，毕竟农业经济对于国家财政收入的提升作用较弱，相对而言无法支撑发展养老保险所需的责任分担主体的要求。对于每个人而言，基本单位就是“家”，家是个体基本的福利保障体。国家为了推动经济的快速发展，逐渐采取措施将个体从对家的依赖中解放出来，使单位、村集体等逐渐将力量向“家”这一视域延伸，为个体提供保障，养老保障也由此得以发生，但是整体来看，城乡居民养老生活所需仍然是由家庭内部来予以保障，国家没有更多的财政收入去实施养老保障体系建设。

表4-5 1952—1970年各大产业GDP的基本情况

单位：亿元

年份	第一产业	第二产业	第三产业
1952	342.9	141.8	194.3
1955	421.0	222.2	266.8
1960	340.7	648.2	468.1
1965	651.1	602.2	462.8
1970	793.3	912.2	547.2

数据来源：笔者根据《中国统计年鉴——1999》相关数据整理。

改革开放之后，经济社会转型成果更为凸显，我国国内生产总值持续提高，人均国民收入也不断提升（见表4-6），奠定了在农村地区试点养老保险制度的经济基础。同时，我国第二产业蓬勃发展，第三产业发展水平也得到较大提升，并且一度超过了第一产业的国内生产总值，随着国家经济实力的增强，客观上为全面的、普惠的养老体系的建立与完善提供了现实条件。

表4-6 1952—2020年部分年份GDP和人均国民总收入情况

年份	GDP/亿元	人均国民总收入/元
1952	679	119
1955	910	150
1960	1457	218
1965	1716.1	240

续表

年份	GDP/亿元	人均国民总收入/元
1970	2252.7	275
1975	2997.3	327
1980	4587.6	468
1985	9098.9	868
1990	18872.9	1667
1995	61339.9	5009
2000	100280.1	7846
2005	187318.9	14267
2010	412119.3	30676
2015	686255.7	49684
2020	1015986.0	71489

数据来源：笔者根据《中国统计年鉴——2020》和《中国统计年鉴——2021》相关数据整理。

在经济飞速发展的同时，国家财政收入能力也得以增强。财政规模代表着政府“干预经济社会活动的资金实力”，财政收入增幅影响着政府在社会保障方面的转移支付，“在支出结构既定的情况下，社会化养老保障水平与财政实力是正相关的”。① 如果财政收入越高、增长越快，那么对于养老保险方面的补贴支持可能会越多，有助于促进养老保险制度的一体化发展。我国国家财政收入保持着持续增长的势头，虽然增速在放缓，但是增长的绝对值仍不低（见表 4-7）。随着财政收入的增加，在劳动与社会保障方面的支出也显著增加，仅 2019 年就比 2018 年增长了 8.76%。②

表 4-7　一般公共预算收入总额及增长速度

年份	财政收入/亿元	中央/亿元	地方/亿元	增速/%
1978	1132.26	175.77	956.49	29.5
1980	1159.93	284.45	875.48	1.2

① 马桑．中国基本养老保障一体化建设研究［M］．北京：人民出版社，2014.
② 根据《中国统计年鉴——2020》相关数据整理得到。

续表

年份	财政收入/亿元	中央/亿元	地方/亿元	增速/%
1985	2004.82	769.63	1235.19	22.0
1990	2937.10	992.42	1944.68	10.2
1995	6242.20	3256.62	2985.58	19.6
2000	13395.23	6986.17	6406.06	17.0
2005	31649.29	16548.53	15100.76	19.9
2010	83101.51	42488.47	40613.04	21.3
2015	152269.23	69267.19	83002.04	5.8
2020	182913.88	82770.72	100143.16	-3.9

数据来源：笔者根据《中国统计年鉴——2021》相关数据整理。

随着经济社会发展水平的提高以及财政收入规模的扩大，国家可以通过制度建构以及加大财政投入等缩小群体间的待遇差距，以实现收入分配的相对公平。近年来，随着制度全覆盖的实现，养老保险实际覆盖人群在不断扩大。养老保险全民覆盖的背后就离不开政府财力的支持，随着国家财力的不断增强，对于养老保险财政支持的力度也不断增强，为建设普惠统一养老保险制度奠定了基础。同时，随着经济的发展，民众收入水平也持续提升，缴费能力的增强，为统一养老保险制度的建立提供了可能。

（三）相关制度建立的推动

对于统一城乡养老保险制度，国家已经在制度设计之时留有余地，如国家在养老保险制度中都提到了要推动不同养老保险制度间的转移接续，为养老保险制度的城乡统一留存了空间、加大了制度统一的可能。同时，通过《社会保险法》对于养老保险相关方面做了统一的规定，为养老保险制度的城乡统一奠定了法律基础。也就是说，城乡统一养老保险制度的建立已经存在一定的制度基础。

从养老保险制度的相关规定来看，2009 年，人力资源和社会保障部、财政部发布《城镇企业职工基本养老保险关系转移接续暂行办法》，对城镇企业职工基本养老保险相关人员保险关系转移接续做出具体指导。该文件的推行，为劳动力市场人员的自由流动以及养老保险统筹层次的提高等提供了可能，助推着养老保险制度的整合。2014 年，《国务院关于建立统一的城乡居民基本养老保险制度的意见》明确提出："城乡居民养老保险制度与职工基本养老保险、优抚安置、城乡居民最低生活保障、农村五保供养等社会保障制度以及农村部分计划生育家庭奖励扶助制度的衔接，按有关规定执行"，事实上也为城乡居民养老保险与城镇职工养老保险等基本保险制度的整合提供了一定的制度准备。从我国第一部关于社会保险的法律《社会保险法》的规定来看，其中对于养老保险方面的相关规定就对养老保险的城乡统一起着一定的推动作用。例如，在养老保险转移方面，《社会保险法》明确规定"参加职工基本养老保险的个人达到法定退休年龄后，累计缴费不足十五年的，可以申请转入户籍所在地新型农村社会养老保险或者城镇居民社会养老保险，享受相应的养老保险待遇"；而在养老保险统筹方面，《社会保险法》规定基本养老保险最终要实现全国统筹。并且为了降低参保缴费人员权益的损失，在法律条文以及相关制度规定中对养老保险关系的转移接续均做了明确规定，更直接提出要实现全国统筹，同时描绘了统一养老保险制度的基本框架，奠定了建立城乡统一养老保险制度的法律基础。

（四）科技进步红利的加持

科技的进步为我们现代社会发展创设了无限可能，特别是较具代表性的信息技术手段的发展更是有力助推着经济社会的飞速前进。作为资源整合以及信息传递的重要工具，科技进步更助推着养老保险制度整合，是攸关整合统一保险制度建立的关键。

养老保险制度间的转移接续最为需要的就是信息技术的支撑，在现今计算机网络技术发展水平较高的背景下，为养老保险相关信息在不同主体之间的互联互通提供了可能。我国政府早就意识到利用信息技术来提高养老保险经办体系的服务能力，如着力完善"金保工程"来建设全国统一的社会保障信息平台；加大对手机 App 以及微信小程序等的开发，便捷目标群体获取相关服务和信息；利用"人脸识别"技术，并将其与上门服务相结合，便利目标群体的养老保险资格认证；社会保障卡截至 2020 年年底覆盖率已达95.4%，持卡人数已经超过了13.35亿人。[①] 同时，2021年人力资源和社会保障部发布的《人力资源和社会保障事业发展“十四五”规划》中明确提出要在“十四五”期间建成“全国统一的养老保险全国统筹信息系统”与“全国集中的个人养老金信息管理服务平台”，推动养老保险关系转移的跨省通办，社会保障卡的持卡人数要到14亿人，并且要“促进与相关部门数据资源共享共用”，还要启动“金保工程”三期建设。[②] 国家致力于利用信息技术提升养老保险经办管理水平，在事实上也为不同养老保险制度间转移接续、统一养老保险制度的跨区转移接续的实现提供了更多可能，从而为建立统一的城乡养老保险制度奠定基础。

也就是说，以信息技术为支撑，养老保险制度可以通过拓展“线上”业务，提高养老保险的信息化管理水平、业务经办水平等，提升参保者对于服务直观感受方面的满足水平，进而提升其对制度的获得感，提高参保人员的制度认同度。信息技术水平的提升更为民众减轻了制度负担，为建立城乡统一养老保险制度奠定群众基础，毕竟不同养老保险的参与意味着信息来源的多样化，会增添人们信息获取的负担。除此之外，我国前期统一信息平台的建设以及现今信息智能技术等的日臻成熟都为城乡统一养老保险制度的建立提供了技术支撑。可以通过信息交流和共享，破除城乡统一养老保险制度建立的信息壁垒，降低制度整合的成本，最大限度地方便参保者，促进制度体系的不断优化。

（五）社会文明进步的要求

社会文明进步发展必然要求缩短群体间的差距、更加公平和谐，而“碎片化”的养老保险制度因其将人群隔开，针对不同人群给予不同的待遇水平，容易导致阶层固化，与社会文明进步的要求不相适应，也不利于社会稳定和谐，违背社会成员的普遍期望。在我国老龄化程度越发加深的

---

① 中华人民共和国人力资源和社会保障部.2020年度人力资源和社会保障事业发展统计公报［EB/OL］. http://www.mohrss.gov.cn/SYrlzyhshbzb/zwgk/szrs/tjgb/202107/t20210726_419319.html.

② 中华人民共和国人力资源和社会保障部．人力资源社会保障部关于印发人力资源和社会保障事业发展“十四五”规划的通知［EB/OL］. http://www.mohrss.gov.cn/SYrlzyhshbzb/zwgk/ghcw/ghjh/202107/t20210702_417552.html.

现实助推下，必然会要求建立城乡统一的养老保险制度以不断提升老年人的生活水平。

首先，城乡统一养老保险制度的建设是社会文明进步的必然要求。使城乡居民可以“安享晚年”是养老保险制度建立的初衷，也是我国经济社会发展成果全民共享的应有之义。近年来，随着经济发展水平提高以及财政实力的增加，国家也在不断提高对养老保险的补贴力度和制度的待遇水平。同时，国家也开始着手缩小城乡、区域以及行业间在收入水平方面的差距，以促使养老保险“稳定器”功用的发挥，但是事实上，养老保险制度“碎片化”问题的存在，极容易扩大城乡、区域、行业间劳动者的收入差距，富裕阶层、基础设施更好的地区、收入稳定群体所获得的养老保险保障水平更高，而穷困阶层、基础设施落后地区、收入不稳定群体获取的养老保险保障水平则相对较低。养老保险容易成为一项“锦上添花”的项目，而非“雪中送炭”的保障制度。养老保险待遇差距的拉大会加剧社会矛盾的产生，可能引发社会问题，影响社会的和谐安定，也不符合我国文明和谐社会建设的目标。城乡统一的养老保险制度有助于弥合制度“碎片化”所带来的割裂，在统一的制度设计下有助于提升养老保险制度的公平性，继而推动社会的文明和谐，因此它也是我国社会文明进步的必然要求。

其次，城乡统一养老保险制度的建设符合社会成员的普遍期望。“凡涉及多数人的也必为所有人关心”,[①] 老年是生命的常数，养老风险是绝大多数个体必然要面对的风险之一，毕竟“人人都会老、家家都有老人”，也就是说，养老风险也必然会为全体社会成员所关注。虽然家庭可以成为个体遭遇风险之时的避风港，但是家庭的保障能力有限，因此，需要个体积极寻求更多的途径为晚年生活的“安度”奠定基础。事实上，各行各业的社会成员均为社会经济的蓬勃发展贡献了力量，不管力量的大小，最终都是经济发展进程中不可或缺的重要组成部分，因此，在人们步入老年之

① ［美］约翰·罗尔斯．正义论［M］．何怀宏，何包钢，廖申白，译．北京：中国社会科学出版社，1988.

后，均应平等地享受晚年生活保障。虽然说我国养老保险体系已经实现了全民覆盖，但是针对不同群体设置不同的养老保险制度造成了待遇的实质不公平，从而影响了城乡居民对经济成果共享的权益。近年来，社会成员越来越关注不同养老保险制度间的制度不公平问题，对于缩小待遇差距、享受公平待遇的呼声越来越高。虽然国家也采取了一定的措施，如建立机关事业单位养老保险，从而使机关事业单位人员与城镇企业职工一样需要参保缴费，但是不同养老保险制度的建立，意味着不同待遇水平的享有，从而违背了民众对于福利的公平享有以及平等养老权的期望，而统一养老保险制度的建立则会直接避免此类问题，符合民众对于养老保险制度以及平等养老权的期望，是真正实现全体社会成员共享经济发展成果的体现。

最后，城乡统一养老保险制度的建设适应老龄化发展的需要。一般国际社会将65岁及以上人口在总人口中所占比重作为衡量老龄化程度的标准，达到10%就会被视为老年型国家或者地区。[①] 对于我国而言，与经济社会飞速发展同步的是人口老龄化程度的加深，2000年我国总人口中65岁及以上人口占比已达7%，至2020年则升至13.5%，老年人口抚养比也从9.9%上升至19.7%，老龄化程度进一步加深（见表4-8）。老龄化的加剧要求必须建立完备的养老保障体系，特别是占有基础地位的养老保险制度的完善也显得尤为重要，否则极易引发社会矛盾的加剧。老龄人口的增多，必然会要求养老保险权益保障的公平合理，否则极易造成老龄人口之间待遇差距加大，固化社会分层：富的更富，穷的更穷；收入水平较高的年轻人在老年后也会成为一个富有的老年人，收入水平较低的年轻人在步入老年之后仍会是一个经济生活水平较低的老年人，不利于老年人养老权益的公平享有。从城乡之间的差距来看，第七次全国人口普查数据显示，农村65岁及以上老人的比重为17.72%，比城镇高出6.61%。[②] 也就是说，农村人口的老龄化程度更为严重。但是，如前所述，在城镇与农村地区之

① 葛林，束兰根．从家庭养老到社会养老的转化［J］．南京大学学报（哲学·人文·社会科学），1996（1）：122-125.

② 国家统计局．第七次全国人口普查主要数据结果新闻发布会答记者问［EB/OL］．http：//www.stats.gov.cn/tjsj/zxfb/202105/t20210511_1817274.html.

间不同群体养老保险制度的建立使农村地区养老保障水平较城镇地区更低，农村居民从养老保险制度中获取的保障水平也较低，制度“碎片化”的存在加大了群体间待遇享有的差距，使农村居民处于享有养老保障权益的弱势地位，不利于城乡社会的稳定和谐。城乡统一养老保险制度的建立有助于最大范围、最大限度地分散老龄化风险，促进城乡居民养老权益的公平享有，在人口老龄化日益加剧的背景下，必然要求养老保险制度的城乡统一。

表 4-8　人口年龄结构和抚养比

年份	65 岁及以上人口		老年抚养比/%
	人口数/万人	比重/%	
1982	4991	4.9	8.0
1987	5968	5.4	8.3
1990	6368	5.6	8.3
1995	7510	6.2	9.2
2000	8821	7.0	9.9
2005	10055	7.7	10.7
2010	11894	8.9	11.9
2015	14386	10.5	14.3
2020	19064	13.5	19.7

数据来源：笔者根据《中国统计年鉴——2021》相关数据整理。

四、城乡统一养老保险制度构建的路径选择

社会保障制度一直将“公平、正义、共享”作为制度构建的核心价值理念，[①] 我国养老保险制度的建立和完善也以这些核心价值理念为指导。从现实发展来看，制度的“碎片化”有违这一核心理念。只有构建城乡统一的养老保险制度才能践行我国社会保障制度的核心价值理念，才能真正

① 郑功成．中国社会保障改革与发展战略（总论卷）［M］．北京：人民出版社，2011.

实现养老保险制度建设的初衷。完善我国社会保障体系必须以制度整合为前提，[①] 而养老保险制度作为社会保障制度的重要组成部分，也必须实现制度的统一，才能促使制度作用的真正发挥，实现制度建立的初衷。

综合分析可知，建立城乡统一养老保险制度意味着覆盖全民的养老保险制度有且仅有一个，但是也应看到，群体间差异的存在以及社会主义初级阶段激发生产力的需要仍不可避免地要求城乡统一的养老保险制度要具有一定的层次性，从而在激励国民参保积极性的同时不至于陷入“福利陷阱”。因此，在城乡统一养老保险制度设计中，最起码要有两个层次：第一个层次是保障国民基本养老待遇水平的获得，其突出特点是全民享有、具有强制性，主要由基本的养老金和老年津贴组成，保障水平一致；第二个层次就是有差别地补充待遇，针对不同群体，以自愿为前提，构建相应的保障项目，主要是由具有激励性的职业年金所组成，不同群体可以根据需要参加，强调的是自愿性、差异性以及激励性。制度前景的勾画为我们理解现今城乡统一养老保险制度的建立提供了前景展望，而具体到现今发展情况而言，构建城乡统一养老保险制度，需要着重从以下 3 个方面来加以完善：

（一）统一养老保险的制度设计

如前所述，现今城乡养老保险相关制度设计主要存在参保方式、筹资模式以及待遇水平等方面的差异，制度间巨大差异的存在，导致了参保人权益享有存在严重的不公平性，而统一城乡居民养老保险制度设计就为促进养老权益的公平享有奠定基础。为了促进城乡统一社会养老保险制度的建立，有必要重点从以下几个方面统一相应的制度设计：

首先，从参保方式上来说，养老保险制度作为保障民众晚年生活的重要制度项目，应进一步增强其强制性。也就是说，要构建强制参与的城乡养老保险制度，从而使养老保险制度更能发挥出“大数法则”的效用。从现实发展来看，我国城镇企业职工养老保险采取的是强制参保缴费保障企

---

① 邓悦，郅若平．新时代下城乡社会保障制度整合现状与路径分析［J］．理论月刊，2019（6）：131-136.

业职工的养老权益，而城乡居民基本养老保险则采取自愿参保的模式，但是并不意味着没有单位依托的城乡居民在养老保险权益的获取上就应该更为突出“自愿性”，毕竟在日常生活中，在资源有限的情况下，人们极易为了即期性消费需求而放弃了对于晚年生活需求保障的投资，从而使自己的晚年生活陷入较为困苦的境地，这不仅降低了自身老年生活的质量，影响养老福祉的提升，也为社会埋下了较大的发展隐患。因此，有必要加强城乡统一养老保险制度的强制性，毕竟“老”是绝大多数人都要经历的，每个人都可能要面对养老风险，绝大多数人需要为老年生活的和谐安稳做好准备。强制性的前提是必须要提高城乡居民的收入水平，只有这样，才能提高他们对于养老保险缴费的“经济承受能力”，毕竟经济收入水平是个体持久参与养老保险制度的动力和基础。特别是对于收入水平相对较低的农村居民来说，在传统养老保障能力日渐式微的背景下，有必要提前做好养老规划，因此，需要积极利用国家推行“乡村振兴”计划的契机，借助信息技术红利，提升自身的经济实力，以为老年生活进行资源积累。对于政府来讲，更应加大对农村地区的投入，以财政支持、政策倾斜等，推动农村地区产业因地制宜地发展，切实促进农村居民增产增收，夯实农村居民参保缴费的经济基础，从而为经济社会的健康发展提供不竭动力。

其次，从筹资模式上来说，需要构建统一的筹资模式。具体来看，筹资主体方面，城镇企业职工的筹资主体为“个人+单位”，机关事业单位养老保险的筹资主体与城镇企业职工基本一致，城乡居民基本养老保险的筹资主体为“个人+政府”，虽然制度中也规定了有条件的集体要进行补助，但是事实上，大多数地区集体补助这块基本为零。从中可以看出，城镇企业职工养老保险、机关事业单位养老保险筹资模式基本一致，具有一定的单位福利性质，城乡居民基本养老保险则主要是依托政府补贴在拉动，但是从基本构成来看，不同养老保险筹资主体在实质上也存在一定的一致性，因为可以将政府视为城乡居民的基本保障“单位”，强化政府的责任，也就是说，统一城乡养老保险制度筹资主体应该是“单位+个人”，但是毕竟政府和真正的企业单位之间还是存在差别的，因此，在具体的费用承担方面应小于真正的雇佣单位，但是财政补贴水平应比现今水平要高，可以以确保老年人基本生活水平的享有为基准。随着民众收入水平的提高，财政补贴的负担会相对减轻。在缴费方面，城镇企业职工养老保险、机关事业单位养老保险采取的是按照个人工资比例缴纳的月缴费制，而城乡居民基本养老保险则采用自愿选择缴费档次、一年一缴的方式，缴费方式存在的巨大差异必然导致待遇不公平的存在。统一城乡养老保险制度待遇水平的提高更多应该建基于个人缴费上，因此，有必要按照城乡居民收入的一定水平采取按月缴费的方式，如按照地区居民年平均收入水平的一定比例按月缴费，对于生活困难的群体则由政府财政来进行补贴，由此，就构建了统一的缴费模式。

最后，从待遇调整机制来看，有必要统一相应的制度设计。相同的待遇调整机制是城乡统一养老保险制度构成的基本要素之一，养老金应该根据地区经济发展水平、物价水平等的情况进行调整，从而减小通货膨胀等问题的影响，凸显共享发展之意，而非现今根据群体不同采用不同的待遇计发方式。如现今农村居民基本养老金采取的是定额方法，增长水平有限；职工待遇调整机制则更为机动灵活，且增长速度较快、水平较高。因此，城乡统一养老保险制度的建立必然要求统一的待遇调整机制。立足于现今社会发展可知，大部分国家主要是以指数化调节方式来对养老金待遇进行调整，我国可以参照国际经验，并考虑自身国情，毕竟鉴于较大的老龄人口基数，任何的慷慨行为都是极其危险的,① 建立适合我国的常规化、动态性的城乡养老保险待遇定期调整机制。同时，更应缩小养老保险间替代率差异的水平，从城乡来看，虽然城乡之间存在较大的生活成本、服务成本的差异，农村居民缴费较少，但是并不意味着其基本养老保障权益的享有方面就要与其他群体存在较大差距，毕竟农村居民在社会经济发展中所做出的贡献是不可磨灭的，不管是历史还是现在。因此，有必要通过统一城乡养老保险制度来“抑峰填谷”，在制度设计的时候要更为重视替代率的缩小，以实现制度的相对公平。

---

① ［英］贝弗里奇．贝弗里奇报告：社会保险和相关服务［M］．社会保险研究所，译．北京：中国劳动社会保障出版社，2008.

当然，也需要关注养老保险的统筹层次问题，在此方面我们已经达成了共识，即养老保险实现全国统筹是未来发展的必然趋势。虽然现阶段我国的省级统筹、中央调剂制度等是过渡措施，但最终目标是实现全国统筹。相较于城镇职工养老保险制度，当前城乡居民养老保险的统筹层次更低，仅为县区一级，因此下一步应着力推动城乡居民养老保险制度提高统筹层次向国家层面迈进。在统筹的过程中，可以在一定程度上借鉴城镇职工养老保险制度统筹历程中的成功经验，毕竟截至 2020 年 10 月，我国 26 个省份和新疆生产建设兵团已实现了省级基金的统一筹集和支持。

（二）完善养老保险制度的运行机制

养老保险制度的运行直接影响了城乡统一养老保险制度的构建，更制约着养老保险目标的达成。因此，有必要对养老保险制度的运行机制进一步完善。

当城乡统一养老保险制度建立之后，制度间衔接问题就不存在了，毕竟随着统一制度的建立，“碎片化”问题已经得到了解决。因此，如前所述，要保障统一养老保险制度的持续运转，需要对其资金运行模式进行关注。城乡统一养老保险制度实现的是全民覆盖，即所有民众均被纳入保障体系中，并且筹资渠道多元，主要由个人、单位、政府等主体来分担缴费，但是事实上，仍需政府进一步加大财政投入补贴，以保障城乡统一养老保险制度第一层次保障水平的满足，保障城乡居民老年的基本生活水平。仅依靠现今的养老保险筹资机制恐无法满足城乡统一养老保险制度目标实现的需求，因此，有必要进一步“开源”，拓宽养老保险的筹资渠道以促进养老保险基金保值增值目标的实现。除此之外，制度的正常运行需要加大宣传力度，以提升目标群体对相应政策的了解程度，从而提高其为保障更高水平晚年生活要提前进行相应安排的意识，促进其参保缴费的积极性。一方面，要加大对保险经办人员的培训力度，提升其业务素养，使其能提供更高水平的宣传经办、服务；另一方面，充分利用现今信息技术带来的红利，广渠道、多途径来宣传城乡统一养老保险制度的政策规定，加强制度推广的能力。同时，扩展城乡居民需求表达的通道，使其充分表达自身养老方面的需求，并尽快回应，从而提升城乡居民对于城乡统一养老保险制度的了解度、满意度、认同度，进而为城乡统一的养老保险制度增添可持续发展的动力。

与统一养老保险制度相配套的必然是统一的经办管理系统，因此要对养老保险经办服务资源进行有效整合，促进部分机构的合并，并且依靠信息技术发展带来的便利，强化软件优势，建立全国统一的养老保险经办、信息服务平台，提高经办管理能力，促进养老保险的所有业务“一窗通办”“只跑一次腿”等的实现，提升参保人员对服务的可获得性和满意度。

（三）优化养老保险制度的支持体系

城乡统一养老保险制度的建立，必须要有相应的财政以及政策的支持才能实现，毕竟，统一制度的建立并非易事，需要打破制度间壁垒、消弭养老保险制度的路径依赖以及既得利益者的阻碍。如前所述，在支持体系中，需要重点从政府财政支持以及法律体系的构建方面来予以突破。

政府的财政支持不仅为城乡统一养老保险制度建立提供原动力，更是推动其持续发展的“永动机”。如前文所述，城乡统一养老保险制度应该是多层次的，其中第一个层次是保障国民基本养老待遇，主要由国家财政来予以支持。因此，除了中央财政要适时加大对城乡统一养老保险制度的财政支持力度之外，地方财政也应在每年的预算中确定对于养老保险制度的财政投入，并且要保障专款专用。同时，在税收方面，继续通过优惠政策来激励城乡居民参保缴费、提高参保缴费的能力和水平。也需要力推全国统筹的尽快实现，以统一调配使用养老保险基金，从而充分发挥其共济作用。

法律体系的完善是城乡统一养老保险制度建立的重要保障，可以奠定制度的权威性基础。及至现今，我国民众“社会保障权利”尚未被写入我国宪法之中，仅是提到了家庭在养老方面的权利与义务，以及劳动者在年老时应享有的物质帮助的权利，但是并未明确民众具有享受社会保障的权利，毕竟社会保障的内涵和外延则更广，延伸至养老方面，意味着养老保险制度不仅包括了获取基本养老金的权利，还有进一步提升养老金待遇的权利，从而为城乡统一的养老保险制度的建立奠定基础，因此有必要将“社会保障权”明确写入宪法，提升权威性。特别是我国的《社会保险法》要适时修改，如其中提出的保险覆盖目标仍是“广覆盖”，与现今要求的“全覆盖”不相符；同时，《社会保险法》中所提到的养老保险制度仍不统一，分别对城镇企业职工养老保险、新农保、城居保、机关事业单位保险等进行了规定，制度的不统一极易带来管理方式、信息系统等的不统一，[①] 容易造成资源浪费。现今要构建城乡统一的养老保险制度，有必要对其相应规定进行完善修订，如明确建立统一养老保险制度，并对其“基本原则、参保范围、基金筹集、待遇确定、基金管理、投资运营、经办服务”等进行明确规定，以此奠定城乡统一的养老保险制度的法治基础，避免政策法规的“碎片化”。

① 杨思斌．社会保险法实施中的问题与对策［J］．云南行政学院学报，2013（4）：140-143.

第五章 城市社会养老服务体系的构建与发展

学术界关于社会养老保障体系并没有统一的界定，更有甚者，把养老保障等同于养老保险，这显然是一种偏见。随着老龄化的加剧和养老需求的不断增加，养老保障不仅要包含以经济为基础的养老保险，还要涵盖以服务为支撑的养老服务。自古以来，作为子女应尽的责任义务，赡养老人被视为一种基础的道德规范，在传统农业社会主要由家庭承担。随着工业化城市化的快速发展，家庭人口结构发生变化，人口老龄化进程加速并逐渐演变成一种社会问题，在原始的“家庭养老”模式难以满足老年人晚年需求的背景下，社会开始呼唤政府责任的担当。自 2000 年以来，我国正式步入人口老龄化社会，并在其发展过程中凸显出高龄化、空巢化、失能化等鲜明特点，使社会的养老服务需求更为迫切，并随之迅速膨胀。党的十八大以来，党和政府尤其重视老龄工作，党的十九届五中全会更是明确提出将应对人口老龄化作为国家战略，以期为全面建设现代化强国提供牢固的战略支撑。与此同时，较之于农村，城市地区经济发展迅速，服务设施较为完善，且社会组织相对成熟，为城市社会养老服务体系的构建提供了较为优越的发展条件。

一、城市社会养老服务的政策发展历程

由于不同时期经济社会环境的差异，我国城市养老服务体系建设呈现明显的阶段性特征。总体来看，党和国家根据不同阶段背景下经济发展水平、人民物质生活条件和老年群体养老服务需求的变化，采取“试点先

行、逐步推广”的政策探索原则，精准识别每一阶段养老服务方面的重点问题，精准施策，呈现多“多元化”“多层次”“全覆盖”的演进逻辑。

（一）城市社会养老服务的萌芽期（1949—1977 年）

1949 年，中华人民共和国成立，经历百年战乱的中国可谓国贫民弱，百废待兴，社会建设的首要目标就是在稳定发展中不断提高人民群众的生活水平。在国家财力受限的历史背景下，“低水平”“广覆盖”成为这一时期养老保障政策的主要特征，[①] 形成了“国家—集体—家庭”共担的养老保障模式。城市地区以退休养老为主，先后颁布的《劳动保险条例》《劳动保险条例实施细则》等政策文件将城市老年人福利分为单位包办的职工养老和政府兜底的“三无老人”赡养政策，但这一时期城市养老服务并未得到充分的重视，家庭依然承担着主要的责任与重担，“养儿防老”的传统观念和以血缘为纽带的家庭结构依然占据着养老服务的主体地位。总体来看，自中华人民共和国成立以来到改革开放前，我国城市地区在养老服务领域的探索尚处于思想萌芽状态，呈现出明显的救济性，突出表现在城市中“三无人员”的机构安置与服务供给。

（二）城市社会养老服务的初探期（1978—1999 年）

自 1978 年以来，我国在改革开放、以经济建设为中心的背景下，经济发展水平不断复苏，社会保障事业也实现了极大的恢复与重建，但这一时期国家经济水平仍相对低下，人民物质生活水平仍有待提高，在特定的历史条件下，党和国家确立了“效率优先，兼顾公平”的发展理念，在社会保障领域突出表现为责任主体的转移和社会统筹模式的构建。其特定的历史条件突出体现在这一时期国家经济发展政策的特殊性上，20 世纪 90 年代国企改革，计划生育政策实施背景下人口结构失衡，家庭养老功能不断弱化，再加之大量下岗工人逐步面临养老难题，“未富先老”的中国难以应对不断增长的养老需求。在推动计划经济向市场经济过渡的同时，在“效率优先，兼顾公平”的发展原则下，这一时期经济发展处于最优先地

① 董才生，常成．中国养老保险制度 70 年：理念变迁与经验反思［J］．学术交流，2019（10）：14-22.

位，养老政策实际上是作为经济政策的配套措施而实施的。一方面，不断完善与市场经济相配套的养老保险制度，凸显个人账户积累的养老保险制度与社区养老服务的兴起为企业改革、经济体制转型提供了有力保障；另一方面，进行养老服务社会化改革，转移养老压力，适应市场经济体制发展，同时推行城市地区“三无老人”供养政策。这一时期，政府责任有所缩减，在一定程度上放权，在养老服务领域引入市场机制，但市场与社会提供养老服务的局面尚在初步探索之中，家庭与个人的养老负担有所增加。

（三）城市社会养老服务的成型期（2000—2011年）

2000年我国60岁及以上人口占比超过10%，正式进入老龄化社会，但此时我国人均GDP仅为959美元，相较于其他欧美发达国家，我国的老龄化社会呈现出明显的“未备先老”特征，且我国养老服务的宏观制度、具体机制并未对此做好充分准备，养老服务压力迅速增大，呈现出明显的“未富先老”“未备先老”特征。在这一现实背景下，我国加快了养老服务体系的建设步伐，2000—2012年出台的养老服务政策就有100多个，实现了从养老服务理念到养老服务体系构建的初步跨越，并逐步构建由政府和社会共同支撑的“社会养老服务体系”。同时，不断创新养老服务模式，在居家养老、社区养老和机构养老的基础上，创新出医养结合、智慧养老等更加专业化、智能化的新型养老模式。此外，政府还针对高龄老人、特困老人等特殊群体提供货币养老补贴，鼓励社会力量积极投资养老服务业，以期为老年群体提供更加专业化、多样化、更高质量的养老服务。

这一时期，政府主导积极搭建养老服务体系发展框架、确定发展方向，市场配合政府在探索中发展养老产业，同时，政府大力提倡社会福利社会化，鼓励社会力量进入养老服务业，实现了从鼓励非营利组织开办养老机构到以社区为依托开展居家养老服务的政策转变。但是社会养老服务体系发展不够完善，养老产业市场并未真正打开，社会组织参与养老服务的动力和能力尚且不足。总体来说，这一时期是我国养老服务体系开始自主发展的关键期，是一个逐步“补齐”相关政策的过程，[①] 老人需要什么就补充相应类型的养老服务，并由临时政策转化为常态化、系统化的制度保障。

（四）中国特色城市养老服务的发展奠定期（2012 年至今）

自 2000 年以来，我国人口老龄化一直呈快速增长趋势，一直到 2019 年底，60 周岁及以上人口为 25388 万人，占总人口的 18.1%，其中 65 周岁及以上人口为 17603 万人，占总人口的 12.6%，分别比 2012 年年底提高 3.8 个百分点和 3.2 个百分点，年均分别增长了 0.54 个百分点和 0.46 个百分点。养老服务需求相应发生变化，一方面，家庭小型化、少子化等家庭人口结构所带来的负面影响进一步凸显，家庭功能的弱化使更多老年群体只能寻求社会和市场的帮助；另一方面，老年人口数量的快速增长，即养老服务潜在需求群体的扩大使养老服务需求量不断增大，而经济发展水平的不断提高，促使养老服务需求呈现出多样化、多层次的特点。

自党的十八大以来，我国特色社会主义进入新的发展阶段，中国特色养老保障体系也开启了新的征程。经过前一阶段持续有效的“扩面”工作，我国养老保险制度基本完成了覆盖全民的目标，实现养老保障“更公平更可持续”的发展成为新的时代要求。在养老保险方面的改革重点体现在制度的整合上，2014 年《关于建立统一的城乡居民基本养老保险制度的意见》将原有的新农保与城居保合并为城乡居民基本养老保险制度，不仅实现了制度名称、政策标准、管理服务等方面的统一，走出了破除城乡二元割裂的第一步，也在一定程度上缓解了流动人口的养老保险转移接续难题。2015 年机关事业单位工作人员的养老保险制度改革办法提出“统账结合”的资金管理模式，实现了长达十几年广为诟病的“双轨制”的初步“并轨”。

为了进一步增强全体人民在共建共享发展进程中的幸福感和获得感，在“积极应对人口老龄化”政策背景下老龄服务事业和产业质量的提高至

---

① 谢金芳，徐波波．中国养老服务政策：演进逻辑与优化方向——兼论政府职能的变迁与重塑［J］．安徽行政学院学报，2021（4）：37-45.

关重要，这一时期养老服务的发展得到了前所未有的重视和支持。2013 年《关于加快发展养老服务业的若干意见》将构建多样化、多层次的养老服务体系上升为国家战略，并提出“到 2020 年全面建成以居家为基础、社区为依托、机构为支撑的功能完善、规模适度、覆盖城乡的养老服务体系”的发展目标。2019 年《关于推进养老服务发展的意见》提出进一步完善以居家为基础、社区为依托、机构为补充、医养相结合的养老服务体系，在保障基本养老服务全覆盖的基础上满足老年人更多样化、多层次的服务需求。面对养老服务供需不平衡、供给不充分的难题，党和政府在供给主体方面积极创新，强调发挥市场主体的资源配置主导性，鼓励由社会、政府、市场、家庭多元化供给的路径与机制。与此同时，我国在养老服务领域积极开展了一系列新的探索，如推动医疗服务业与养老服务业的有机融合，试点并推广面向失能、半失能老人的长期照护制度，鼓励创新“互联网+智慧养老”模式。在这一特色养老保障奠基期，我国出台的大量养老服务政策及标准规范为养老服务业提供了相对宽松的发展空间，有效推动了中国特色养老保障体系的形成。

总体来看，自党的十八大以来，我国养老服务政策密集出台，渐成体系，主要体现在以下几个方面：

第一，政策主导责任凸显，供给主体多元参与。首先，社会养老服务作为公共服务的一种，政府在其中发挥的重要作用不容忽视，在城市社会养老服务体系构建过程中，政府作为主导者和引领者，发挥着顶层设计和政策引领的作用。在 2013 年明确政府保障人人享有基本养老服务的基础上，2019 年再次明确了政府保障基本养老服务的责任。其次，充分发挥市场在养老服务资源配置中的决定性作用。2015 年《关于鼓励民间资本参与养老服务业发展的实施意见》到 2016 年《全面开放养老服务市场提升养老服务质量的若干意见》，党和政府逐步提出社会力量和民间资本参与养老服务业的优势所在，鼓励相关企业和组织积极参与到养老服务业中来，从而在市场和政府之外“第三只手”的带动下弥补养老服务现有不足。最后，服务供给主体和供给形式多元化进一步凸显，提倡采取多主体承担、多样化供给的形式提供养老服务，尽量减少政府部门的直接供给，更多依赖各类社会主体的参与。通过系列正向激励和反向激励举措，如降低养老机构社会力量的准入门槛，限定政府运营床位占比等，推动养老服务供给多元化的探索。

第二，加大服务供给力度，全面放开服务市场。养老服务供需差异的原因有二：一是养老服务供给乏力；二是养老服务供需失衡。从目前来看，我国两者皆有之。首先要解决养老服务供给乏力的问题，就要进一步加大养老服务供给力度，全面放开养老服务市场。2016 年，国家对全面开放养老服务市场提出了明确要求，在多个方面对开放市场进行了明确规定：一是降低市场准入门槛，设立营利性养老机构按简化程序执行，破除对于“本地”“非本地”投资者的差别对待；二是放宽外资准入政策，外资兴办养老机构享受与内资同等的优惠政策；三是精简行政审批环节，尽可能对养老机构的审批流程进行简化，对于烦琐的手续尽可能取消，便于社会组织在养老服务领域的快速准入与适应。通过一系列的优惠政策，能够激励更多的民间资本和社会力量参与到养老服务领域，并通过半市场化的“竞争”与合作，进一步提高服务供给质量。

第三，推动医养结合，破解医养分离困境。随着年龄的增长，身体机能不断下降，70 岁及以上老人大多面临着身体上的不适，75 岁及以上老人更是存在经常性住院的现象，但长期以来，医养割裂成为养老服务发展的“瓶颈”。为了突破这一困局，国家自 2012 年以来出台大量政策推动了医养结合的发展。一方面，从顶层设计方面初步明确了医养结合的目标、机制等一系列重要问题，同时提出建立健全医养合作机制等一系列重点任务、完善投融资、财税价格政策、规划布局、用地保障等保障措施；另一方面，开展实施医养结合试点工作。2016 年国家卫计委办公厅、民政部办公厅发文启动医养结合试点，通过试点地区率先构建起覆盖城乡的医养结合服务网络，探索建立符合国情的医养结合体制机制。

二、城市社会养老服务的初步成效

养老保障作为一项基础的民生保障政策，在社会发展的不同阶段政策设计不尽相同，但发挥的作用却殊途同归，大致以保障老年群体的基本生活、维护社会稳定、促进经济发展为遵循。回望建党百年养老保障政策的发展历程，在党的正确领导下我国逐步构建了完善的养老保障政策体系，充分彰显了中国特色社会主义的政治优势。在中国共产党的领导下，我国建立了强大动员和有效整合的国家治理体制。实践证明，党的领导是我国政治体制最本质的特征，是全心全意为人民服务、集中一切力量办大事的原生动力。总体来看，党和国家根据不同阶段背景下经济发展水平、人民物质生活条件和老年群体养老需求的变化，采取“试点先行、逐步推广”的政策探索原则，精准识别每一阶段养老保障制度方面的重点问题，精准施策，呈现出“多层次”“多元化”“全覆盖”“整体性”的演进逻辑。

（一）保障形式：从救济为主到多样化的养老服务供给体系

中华人民共和国成立初期，面对城市中大量存在的流离失所、无依无靠的孤老残幼，民政部门在接管和改造旧社会“救济院”“慈善堂”“教养院”等慈善团体和救济机构的同时，又自主创办了一大批救济福利事业单位对这些弱势群体进行收容安置。[①] 1953 年，随着城市分类救济政策的实施，孤寡老人开始从生产教养院中划分出来，由残老教养院（后更名为“养老院”“敬老院”“社会福利院”）进行集中供养。在此之后，随着人民生活的逐步稳定以及单位体制的建立，城市中的一般老人主要由家庭和单位进行赡养，“三无老人”则由社会福利事业单位进行收养。老年社会福利机构把“以养老为主，通过适当劳动、思想教育和文娱活动，使老人身心健康、心情舒畅”作为收养方针，主要围绕办好老人食堂、照顾好老人的日常生活、搞好卫生、适当开展文娱活动、组织老人参加轻微的生产劳动等内容开展养老服务。[②]

20 世纪 80 年代，为了回应城市居民日益增长的社区福利与便民服务需求，民政部开始倡导社区服务，并在 1991 年进一步提出探索社区建设，

① 林闽钢，梁誉．我国社会福利 70 年发展历程与总体趋势［J］．行政管理改革，2019，11（7）：4-12.

② 《当代中国》丛书编集委员会．当代中国的民政（下）［M］．北京：当代中国出版社，1994.

依托街道和社区资源举办的养老服务随之逐渐推广开来。2001 年 6 月，民政部在全国启动“社区养老服务星光计划”，新建与改（扩）建了一大批城市社区养老服务设施与场所。2008 年 1 月，全国老龄办等 10 部委联合发布《关于全面推进居家养老服务工作的意见》，在政策保障方面极大地促进了居家养老服务在城市的铺开。如今我国城市地区已经初步建成了以居家养老为基础、社区养老为依托、机构养老为补充的现代型社会养老服务体系。养老服务的统计项目也日益多样，除了传统的收养安置、日常照料、文体娱乐等基本服务以外，还包括如精神慰藉、维权保障、便民利民、临终关怀、紧急救助等多样化服务内容，基本涵盖了老年人衣、食、住、行、洁、乐、学、急等生活的各个方面。

回顾养老服务政策演进历程，养老保障内容的完善是一个循序渐进的过程，基本遵循与特定时期的经济条件、社会背景、群众需要紧密结合的政策演进逻辑。总体来看，中华人民共和国成立后至我国正式进入老龄化时代前夕，经济实现跨越式发展，人民群众生活水平随之提高，且受计划生育政策影响，我国老年人口比重大幅提升，养老问题逐渐成为国家和社会关注的重点，为此我国在养老保险方面做了一系列积极的探索。我国正式进入老龄化社会以来，单一养老金的给付已经难以满足老年人口增长带来的社会问题，老年群体急需各类照护服务以满足其更高层次的养老需求，其中失独、失能老人对此类服务需求最为迫切。经过 20 多年的借鉴与探索，我国实现了从救济为主到多层次养老服务内容体系的转变，基本构建了“居家—社区—机构”模式的养老服务体系，为老年群体提供其所需的生活照料、医疗保健、精神慰藉等基础服务，同时医养结合、互助养老、长期照护等养老方式的创新也为老年群体提供了更加便捷、高效的服务。

（二）责任主体：从家庭到“国家—单位”保障再到多元主体共担

“由谁来养老”作为每个人都要面临的问题，一直是社会关注讨论的热点，而养老保障政策设计的重要环节就是责任主体的限定。有历史记载以来，家庭在我国传统社会中扮演着至关重要的角色，赡养老人作为一种基本的道德规范相沿成习。建党初期至改革开放前夕，受经济发展水平的制约以及出于其他发展需要的考虑，家庭一直作为重要主体承担老年人的养老责任，中华人民共和国成立后甚至在法律中明文规定子女对老人的赡养义务。家庭养老作为一种传统的养老模式至今在我国的养老服务事业中占据重要地位。随着老龄人口数量与占比的快速增长，养老问题不再是单一的家庭内部问题，而是作为一种社会问题引起国家和社会的广泛思考。

中华人民共和国成立后至改革开放前夕，国家和单位共同为城市地区退休人员提供养老方面的经济保障，个人无须承担支付责任，形成一种典型的“国家—单位”保障制模式。随着20世纪50年代社会主义革命的最终完成，我国进入了所谓的“总体性社会”和“全能国家”阶段。在国家对经济社会事务进行集权化管理的背景下，对于公共产品——养老服务的供给也采取了一元化的供给方式，统一由政府下属的社会福利事业单位负责。在这一模式下国家与单位承担巨大的财政压力。直到1984年民政部全国城市社会福利事业范围改革整顿交流会提出，要坚持社会福利社会办的方向，面向社会多渠道、多层次、多种形式地举办各种社会福利事业。自此，城市地区养老服务开始走向社会化，多种社会主体参与其中。

自2000年以来，我国通过政策激励的方式极大地促进了社会力量对于养老服务领域的进入。尤其是2006年2月，国务院办公厅转发《关于加快发展养老服务业意见的通知》，提出“政策引导、政府扶持、社会兴办、市场推动”的原则，推动了养老服务供给方式的不断创新和养老服务主体的多元参与。2013年9月《关于加快发展养老服务业的若干意见》出台，进一步提出“要充分发挥市场在资源配置中的基础性作用，逐步使社会力量成为发展养老服务业主体”的基本原则，由此城市养老服务市场逐渐建立，各类社会力量通过公办民营、民办公助、民办民营等多种形式参与到社会养老服务体系的建设之中。目前，许多地区，如天津、河北、山西、上海等，民办养老机构的数量已经逐渐超越政府部门，成为养老服务最重要的提供者。①

① 笔者根据《中国民政统计年鉴2018》整理。

总体来看，为满足老年群体多样化、多层次的养老需求，在养老服务方面也逐步从“家庭”这一唯一供给者演变为社会、市场、社区、家庭等多主体共担的供给模式，实现了由家庭养老为主的非正式制度向社会化养老服务制度的转变。

（三）保障对象：从无到有、从部分享有到全民覆盖

年老是人生不可回避的自然规律，养老保障自然成为社会成员最普遍的社会需求。[①]“安享晚年”作为中国传统文化背景下理念上的生活方式，随着家庭规模缩小、保障功能的弱化，为老年人提供更高质量的养老保障成为目前乃至未来很长一段时间内我国要面临的主要社会问题。因养老保障待遇较高、领取养老金时间较长等特点，养老保障政策的实施与否及实施效果对经济社会发展程度提出了较高的要求，在我国就重点体现在养老保障对象的覆盖面问题上。

从计划经济时期开始，直到改革开放后，较长一段时间内我国社会发展的重心集中在经济领域，部分公共服务的供给对象以特殊困难群体为主，如通过机构供养的方式对“三无老人”等特殊群体进行服务。这一时期，城市养老服务的对象较为单一，以“三无老人”为主。改革开放后，随着单位体制的解体、社会结构的变化以及人民物质生活水平的不断提高，人民群众对于公共服务的需求也逐渐凸显。与此同时，“越来越多的老人需要照顾，但家庭功能逐步弱化”演变为一种社会问题引起政府和社会的广泛关注。为了解决这部分老年群体的后顾之忧，1978 年第七次全国民政会议号召有条件的社会福利单位在收容“三无”孤老残幼和精神病人以外，可以采用费用自理的方式吸收一些城市双职工家庭中无人照顾、生活不能自理的残疾人员。自此，一些社会福利院逐步扩大原有收养范围，开始以自费收养的方式向一部分双职工家庭中无人照顾的老人，党政机关、事业单位的退休孤老人员，以及对于国家有特殊贡献的人员、现役军人等家中无人照管的残疾人员等群体开放。这一时期以“费用自理”方式实现养老服务供给的创新之举构成了我国养老服务的雏形。

---

① 郑功成．社会保障学［M］．北京：中国劳动社会保障出版社，2005.

在“积极应对人口老龄化”的目标和口号下，自2000年以来我国在养老保险和养老服务方面开展了一系列积极的探索与实践。尤其是在养老服务层面，面对人数剧增的老年人口与不断增长的社会养老服务需求，养老服务供给内容、质量、方式也随之发生变化，在此背景下政府按照“积极探索、逐步试点、有效推广”的思路，推动了多层次养老服务内容体系的构建。进入21世纪后，随着养老服务供给能力的增强以及“适度普惠型”老年人社会福利政策的推行，我国从政策层面开始面向社会上具有服务需求的老年人提供养老服务，但针对不同类型的老年群体，提供养老服务的方式和类型有一定差异。一类是针对“三无老人”等特困群体。国家通过财政补贴的方式为这些老年人提供免费的服务供给，主要采取集中供养和分散供养两种方式。另一类是城市中的一般老年群体。在养老保险逐步全覆盖、养老金逐年增长的基础上，鼓励老年人根据自身情况选取相应的服务供给模式。

总体来看，2012年以前相关政策更多关注城市“三无”和农村“五保”等重点人群的养老服务供给问题，党的十八大以来政策定位发生变化，养老服务保障范围逐步扩大，实现了从“重点人群—特殊服务”到“全体老年人—基本养老服务”的转变。[①] 至此，我国社会养老保障制度实现了保障对象“从无到有”“从部分享有到全民覆盖”的政策目标。

三、城市社会养老服务的现存问题

城市养老服务是提升城市老年人生活质量的基本保证。尽管在养老服务供给内容、供给形式、供给质量等方面我国已经进行了积极的探索和实践，出台了大量政策文件推动城市社会养老服务体系的构建，但严格来说，我国城市社会养老服务仍处于探索阶段，发展尚未成熟，尚不能有效满足老年群体日益增长的服务需求，从内容体系、结构体系和层次体系来

---

① 林宝．党的十八大以来我国养老服务政策新进展［J］．中共中央党校（国家行政学院）学报，2021，25（1）：91-99.

看依然存在很多问题。本节主要从养老模式、服务对象和责任主体三个维度进行分析，探讨城市社会养老服务体系的现存问题及潜在原因。

（一）养老模式方面

1. 居家养老：服务种类单一流程不畅

居家养老服务模式作为我国目前大力提倡的养老方式具有其独特的优势，通过整合家庭和社区资源，以为老年人提供上门服务的方式得到社会、家庭和老人的三重认可，但在具体实践过程中这一模式并不完全理想。目前居家养老服务模式在大型城市，如北京、上海、南京、天津、青岛等地实现了较好发展，但对于一些中部地区或中小型城市而言，经济发展较为落后，政府财政有限，社会组织力量薄弱，经济条件、设施设备和消费水平也远不如经济发达地区。因此，在居家养老服务发展中不可避免地面临服务内容种类单一、“互联网+”养老服务推广不力等问题。同样，即使是在经济条件较好的地区，居家养老服务供给仍然存在内容相对单一、服务质量有待提高等问题。

（1）服务内容种类单一

根据学术界研究和多地的试点实践可以得知，居家养老所提供的服务内容主要包括日常照护、医疗护理和精神慰藉三种。为推动居家养老服务的发展，各地政府出台了一系列的优惠政策，吸引大部分失业下岗人员从事相关服务工作，但受年龄、文化程度等因素的影响，这些非专业“护理员”所能提供的服务项目仅仅局限于做饭、清洗等一般家政服务。换言之，高投入、低回报的行业特征决定了养老服务业发展不充分这一首要难题。且多数地区在居家养老服务供给过程中服务内容以一般生活照料和家政服务为主，而从精神文化角度来看，所能提供的心理疏导、文化活动以及社会支持等方面的项目十分欠缺。服务内容种类单一、精神慰藉与心理疏导服务内容严重缺位，目前成为城市养老服务中居家养老服务满意度偏低的重要因素。

（2）服务供给流程不畅

众所周知，上门服务是居家养老服务的主要理念和服务方式，但是在实际过程中通过何种流程和规则来为有服务需求的老年人提供养老服务，以确保老年人获得及时、高质量的护理服务是服务供给的关键问题。通过调研和相关资料搜集发现，居家养老服务的一般供给流程是，老人通过一定平台或渠道向社区养老服务中心提出服务需求，接到服务请求后社区服务中心派专人提供上门服务，接下来护理人员提供服务后获得服务反馈并进行备案记录。这一供给流程存在明显的弊端，即便老人身体健康、理智清醒地向相关服务机构提出服务请求，服务的成功与否也要取决于社区服务中心是否有适合的人员和时间安排社工提供服务。造成这一困境的根本原因在于信息沟通系统的缺乏，服务供给方与服务需求方之间信息沟通不畅，且资源配置辅助工作不到位，在一定程度上降低了居家养老服务的灵活性。

（3）“互联网+”养老服务推广受阻

推动互联网在养老服务领域的整合与运用，是实现适老化改造的重要内容之一，更是实现智慧养老目标的首要前提。目前，一些地级市，如北京、广州、上海等地，在政府的号召和鼓励下积极探索智慧养老新模式，以期在物联网、智能化的背景下为老年人提供更加便捷、高效、安全的养老服务，但对于智慧养老模式发展条件相对不足的地区，不仅从客观条件上面临着难以推广智能化的现实压力，而且多数老年人尤其是农村地区或不发达地区的老年人并不会使用智能设备，甚至对此类设备存在明显的抵触和反对情绪，这些问题在极大程度上限制了智慧养老模式的推广。此外，政府部门及相关组织对于服务平台的推广宣传乏力，也成为实现居家养老服务供给智慧化的有力阻碍。与此同时，在已经实现智慧养老服务试点和推广的地区，这一模式也暴露出较多的弊端和难题，这也成为我们未来要重点为之努力的方向。

2. 社区养老：服务资源缺乏有效整合

在三种模式的职能定位中，我国政府把“社区养老”定位为“依托”，可见社区在养老服务体系构建中发挥着至关重要的作用。尤其是2020年新冠肺炎疫情暴发，社区作为基层组织的迅速反应、积极动员让全国人民为之震动，小社区的“大能量”引起社会的广泛关注。加之近年来社区日间照料中心的不断推广建设与完善，为我国社区养老的发展奠定了物质和资源基础。社区养老作为我国现在及未来养老事业发展的重要模式，主要以社区为单位，能够有效化解家庭养老和机构养老的弊端。近年来，我国社区服务发展如火如荼，社区治理和社区服务得到了各地政府的大力支持，其中社区养老引起广泛重视。目前，多数地区的社区中已基本形成社区养老服务理念或已经提供基础的社区服务，但在实践运行中面临的问题也逐渐凸显。

（1）资金来源单一，可持续难

社区养老服务的主导者为社区居委会，作为城市基层组织，居委会享有较高权威，更容易得到居民信任。同时，在特色社会主义建设过程中我国对于社区在基层自治中发挥的作用尤为重视，因此大量民生资源下沉到社区，为其工作的开展提供了良好条件。社区养老服务具有一定的福利性和非营利性特征，在服务费用方面以无偿、低偿为主。因而我国绝大多数社区养老机构的设立并不以营利为目的，主要依托政府政策补贴为老年人提供较低水平的养老服务，资金的困境使社区养老机构所能提供的服务质量堪忧，而且多数机构面临着难以为继的可持续发展困境。以老年食堂为例，首先在社区内租赁相当规模的场地费用较高，再考虑到厨师、服务生等相关人员的人力资本，就难以实现“卫生可口”“价格优惠”的建设初衷。社区资金来源的单一性以及可用资金的有限性使原本颇受老年人欢迎的服务项目难以持续，多半被搁置。

（2）服务资源缺乏有效整合

随着社区治理的推进，大量民生资源下沉到“街区”这一基层组织单位，而社区工作人员事务繁多冗杂，且管辖权力、协调能力有限，社区范围内有限养老服务资源如何实现整合并充分利用成为难题。一方面，社区作为最基层的组织机构，缺乏资金和服务资源，职能范围有限，很多工作只能向上级反映；另一方面，受条块化、分割化管理体系的制约，社区层面协调整合能力有限，因此社区范围内各类项目资源难以实现合作共享。以医疗资源为例，虽然社区内大多设有社区卫生服务站，但是医疗服务站内仅限于诊治感冒、头痛等常见疾病，对于老年常见病的康复治疗较为罕见。同时，大多数社区范围内缺乏紧急救护资源，对于老年突发性疾病的抢救极为不利。

（3）服务设施有待优化

除去一些社区服务发展比较成熟的城市，我国大多数城市社区养老服务尚处于初级阶段，其中主要体现在养老服务设施的落后以及服务内容的单一。养老服务设施主要包括社区建设的老年餐厅、医疗保健室、老年广场等服务场所及相关配套措施。自 21 世纪以来，社区为响应民政部的“星光计划”兴建了大量的养老服务设施，但这些服务设施在设计合理性、安全性等方面都存在较多亟待优化之处。例如，针对失能、半失能老年人的无障碍设施相对较少，老年人的活动空间受限；楼层过高、卫生间和楼梯未安装扶手、空间过于狭小给老年人的服务满意度造成一定的影响。此外，从服务内容来看，即使部分社区设有老年餐厅、康复护理等设施，但是使用率极低，究其主要原因在于社区养老服务中心现有服务项目较为单一，且受相关专业护理人才短缺的影响，部分设施与项目形同虚设，并未投入使用。

3. 机构养老：管理照护专业程度较低

作为社会养老体系的重要支撑，机构养老服务能有效应对我国人口老龄化问题。虽然近些年来在国家政策的支持下，养老机构呈井喷式增长，但其在快速发展的同时也面临着很多问题和挑战。

（1）养老机构供需严重失衡

近年来，随着我国人口老龄化加快，孕育出庞大的养老服务需求市场，推动了我国养老机构的快速发展，但整体来看，养老机构的发展速度明显低于需求的增长速度，面临供不应求、供需结构性失衡的困境。如图 5-1 所示，2011—2020 年我国养老机构和设施数量整体呈增长趋势，截至 2020 年，全国养老机构和设施总量达到 22.0 万个；2011—2014 年我国养老机构和设施增长率逐年递增，但 2014 年之后呈明显的下降趋势，2019 年养老机构和设施数量增长率为 20.0%，其增速为 2017—2020 年以来峰值。从养老机构床位数来看，2020 年中国每千名老人的养老床位达到 25.3 张，较 2011 年的 19.1 张增长 32.5%，但与 2014 年 36.1%的增长率相比偏低，足以说明自 2020 年以来随着老龄化加速，养老机构床位数增速已然跟不上老龄人口增速。未来老龄人口数量大幅增加将会进一步加大供求缺口，出现“一床难求”的现象。分类型来看，护理型床位和公办养老院的供求失衡问题更为严重。

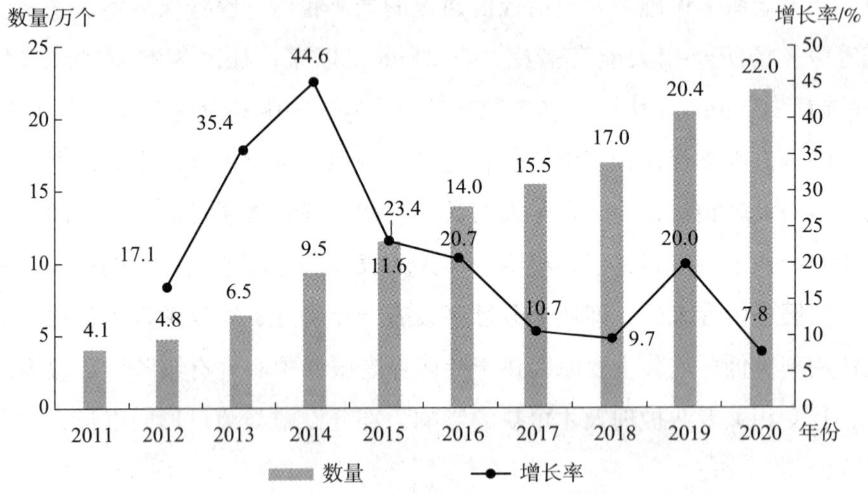

图 5-1　2011—2020 年中国养老机构和设施数量及增长率概况

数据来源：民政部、华经产业研究院。

（2）专业服务人员存在缺口

社会上对护理相关职位的偏见、待遇与工作强度不匹配，社会地位低、认同感低等原因导致现存养老护理人才严重不足。高校学生在选择专业时一般不会考虑老年护理相关专业，养老护理人才供需失衡迟迟得不到解决。我国养老机构护理人员团队普遍有三个特点：数量不足、专业人才短缺和结构不合理。护理团队中只有少数人拥有相关教育背景，接受过专门的职业培训，持有岗位证；大部分护理人员是临时雇佣人员，缺少专业水平和文化素养，且流动性极大，无法适应老年人的需要；女性已然是护理从业人员的主体，男性护理人员紧缺，直接影响对男性老人的服务质量。

(3) 养老机构资金短缺

资金不足的现象普遍存在于全国各种养老机构中，无论是公办还是民办，限制了依赖资金运营的养老机构的发展空间。公办养老机构的资金来源单一，全靠政府拨款，而由于资金周转周期长、资金需求量大，公办养老机构资金不足的现象时有发生。相对而言，民办养老机构从政府处获得的支持更少，获取的利润微薄，甚至出现亏损，经营压力巨大，资金的不可持续性可能直接导致机构倒闭。

(二) 服务对象：资源获取隐性失衡

以我国社会养老保险的缴费类型来划分，城市社会养老服务的服务对象主要包括城镇职工老年群体和城镇居民老年群体。受特定因素影响，两类老年群体对于养老服务的需求存在一定的差异。已有研究表明，退休类型为城镇职工的老年人对于日托服务、休闲娱乐活动和学习培训活动的需求明显大于城镇居民，而在日常生活照料、医疗保健、社会活动参与方面两类老年群体的需要并未有明显差异。① 虽然在社会养老服务体系规划建设过程中，并没有明确的制度或政策暗示两类老年群体分别享受不同的服务内容或服务待遇，但从深层次来说，在服务对象方面两者之间存在明显的资源获取的隐性失衡现象。

1. 自身条件差异

社会养老服务供给的公平是一系列的公平，而非某一阶段或最终结果的公平，起点的公平性至关重要，不同的起点必然导致不同的结果。城镇职工与城镇居民老年群体自身条件的差异直接影响了其资源获取的条件和能力。

一方面，从经济状况来看，退休类型与经济状况之间存在显著的相关性关系，城镇职工的经济条件明显优于城镇居民老年群体，而经济条件的差异将在极大程度上影响老年群体对于养老服务的需求程度与需求类型。以开封市为例，开封市城镇职工的退休金平均为3000元，城镇居民的养老

① 董玉青. 开封市城市社会养老服务体系建设问题研究［D］. 开封：河南大学，2020.

金仅为167元，而开封市养老院费用平均为每月2000元。这一明显的经济水平差异使养老机构基本将难以支付高额护理费用的城镇居民养老群体“拒之门外”。从养老服务内容需求上来看，城镇居民的养老服务需求更多集中在生活照料等基础层面，而经济条件较好的城镇职工老年群体的服务需求就更加多样，以文化娱乐、上门医疗服务等为主。

另一方面，不同文化程度、职业类型的人群对事物的思维逻辑和接纳程度有明显差异。学术界一般认为，接受过较高水平教育的人思维更加活跃，也更加容易接受新鲜事物，在养老服务的获取意愿方面也是如此。因此，在定量分析中可以发现，受教育程度更高的老年人在接受养老服务的意愿程度方面也更高，其对于服务资源获取的主动性也更强。已有研究表明，城镇职工的受教育程度更高，养老服务的需求意愿更为明显，因而对于养老服务资源获取的主动性也更高。

2. 环境条件差异

目前，政府与学术界更多地聚焦于“城乡社会养老服务体系的失衡”，对于同样居住在城市或城镇地区的城镇职工与城镇居民之间的资源获取差异关注较少。严格意义上来说，城镇职工和城镇居民老年群体虽然同在城区居住，但是其所享受的居住环境也存在一定的差异。从居住条件来看，通过半生辛苦积蓄，老年人更为追求在居住舒适度方面的享受，大多数城镇职工凭借相对较高的工资收入一般居住在改善型社区。相对于城中心的老旧小区，一般城市新城区的社区基础设施相对更加完善、周边设施更齐全、环境也更为优美，城镇职工老人所居住的社区条件明显优于城镇居民所居住的社区。因此在社区服务资源获取方面，城镇职工更为便捷。此外，在养老服务供给方面，改善型社区对于提升老年群体的服务质量也更为重视。

（三）责任主体：职责模糊协调性差

西方国家在20世纪90年代逐渐意识到多元主体在福利供给过程中协作发展的重要性，开始探索社会服务供给的新范式。在社会养老服务实践过程中，我国积极探索政府、社会、家庭等多元主体共同参与的养老服务模式，尝试政府购买服务、公办民营、公建民营等多种模式有利于实现多元主体治理的创新。然而多元主体高效治理的实现并非一蹴而就，目前我国对于这一问题的解决还处于摸索阶段，还存在诸多不协调现象。政府责任模糊、政策落实缺位，市场供应短缺、社会参与乏力，家庭与个人负担过重等难题严重制约着城市社会养老服务层次体系的优化与发展。

1. 政府责任模糊，政策落实缺位

政府不是万能的，市场也不是万能的，社会养老服务体系构建与完善的首要问题是对政府职责有一个清晰准确的定位。作为准公共物品，社会养老服务体系牵涉甚广，服务模式、参与主体颇为复杂，因此社会养老服务供给过程中政府职责主要集中在制度规划、政策引导、财政支持和监督管理四个方面，下文主要针对这四个方面分析城市养老服务供给过程中政府层面的不足之处。

（1）角色认知偏差，责任体系模糊

在社会养老服务的供给过程中，针对不同的服务模式，政府应当承担不同的职责，但总体来看，不外乎决策者、引导者、监督者、合作者等几个角色。政府对自身角色和职责的定位存在偏差，必然导致政府职能的越位和缺位现象。以社区养老服务为例，一方面，政府职能的越位主要体现在社区角色的行政化倾向。计划经济时期，在传统的街道式管理体制下，宽泛的政府职责范围导致我国社区作为基层半自治单位具有浓厚的行政色彩，而在市场经济背景下只有社会化的参与才能增加养老服务发展活力，有效推动社区养老服务的发展。另一方面，政府在社区养老和居家养老方面的支持侧重于政策的优惠，在经济方面的支持明显不足，而社会力量在其中也并未发挥突出的作用，其中主要一部分原因在于政府对于社会组织的培育和支撑不足，且在机构审批等环节的门槛较多，手续也相对烦琐。此外，社会养老服务体系中涉及政府多个职能部门，但目前各部门间并未形成一定的协调机制和保障系统，责任体系模糊，以致体系不畅。

（2）政策落实缺位，财政支持乏力

政策的实施力度对政策绩效具有显著的促进作用，政策效果的实现也必然受到落实力度的影响。尽管目前我国出台了一系列推动养老服务发展的政策文件，但其中多为指导类意见，并未给出养老服务事业开展的明确实施准则和行为规范。在执行方面，社会养老服务的开展效果在一定程度上取决于地方政府在政策解读与执行方面的不同态度。由此可见，不当或不充分的养老政策从以下两个方面制约社会养老服务体系的发展：第一，法律制度不健全，制度化发展缓慢。尤其是在社区居家养老服务发展层面，尽管现阶段已有部分相关发展意见，但在政策法规方面并未出台明确的鼓励扶持措施，监管体制也并未完善。第二，税收优惠政策未落地，财政支持乏力。以机构养老为例，国家明确要求各级政府通过税收减免、补贴优惠等政策鼓励并支持养老机构的发展，但在实际运行过程中养老机构的运行仍然面临各种“关卡”。此外，除公办养老机构外，目前我国多数民办养老机构主要依靠自我经营收入维持运转，或是依靠福利彩票等公益性收入的补贴，政府并未设置支撑养老服务发展的专项基金。

关于城市养老服务体系构建的多元主体，每一主体要发挥何种作用也相对明确。根据我国国情，家庭作为主要责任主体，将在承担资金供给的同时一步步移交服务的供给，而政府发挥着重要的政策主导、调度整合和财政补贴作用。那么养老服务的供给主要依靠养老服务市场的发展和社会力量的参与。目前，我国多数地区在社会养老服务产业和社会组织参与方面均存在一定的劣势。

2. 养老服务业发展滞后、社会化程度低

（1）养老服务业欠发达

养老服务业主要指与老年人相关的各类行业，既包括为老年人提供的医疗护理、日常照料、心理疏导等照护服务，也包括与养老服务有关的器械产品及配套措施。从福利性角度来看，养老服务业主要包括与养老相关的各类基本公共服务，而从市场、产业的角度来看，养老服务业包括为社会老人提供的各类养老产品、保健器材等与养老相关的各类产业。面对服务需求巨大的市场环境，我国养老服务产业并未得到快速、高质量的发展。进一步研究可以发现，养老服务产业发展得不充分虽然与外部因素有一定的关系，但是市场作为供给主体，其自身可信度不高、服务内容单

一、服务质量较低等问题同样值得重视。此外，市场具有营利性和竞争性，一旦“市场失灵”脱离了监管，那么养老服务市场将面临严重动荡。

（2）社会力量参与乏力

城市社会养老服务体系的构建重点体现在“社会化程度”上，即社会的参与，包括社会组织、公民自身等多种主体的协同合作。社会力量的参与和市场竞争的机制能够有效推动养老服务的发展，因此，社会化程度的高低在很大程度上影响服务供给的多样层次与水平高低。理想的城市社会养老服务体系的“多元主体参与”，即在政府的主导下，动员多种有效力量，整合相关服务资源，共同参与到养老服务供给中来，但受制于我国社会组织、志愿团队等社会力量发展的薄弱，在养老服务领域的动员和参与也不够充分。首先，面临资金筹集难题和政策准入的限制，多数社会组织参与社会养老服务的积极性不高；其次，非营利组织公信力不足，且近年来多发“养老诈骗”案例，使社会力量承办的养老机构难以获得受众群体的信任；最后，我国目前并未出台关于“社会力量参与养老服务”的法律规范，仅为政策的引导和“鼓励”，激励措施和保障措施不足，也成为养老服务体系中社会力量乏力的重要原因。

3. 家庭责任凸显，照护成本较大

常言道，养儿防老。血缘在我国历史长河中始终发挥着至关重要的作用，无论是在社会发展，还是家庭内部，都有着根深蒂固的影响，且受地缘文化影响，人到老年后更愿意在自己熟悉的生活环境，绕膝承欢，颐养天年。笔者在对河南多数地区的调研过程中发现，尽管年轻劳动力外出导致城市和农村地区呈现出不同程度的“空巢化”，但家庭养老在其中依然占据着不可撼动的重要地位。这与我国提倡的“9073”或“9064”供养模式完美契合，占比“90%”的家庭养老之所以稳居高位，不仅体现了家庭养老的重要优势，也在一定程度上分散了老年人入住养老机构的压力，降低了社会成本和家庭成本。即便如此，在居家养老模式尚不完备的今天，家庭责任不容置喙，家庭成员依然承担了大量的照护成本。生育率的不断下降、人口寿命的延长都必然导致新一代年轻人面临更大的养老压力和照护成本。

四、城市养老服务体系发展路径与政策建议

社会养老服务体系，并不单单是几项制度的联合，也并不是单一体系的构建，而是一个系统的、整合的工程体系，需要从供给主体、服务对象与内容、资金筹集、规范标准等多角度入手，方能构建功能协调、高效完备的社会养老服务体系。如上文所述，在老龄化趋势的推动和政府的号召支持下，城市社会养老服务呈现出快速发展趋势，同时也暴露出诸多问题与不足。尽管在已有的工作成效中，我国面对现实国情和需求发展，构建了“以居家为基础、社区为依托、机构为支撑”的城市社会养老服务内容体系，并在此基础上不断创新养老服务供给模式，在增强专业化和智能化的同时创新出的“医养结合”“智慧养老”模式也得到了良好的发展和好评，但城市社会养老服务供需缺口问题依然严峻，“动力不足”是其首要原因。课题组在此问题研究过程中走访了多个城市，通过访谈和问卷调查，主要从三种模式的供给困境出发，提出城市养老服务体系的下一步发展空间，构建适合地区发展的养老服务内容体系。

首先，在居家养老模式方面，进一步明晰“居家养老”模式的职能定位，丰富基础化的服务内容，提高日常照料的服务质量，以期保障90%老年人在居家环境中获得非专业化但舒适度较高的养老服务。在服务供给过程中需要明确几点：一是体现居家养老服务供给的“基础性”，并不要求居家养老模式具备所有的服务内容，也并不要求服务供给高度专业化，而是注重老年人基础生活需要的满足。二是凸显服务供给的“针对性”，这一角度也重在提高老人的舒适度和满意度。在“一对多”的供给模式中要求护理人员综合考虑老年人的普遍需求以及个人情况，为老年人定制更加“人性化”“亲情化”的服务内容。三是注重居家养老服务供给的“信息化”，通过信息平台的建设，根据老人或其子女上传的老人基本情况和服务后的反馈效果，不断完善老年人的个人信息和服务偏好，增强服务的针对性。同时，居家养老服务供给质量的提升在提高老年群体满意度和获得感方面意义重大。

其次，在社区养老模式方面，增强政策支持力度，进一步整合可用力量和服务资源。作为“9073”养老模式中的重要“7%”，社区养老是居家养老服务的重要补充，也是居家养老服务供给的空间位移。在重中之首的资金方面，需要“两架马车”并驾齐驱。一方面，根据实际情况适时加大政府的支持力度，地方政府列出专项基金用于社区养老服务的发展，尤其是养老服务设施的购置；另一方面，社区自身应增强融资能力，通过有效手段拉动社会组织或相关企业的投资或赞助。同时社区养老服务的发展与完善需要相关服务设施的支撑。值得注意的是，“行政化”管理的社区在一定程度上加强了秩序管理，但在社区养老服务发展过程中政府干预过度或过度的行政化行为会对社区养老的自主性、社会化造成影响。推动社区养老的公平可持续发展，就需要政府适当将管理权力下放给基层社区，将社区视为养老服务资源整合和服务供给的相对主体。鼓励社区在养老服务供给过程中引入民间资本和社会力量，通过市场化合理竞争提高社区养老服务供给质量，而政府的主要责任是政策引导与监督管理，同时为发展较好的社区提供资金支持、设备投入等激励措施。

最后，机构养老服务方面，加强机构养老服务监管，加大培训力度。机构养老的发展本身具有一定的复杂性、艰巨性以及历史性，需要政府以及相关部门的鼓励和支持。机构养老服务发展受政策优惠、行业规范、服务标准等因素的影响较为明显，对于养老服务政策与法律调整的需求也不断加大。在未来机构养老的完善过程中加大政策支持力度，鼓励各种规模类型的养老机构发挥缓解老龄化压力的积极作用。此外，寻找适当时机将养老机构的建设和发展上升到法律层面，给予机构发展更加稳定的支持和优惠，这样相对来说，规范性更强、支持力度也更大。同时，加强养老服务业的监督与管理是确保城市社会养老服务尤其是机构养老服务模式可持续发展的首要前提。另外，提高护理人员的专业化程度也是未来发展的重要方向。近年来，养老院的硬件设施改造和增加、护理员技能培训、养老院长效管理机制建设等都在随着社会发展助推养老院不断进行改善、升级。养老院护理员的服务范围不仅仅包括洗衣、配饭，更要具备护理、紧急救助、医护常识等必备技能。提高护理人员的专业化程度，首先从人才来源方面，倡导高职高专等各类高校重点培养专业的护理人员并输送到各类养老机构，政府和社会共同努力，为从事养老机构护理工作的医护毕业生提供全方位和多维度的激励政策和措施。与此同时，注重提高现有养老机构护理人员的专业素养和加强技能培训，以及提高现有养老机构的专业化程度。

第六章 农村养老服务体系建设现状及问题

自党的十八大以来，在以习近平同志为核心的党中央的高度重视下，全国上下齐心协力，不断完善我国农村养老服务政策制度，优化服务网络，提升老年人群体的服务保障水平。

一、新时代农村养老服务体系建设背景

（一）城乡倒置：农村人口老龄化形势日益严峻

1990 年我国 65 岁及以上老年人口为 6299 万人，占比为 5.57%；2021 年增加到 19063 万人，占比为 13.5%，我国进入中度老龄化时代。目前我国人口老龄化除呈现高龄化、“空巢化”“空心化”“未富先老”等特征外，还呈现出城乡倒置特征。理论上，我国农村人口生育率水平比城市高、平均出生预期寿命比城市低、经济和医疗水平比城市低，人口老龄化速度和程度应该比城镇低。我国经济发展水平较低的农村地区的老龄化程度高于城市，究其原因，是由于大规模的城乡流动人口，导致农村人口老龄化的程度和速度高于城镇。对比两次人口普查数据，2010 年，农村人口老龄化水平为 14.98%，比城镇高 3.46 个百分点；2020 年，农村人口老龄化水平为 23.81%，比城镇高 7.99 个百分点（见表 6-1）。“2021 年全国农村 60 岁、65 岁及以上老人的比重分别为 23.81%、17.72%，比城镇分别

高出7.99、6.61个百分点。"[①] 尤其是在城镇化背景下，农村养老形势更为严峻，农村空巢独居老人规模迅速增加。"预计到2030年，农村老年抚养比为79.9%，城镇老年抚养比为36.9%，农村老年抚养比始终且明显高于城镇，农村养老负担更为沉重。"[②]

表6-1 2010年和2020年城乡老年人口变化情况

	全国		城镇		农村		城镇—农村	
	老年人口/亿人	老龄化率/%	老年人口/亿人	老龄化率/%	老年人口/亿人	老龄化率/%	老年人口/亿人	老龄化率/%
2010年	1.78	13.26	0.77	11.52	1.01	14.98	-0.24	-3.46
2020年	2.46	18.70	1.43	15.82	1.21	23.81	0.22	-7.99
变化情况	0.86	5.44	0.66	4.30	0.20	8.83	—	—

资料来源：笔者根据历年全国人口普查资料整理。

城乡社会经济二元结构是我国经济发展的大背景，城乡人口老龄化倒置已成为我国的基本国情。进入21世纪以后，受城镇化、工业化双重影响，农村青年涌入城市，这进一步推动了我国人口老龄化的城乡倒置。在此基本形态下，农村呈现出老龄化速度和程度超过城镇、城乡老龄化差距不断加大的大趋势，农村面临着更大的养老压力，人口老龄化问题更可能在农村地区预先集中暴发，积极应对人口老龄化战略的重点和难点在农村。截至目前，城乡人口老龄化差距还在进一步扩大，且对我国经济社会产生了一系列消极影响。当前，老龄化问题不仅成为农村重要的社会问题，更是"乡村振兴"计划及和谐社会建设的重要内容。

（二）重乡重土：农村老年人口在地老化意愿强烈

"在地老化"又称"在地养老""原居安老"，其原始概念主要来自长期照护领域，是指运用社区照护服务资源和服务体系，协助功能障碍老人、高龄老人等群体，尽可能留在其熟悉的社区或家中生活，不让老人脱离熟悉的生活环境，实现老年人维持习惯的生活方式，并保持一定的独立

① 资料来源：央视新闻，国新办第七次全国人口普查主要数据结果发布，参见https：//baijiahao. baidu. com/s？id=1699433523807941917&wfr=spider&for=pc。

② 积极应对人口老龄化破解农村养老服务难题．人民论坛网，2021-05-07.

性，使其有尊严、有隐私地生活。在地老化模式也称在地终老模式，不仅强调老年人不脱离熟悉的生活环境，也强调社区养护资源的供给和输送体系建设。在我国，农村老年人存在不愿离乡养老的“守土情结”，在世代生活的村庄终老是老人的普遍心态，还有一些讳莫如深的、叶落归根的传统观念，也左右着农村老人养老模式的选择。① 根据民政部政策研究中心2018年“托底性民生保障政策支持系统建设”项目调查数据：在困难家庭样本中，农村受访老人选择居家与社区养老的比例为84.86%，城市为79.45%，相差5.41%；在普通家庭样本中，城市为77.04%，农村为86.14%，城乡差距扩大到9.10%。无论是小型养老机构还是社区外养老机构，愿意入住的农村老年人比例均低于城市老年群体，在普通家庭样本中，农村为8.77%，城市为13.49%，农村比城市低4.72%。城乡困难老年人愿意入住社区外养老机构的比例分别为3.71%和2.08%，相差1.63%；在普通家庭样本中，城市为5.55%，农村为2.81%，这一差距拉大到2.74%。由此可见，虽然家庭养老服务资源缩减、传统的家庭孝道趋于衰落，社会化养老已成为必然趋势，② 但在广大农村老年人的观念中更偏向“在地养老”。因此，在政府倡导的“居家为基础、社区为依托、机构为补充、医养相结合”的养老服务布局下，整合农村养老服务资源，建构农村老年人社会支持体系，满足农村老年人“在地养老”的现实诉求，已经成为未来农村养老服务体系的重要议题。

（三）供给不足：农村养老服务供需矛盾长期存在

农村养老服务资源面临着投入短缺、供给总量不足的问题。截至2019年底，以村委会数量为基数进行估算，注册养老机构覆盖率仅为6.4%，社区养老照料机构和设施仅有12%，而社区互助型养老机构和设施覆盖率仅占19%。在供给总量方面，养老服务设施存在较低缺口，且在覆盖范围上，养老服务设施明显发挥着有限作用。家庭养老支持弱化，照护劳动力

① 裘知，张子琪，王竹．基于“在地养老”的乡村老年支持体系架构研究［J］．建筑学报，2018（S1）：40-44.

② 龙玉其，张琇岩．家庭在养老服务中的作用：传承、变迁与展望［J］．河北大学学报（哲学社会科学版），2019，44（6）：130-137.

不足。根据人口普查数据推算，目前我国农村平均不足3个劳动年龄人口对应1个老人，2035年将减少为1.3个，2050年将降至近1.1个，社会抚养结构深刻改变社会养老服务资源分配的格局，诱发代际利益分配矛盾和冲突。① 农村老龄社会青壮年人口流动化，农村老年人“空巢化”、独居化、高龄化；伴随农村应对老龄化的认识弱、收入低、健康差、基础软、机构缺、短板多，社会化服务程度低，更凸显农村养老服务体系建设的迫切性和重要性；受二元结构的制约，农村养老保障、养老服务和医疗卫生服务的基础十分薄弱，城乡基本公共服务不均等的格局仍将长期存在。农村人口老龄化加速、家庭养老功能弱化及土地保障作用不足等因素将加速农村养老保障和服务供需矛盾日益尖锐，最终影响农村社会和谐稳定。尤其是与城市相比，农村地区养老服务的先天性不足问题，成为农村养老服务发展短板中的短板。农村地区存在数量庞大的高龄、失能老年人，有相当一部分老人由于年老体弱，或伤病在身，失能半失能人数不断攀升，“农村老年人在生活照料、医疗健康、精神慰藉与权益保障方面的需求正在不断增长”。② 进入全面建成小康社会新阶段，弥补城乡养老服务发展鸿沟，缩小农村与城市养老服务水平差距，实现城乡基本养老服务均等化是小康社会的必然要求。

二、农村养老服务政策演进及地方实践

自中华人民共和国成立以来，农村养老服务制度设计持续完善，相继颁布实施了多部养老服务政策，形成系统的农村养老服务政策体系，为农村养老事业奠定政策基础（见表6-2）。党的十八大以后，为应对人口老龄化，我国养老服务体系逐步完善，经历了从机构养老向居家和社区养老、互助性养老、农村普惠型养老延伸的发展历程。

---

① 原新，金牛．在国家战略体系中积极应对老龄社会问题［J］．人口研究，2021，45（2）：3-12.

② 陆杰华，沙迪．新时代农村养老服务体系面临的突出问题、主要矛盾与战略路径［J］．新疆师范大学学报（哲学社会科学版），2019，40（2）：78-87.

表 6-2　中华人民共和国成立以来农村养老服务政策演进

时间	政策/名称	类别
中华人民共和国成立后		
1956 年	《1956—1967 年全国农业发展纲要》	统筹规划
1958 年	《关于人民公社若干问题的决议》	统筹规划
1962 年	《农村人民公社工作条例（修正草案）》	统筹规划
改革开放后		
1994 年	《中国老龄工作七年发展纲要（1994—2000）》	统筹规划
1996 年	《中华人民共和国老年人权益保障法》	统筹规划
1997 年	《农村敬老院管理暂行办法》	暂行标准
2000 年	《中共中央关于加强老龄工作的决定》	统筹规划
2006 年	《关于加快发展养老服务业意见的通知》	统筹规划
全面建设期		
2012 年	《中华人民共和国老年人权益保障法》	统筹规划
2013 年	《养老机构设立许可办法》	统筹规划
2013 年	《国务院关于加快发展养老服务业的若干意见》	统筹规划
2013 年	《关于开展公办养老机构改革试点工作的通知》	试点评估
2014 年	《关于加强养老服务标准化工作的指导意见》	服务标准
2014 年	《关于做好全国民政行业养老护理员职业技能培训工作的意见》	劳动力供给
	《关于做好政府购买养老服务工作的通知》	服务标准
	《关于减免养老和医疗机构行政事业性收费有关问题的通知》	收费标准
2015 年	《关于推进医疗卫生与养老服务相结合指导意见的通知》	统筹规划
	《关于鼓励民间资本参与养老服务业发展的实施意见》	民间融资
2016 年	《国务院办公厅关于全面放开养老服务市场提升养老服务质量的若干意见》	统筹规划
	《关于中央财政支持开展居家和社区养老服务改革试点工作的通知》	民间融资
	《社区老年人日间照料中心服务基本要求》	服务标准

续表

时间	政策/名称	类别
2017 年	《“十三五”国家老龄事业发展和养老体系建设规划》	统筹规划
	《关于加快推进养老服务业放管服改革的通知》	监督管理
	《关于运用政府和社会资本合作模式支持养老服务业发展的实施意见》	民间融资
	《关于印发〈服务业创新发展大纲（2017—2025 年）〉的通知》	统筹规划
	《养老机构服务质量基本规范》	服务标准
2018 年	《关于推进深度贫困地区民政领域脱贫攻坚工作的意见》	统筹规划
深入推进期		
2019 年	《关于推进养老服务业发展的意见》	统筹规划
	《关于进一步扩大养老服务供给促进养老服务消费的实施意见》	统筹规划
	《国家积极应对人口老龄化中长期规划》	统筹规划
	《关于实施特困人员供养服务设施（敬老院）改造提升工程的意见》	统筹规划
	《关于深入推进医养结合发展的若干意见》	统筹规划
2020 年	《中共中央、国务院关于全面推进乡村振兴加快农业农村现代化的意见》	统筹规划
	《“十四五”民政事业发展规划》	统筹规划
	《关于促进养老托育服务健康发展的意见》	统筹规划
	《关于建立健全养老服务综合监管制度促进养老服务高质量发展的意见》	监督管理

资料来源：笔者整理。

（一）农村养老服务政策演进

1. 农村养老服务政策初步探索

中华人民共和国成立之后，基于计划经济的背景，主要由政府开办的福利性养老机构提供生活照护型粗放式养老服务，以解决部分困境老年人社会照护问题，照护对象主要是入住养老机构的“五保”对象、孤寡对象以及优抚对象等。此时，除了城市救济和农村“五保”对象的刚性需求外，社会化养老服务还不是政府工作的主要内容，也尚不具有独立的概念和服务形式，只包含在社会福利范围之内。

1950 年 7 月，内务部召开“第一次全国民政会议”，将救灾救济确定为内务部的重点工作之一，由社会司牵头执行；① 1953 年 7 月，由内务部增设的救济司主管农村救灾和社会救济事务，各级政府也随后设立了专门的职能机构。这一时期老年人相关服务工作在城市主要被包含在城市社会救济中。在接下来的全国民政会议中，城市老年人救济工作要先于农村“五保”工作开展。1956 年在黑龙江省拜泉县兴华乡诞生了中国第一个敬老院（也称“幸福院”）；同年，中共中央提出“五保供养”政策，将鳏寡孤独的农村社员作为供养对象，保障其“吃、穿、烧、教、葬”，同时对孤寡老人采取分散供养和集中供养的方式，其中，农村敬老院承担集中供养职责。农村养老服务事业依附于“五保供养”制度，逐步发展起集体福利事业。农村“五保”制度也成为全球养老制度的典范和创新，得到联合国和其他发展中国家的学习和借鉴。在之后的《农业十六条》中，也支持没有劳动能力的农村老年人可以依靠农村集体平均分配维持生计，参与集体分派的轻活也将同样计工分。此时的农村养老服务主要依靠集体收益，国家并未直接承担责任，普通农村老年人的养老问题也基本属于家庭责任。由于经济水平较为低下，此时农村养老服务仅停留在救济层面。此后，中共中央关于农村养老服务政策的数量呈上升趋势，围绕“五保”制度逐渐形成完善的政策体系。

2. 社会化养老服务逐步发展

改革开放以后，关于养老服务的具体工作安排部署在全国民政会议中开始有所涉及。在市场经济背景下，“社会化”与“市场化”观念逐步深入社会发展各个领域，以“公建公营”为主要方式，社会化保障与福利体系开始发展。在这一阶段农村地区社会化养老服务发展速度较慢，社会养老资源主要向城市地区倾斜，城乡社会化养老水平差距进一步加大。随着

① 民政部的前身为内务部，1949 年 11 月 7 日中央人民政府内务部正式成立，受中央人民政府政务院领导，中央人民政府政务院政治法律委员会指导；1954 年改由国务院领导，国务院政法办公室指导；1960 年 12 月国务院政法办公室撤销，内务部直接受国务院领导。内务部设办公厅和干部司、民政司、社会司、地政司和优抚司五个司。各大行政区军政委员会设置民政部，各省（自治区、直辖市）设民政厅，大城市设民政局，专区和县设民政处（科），区公所设民政助理员，全国上下形成了一个民政系统。1969 年 1 月内务部被撤销，1978 年第五届全国人民代表大会第一次会议通过决议，恢复内务部有关职能，设立中华人民共和国民政部。

《中国老龄工作七年发展纲要（1994—2000）》《中华人民共和国老年人权益保障法》《农村敬老院管理暂行办法》等法律法规的先后颁布，中共中央逐步明确规定动员全社会力量发展老龄事业，鼓励多元化供给主体参与养老服务建设，强调增加农村养老服务设施，适当扩大农村敬老院供养对象的覆盖面。与此同时，由于农村“五保供养”制度出现的种种问题，国家着手对《农村五保供养工作条例》进行修订，推动了农村养老服务供给的转变。2000年以后，我国全面进入老龄化阶段，但是由于广大农村地区养老金社会积累不足、社会财富不够充裕，财政资金无法充分满足社会保障资金需求，农村地区养老问题日益突出。如何统筹城乡社会化养老服务体系的发展，成为一个重要的社会问题。

在此阶段，农村养老服务逐渐上升到国家层面，成为国家福利制度而非集体福利事业。对养老服务体系的重视也进一步加快了农村养老服务的发展。尤其是在对象上，并非“五保供养”制度所面向的鳏寡孤独老年人这一单一对象，其覆盖面不断扩大，逐渐覆盖全体农村老年群体。市场和社会主体的参与、社会福利社会化改革及农村内部养老服务供给模式的不断创新，都为农村养老服务模式发展提供了契机。

3. 农村养老服务政策全面发展

党的十八大以后，中共中央加快统筹城乡社会养老服务体系发展，重视农村地区养老服务水平提升，积极推动城乡基本养老公共服务均等化，密集颁布了一系列养老服务政策法规，我国农村养老服务进入全面发展的新阶段。在“十三五”期间，农村养老服务从改革开放前解决特殊困难群体的系列政策措施，转变为涉及亿万老年人的基础性工作和积极应对人口老龄化的重要制度设计。“十三五”期间，随着2013年《国务院关于加快发展养老服务业的若干意见》发布、《中华人民共和国老年人权益保障法》修订、《关于推进医疗卫生与养老服务相结合指导意见的通知》等政策的出台，我国社会养老服务开始布局“9073”或“9064”服务体系，强调由机构养老转向以社区为中心的居家养老，同时提出医养结合服务，将养老资源向高龄和失能群体倾斜。2017年，《“十三五”国家老龄事业发展和养老体系建设规划的通知》，将养老服务体系由“以居家为基础、社区为依托、机构为支撑”修改为“以居家为基础、社区为依托、机构为补充、医养相结合”，标志着我国社会化养老服务体系建设顶层设计完成，统筹城乡养老服务体系取得全面成效。这一阶段的政策文件中，2013 年《国务院关于加快发展养老服务业的若干意见》和 2019 年国务院办公厅印发的《关于推进养老服务发展的意见》被视为“中国进入老龄化社会之后关于养老服务发展的重要纲领性文件”。[①] 在农村养老服务设施建设方面，以“公建民营”“民办公助”等形式为主，护理型床位不断增加，农村社区养老服务中心、乡镇养老护理院数量大幅增加；在养老服务产业发展方面和养老服务业“放管服”方面进行了大刀阔斧的改革部署，积极引入社会力量参与农村养老服务供给，农村养老服务机构（农村敬老院）及农村康养产业项目得到进一步发展，从行政指令式的直接管理过渡到以法治为核心的综合监管，养老服务行业管理稳步升级；在农村养老服务内容上，发挥基层乡镇医院的作用，不断推动医养结合和精神关爱，同时与扶贫攻坚战相结合，加快农村老年贫困群体的医养救助服务，对贫困老年群体居住场所进行改建。在一系列政策规范的基础上，农村养老服务体系顶层设计、设施标准、服务规范、监管体系等都得到全面的发展，农村社会养老服务体系也全面进入法制化阶段。

4. 农村养老服务政策的深入推进

随着我国全面建成小康社会，农村养老服务体系也进入深入推进阶段，统一城乡养老服务体系成为改革的重点，城乡养老服务政策更加精准、组织管理更加高效、社会力量参与更加深入。2019 年，国务院办公厅印发《关于推进养老服务发展的意见》，从六个方面有针对性地提出 28 条措施，涉及养老服务体系建设的百余项问题，具有突破性意义，标志着我国正逐步构建与新时代中国特色社会主义相适应的面向城乡统筹、可持续的以居家为基础、社区为依托、机构为补充、医养相结合的多层次养老服

① 郭林．中国养老服务 70 年（1949—2019）：演变脉络、政策评估、未来思路［J］．社会保障评论，2019，3（3）：48-64.

务体系，同时综合监管机制也在进一步完善。2020年4月民政部、国务院扶贫办印发《社会救助兜底脱贫行动方案》，明确对农村老年贫困群体增强社会支持，强调机构的集中供养功能和兜底功能，为生活不能自理特困人员提供护理床位；同时强调建立农村“留守老人”关爱服务体系和“留守老人”数据库。依托“乡村振兴”计划，“十四五”期间我国农村养老服务进入精准化推进时期，在养老设施布局、护理服务救助、智慧医养结合、优质资源均衡、养老人员队伍建设等方面全面建设和提质增效。

（二）农村养老服务政策地方实践

1. 河北省社会养老服务政策

河北省第七次全国人口普查结果显示，“60岁及以上人口占比为19.85%，65岁及以上人口占比为13.92%，比2010年分别上升6.85个百分点和5.68个百分点”，[①] “2015年河北省老年人口占比已经超过全国平均水平，预测到2025年河北省60周岁以上老年人口将突破2500万人，到2035年河北省老年人口占比将达到30%以上”。[②] 随着城市家庭的小型化和农村劳动力向城市转移，目前河北省50%左右的老年人处于“空巢”或留守状态，这一比例还将持续提高，社会养老服务体系压力持续增大，农村养老服务已经成为全社会高度关注的热点问题。在此背景下，河北省立足省情，先后出台一系列养老服务政策，应对不断增大的农村养老服务需求（见表6-3）。

表6-3 河北省农村养老服务政策一览表

时间	代表性政策	地方政府态度	政策执行状态	有关社会养老服务的表述
2014年	《河北省人民政府关于加快发展养老服务业的实施意见》	大力推进	根据各地情况贯彻执行	以居家为基础、社区为依托、机构为补充，功能较为完善、规模适度、适用性强且覆盖城乡的养老服务体系

① 河北省第七次全国人口普查公报（第一号）[EB/OL]. http://www.hetj.gov.cn/cms/preview/hetj/ztbd/hbqrp.

② 河北省政府新闻办.《河北省养老服务发展报告》新闻发布会[EB/OL]. http://www.mca.gov.cn/article/xw/dfdt/202010/20201000030025.shtml.

续表

时间	代表性政策	地方政府态度	政策执行状态	有关社会养老服务的表述
2017 年	《河北省人民政府办公厅关于全面放开养老服务市场提升养老服务质量的实施意见》	积极推进	认真贯彻执行	鼓励各地利用闲置的村集体土地、房屋、农村住房等场所，建设幸福院等养老互助设施
2019 年	《关于加快推进养老服务体系建设的实施意见》	积极推进	认真贯彻执行	促进农村互助幸福院提质增效
2021 年	《河北省养老服务条例》	积极推进	结合实际情况，贯彻执行	将养老服务发展纳入国民经济和社会发展规划，制定养老服务体系建设规划，健全养老服务政策体系

资料来源：笔者整理。

2017 年，河北省政府办公厅出台的《河北省人民政府办公厅关于全面放开养老服务市场提升养老服务质量的实施意见》强调，“加快公办养老机构改革，到 2020 年政府运营的养老床位总数的比例不超过 50%”。这意味着，河北省农村敬老院“公建公营”比例会大幅下降，“公建民营”机构和“民办公助”机构的比例会不断上升，社会力量会持续进入农村基本养老服务市场领域。此外，该文件还重点强调对农村特困群体的帮扶和政策倾斜，要求各类养老服务机构要为农村低收入老人、失能老人、残障老人和高龄老人等群体提供便捷、人性化的养老服务。截至 2019 年年底，河北省建成各类城镇社区日间照料设施（居家养老服务中心）2358 个，覆盖 67. 3%的城镇社区；农村互助幸福院 3. 1 万个，服务覆盖 70%以上行政村；养老机构共 1507 家，总床位 19. 8 万张，入住老年人 10. 2 万人。“截至 2019 年年底，全省共有 60 周岁及以上老年人口 1518. 39 万人，其中，65 周岁及以上老年人口 1017. 32 万人，床位供需存在极大差距。”① 从养老机构床位数来看，一方面，河北省农村养老机构床位数仍然不能满足日益增加的需求，农村养老基础设施供给严重不足，而且城乡差距较大；另一方

① 河北省政府新闻办．“河北省养老服务发展报告”新闻发布会文字实录［EB/OL］. http://info. hebei. gov. cn//eportal/ui? pageId = 6806152&articleKey = 6940813&columnId = 6807806.

面，大量农村互助幸福院及老年活动中心处于空置状态，造成床位资源和实施设备资源的严重浪费。究其原因，在于农村养老服务项目的提供缺乏针对性且不能保证服务质量，农村老年人对机构养老或社区养老的利用程度不足。未来一段时期，河北省仍需要加强对农村老年人养老观念和养老方式的引导，着力解决农村老年人照料资源短缺问题和利用不足问题。

2. 辽宁省社会化养老服务发展

早在 2010 年第六次全国人口普查数据就显示辽宁省老龄化程度已经位居全国第四，“第七次全国人口普查数据显示，60 岁及以上人口高达 1095.4 万人，占 25.72%，其中，65 岁及以上人口为 741.7 万人，占 17.42%。60 岁及以上人口的比重上升 10.29 个百分点，65 岁及以上人口的比重上升 7.11 个百分点”。[①] 随着辽宁省老龄化态势愈加严峻、养老服务矛盾日益尖锐，自 2003 年实施的“东北振兴战略”为东北振兴与养老服务产业的高速发展创造了良好的政策环境和发展的契机，辽宁省各级政府也在不断探索适合省情的养老服务模式，着力推行城乡养老服务均等化，统筹城乡养老服务政策（见表 6-4）。

表 6-4　辽宁省农村养老服务政策一览表

发展阶段	时间段	政策目标	地方政府态度	代表性政策
基本救助阶段	1949—1978 年	救助孤老	逐渐重视	“五保户”试点
萌芽发展阶段	1979—1997 年	养老服务法制化	比较重视	1988 年《辽宁省农村供养五保户暂行办法》
规范化和社会化阶段	1998—2011 年	养老服务机构规范化、社会福利社会化	大力推进	2004 年《关于加快养老产业发展的意见》
全面发展阶段	2012 年至今	发展养老服务业，建立健全农村养老服务体系	积极推进	2014 年《关于加快发展养老服务业的实施意见》

资料来源：笔者整理。

① 辽宁省统计局．辽宁省第七次全国人口普查公报［1］（第四号）［EB/OL］．http：//tjj.ln.gov.cn/tjsj/tjgb/rkpcgb/202105/t20210530_4139312.html.

中华人民共和国成立后，辽宁省在中央政策指示下开始农村“五保户”制度试点，之后在全省铺开。自中华人民共和国成立至改革开放前，辽宁省农村养老服务高度依赖家庭和集体，在“五保供养”制度实施之后，逐步确立了以农村集体经济为依托的，农户自我养老为主的养老模式。改革开放后，辽宁省推行家庭联产承包责任制，乡镇企业取得较大发展，“五保”经费由农户、乡（镇）和村企业按比例分担，但这种分担模式与乡镇企业经营状况相挂钩，存在极大的不稳定性。1988 年 7 月，辽宁省政府颁布《辽宁省农村供养五保户暂行办法》，辽宁省农村养老工作走向法制化道路。随着农村集体经济进一步发展，辽宁省农村养老水平先后经历了温饱型到康乐型的过渡，也逐渐建立起乡、村多层次养老供养体系。自 21 世纪以来，辽宁省人口老龄化趋势加快，为应对农村养老服务带来的巨大压力，辽宁省先后颁布《关于加快发展养老服务业的实施意见》《辽宁省老年人权益保障条例》等法律法规，结合中央对工业基地振兴战略，加强各类政策引导。辽宁省相继颁布的一系列农村养老服务相关政策法规直指农村养老保障建设，旨在实现农村养老保障制度的进一步完善，构建以居家为基础、社区为依托、社会福利机构为载体的城乡老年人社会养老服务体系，切实保障老年人权益。随着人们对社会福利事业的重视，政府在养老服务供给过程中，也逐渐意识到自身的责任，开始积极回应社会对老年人的福利需求，致力为社会公众提供公平高效的社会福祉。目前，辽宁省逐渐形成较为全面的养老服务政策体系，通过引导养老服务生产和供给的社会化实现服务质量的提升和效率的提高，并在此基础上，逐步实现农村养老服务资源协同供给，切实强化农村老年人幸福感和获得感。

3. 江苏省“三级养老服务”网络构建

江苏省是全国较早进入人口老龄化的省份之一，“第七次全国人口普查数据显示，江苏省 60 岁及以上人口为 26402 万人，占 18. 70%。65 岁及以上人口为 19064 万人，占 13. 50%，比 2010 年上升 5. 44 个百分点，老龄化程度持续加深”。① 近年来，江苏省针对农村养老服务体系短板，逐步构建县、乡、村“三级养老服务”网络，根据“十四五”规划中有关构建县、乡、村“三级养老服务”网络的要求，我国各地在现有养老服务基础上，陆续出台建立县、乡、村“三级养老服务”网络的政策文件，尝试探索建立与本地相适应的养老服务体系。江苏省先后出台《江苏省“十三五”养老服务业发展规划》《关于全面放开养老服务市场提升养老服务质量的实施意见》《关于进一步推进养老服务高质量发展的实施意见》等政策文件，不断完善农村养老服务法律基础和顶层设计，持续在农村养老服务各个领域发力，逐渐形成了具有江苏特色的农村养老服务政策体系。2017 年 11 月，江苏省印发《江苏省“乡村振兴”计划实施规划（2018—2022 年）》，2021 年印发《江苏省“十四五”现代服务业发展规划》，以此推动优质养老资源向农村地区倾斜，探索在农村地区推进医养结合以全面提升农村养老服务质量。不同时期江苏省农村养老服务政策目标侧重点不同，顺应江苏省人口老龄化发展需求并与国家养老服务政策发展趋势相呼应（见表 6-5）。

表 6-5　江苏省农村养老服务政策一览表

时间	代表性政策	政策目标	政策执行状态	有关“三级养老服务”表述
2014 年	《江苏省“十三五”养老服务业发展规划》	夯实农村养老服务基础、持续推进农村养老服务体系建设	根据各地情况，贯彻执行	大力发展各种类型的养老服务和产品，满足多层次、多样化的养老服务需求，进一步健全具有江苏特色的养老服务体系
2017 年	《江苏省“乡村振兴”计划实施规划（2018—2022 年）》	城乡养老服务发展共建共享	认真贯彻执行	实施农村养老服务能力提升工程，推动城市优质养老服务资源要素向农村覆盖延伸，实现城乡养老服务发展共建共享

① 辽宁省统计局．江苏省第七次全国人口普查公报（第一号）[EB/OL]. http：//www. jiangsu. gov. cn/art/2021/5/18/art_ 34151_ 9817846. html.

续表

时间	代表性政策	政策目标	政策执行状态	有关“三级养老服务”表述
2021 年	《江苏省“十四五”养老服务发展规划》	全面构建居家社区机构相协调、医养康养相结合的养老服务体系	认真贯彻执行	坚持问题导向和需求导向相结合，全面构建居家社区机构相协调、医养康养相结合的养老服务体系，显著提升广大老年人的获得感、幸福感和满意度

资料来源：笔者整理。

目前，江苏省已率先在全省范围内实施构建县、乡、村“三级养老服务”网络，打造县、乡、村三级衔接互通、功能互补的农村养老服务体系，养老服务供给水平在全国范围内领先，取得了一些值得借鉴的经验。提高县级特困供养服务机构失能照护服务能力，拓展乡镇敬老院的养老服务中心功能，发挥村级互助养老服务设施前沿阵地作用是“十四五”规划实现建立城乡融合发展的基本养老服务制度目标的具体要求。为了进一步完善政策体系，为农村养老服务打造坚实的制度基础，江苏省委连续出台“‘三农’一号文件”，推进“三农”工作重点任务的落实工作。在县级政府层面，注重打破县乡养老服务界限，发挥县域内养老服务资源优势，实行特困失能老人集中供养，提供“兜底”保障。江苏省自 2013 年起全面实施农村特困供养机构“三有、三能、六达标”工程，其中，“三有”指的是每个老人的房间有空调、有电视、有保温降温设备；“三能”指老人不出院能洗澡、能看病、能康复娱乐；“六达标”指敬老院的消防、安全卫生、老人的供养标准、管理服务人员配比、管理服务人员工资、待遇水平能够达到国家相应标准。在此基础上，基本实现农村敬老院生活照护、医疗保健、精神慰藉、安全支撑及社会参与等功能发挥，聚焦农村失能、半失能老年人长期照护需求。此外，农村老年人口较集中的涉农县（市、区），政府以当地一所敬老院或社会福利院为失能失智特困老年人集中照料服务场所，与乡镇医院联合提供医养结合服务。在村级层面，处于养老服务网络边缘的农村地区通过建立村级养老服务站点作为补充，以这些养老服务站点为阵地向外延伸拓展。此类养老服务站点多利用本村资源为村内老人提供服务和娱乐场所，经费依靠财政补贴。在此基础上，江苏省各地立足实际情况，创新农村养老服务模式，开展互助养老。例如，苏北互助养老的“农村养老幸福院”、苏南探索建设农村地区低龄助高龄的养老志愿服务体系——“时间银行”等。

江苏省建立的县、乡、村“三级养老服务”网络涵盖地方养老服务的各个领域和层次，是具有显著的江苏特色的地方养老服务体系。但当前县、乡、村“三级养老服务”网络的构建还主要依赖于政府财政资金的支持，尤其是针对特困人员的供养问题，需要提供坚实的经济保障。也有研究指出，江苏省养老服务政策以环境型工具和需求型工具为主，75.1%的政策用以满足老年人的生理及安全需求，其他层次的需求关注度和满足度不足，养老政策工具使用力度随需求层次升高而减小，难以应对日益多样化的社会养老问题。① 目前，江苏省正在不断完善养老服务政策需求型工具功能，满足老年人日益广泛、复杂的养老服务需求，同时逐步引导社会力量参与农村养老服务发展与基层养老机构的改革，充分利用和整合政府公共养老资源、社会养老资源和个体及家庭养老资源。此外，乡村基层养老服务的开展，基层互助养老的实施，为农村养老服务“最后一公里”问题的解决提供有效路径。江苏省通过引导、鼓励、支持农村互助式养老的开展，支撑起广大农村老年人村内养老的天伦之乐。

（三）农村养老服务政策发展趋势与现存问题

经过70余年的发展，“中国养老服务政策初步形成了具有统筹规划的顶层设计，并逐渐向法律保障、民间融资、建设标准、劳动力培训、试点评估等方面辐射，形成以政府为主体、社会力量为补充、家庭为支撑，充分发挥市场资源配置优势且全面开放、融合发展的治理框架格局”。② 目前，我国农村养老政策体系逐步完善，已由最初主要针对困难老人、烈士遗属等少数特殊群体的保障政策措施，逐步演化为针对农村社区居家、农

---

① 朱笑笑，钱爱兵．基于内容分析法的江苏省养老服务政策分析［J］．医学与社会，2019，32（8）：100-103，107.

② 韩烨，付佳平．中国养老服务政策供给：演进历程、治理框架、未来方向［J］．兰州学刊，2020（9）：187-198.

村机构养老、农村医养结合、农村互助养老等多层面的政策体系。农村养老服务政策领域政策主体逐步由一元走向多元，治理网络和治理机制逐步形成，多元主体参与机制逐步形成。尤其是党的十八大以后，我国养老服务政策密集调整，围绕农村养老服务问题的各类政策文件不断出台，[①] 在此发展趋势中，我国农村养老服务政策的顶层设计不断完善，政策覆盖范围不断扩大、政策目标不断聚焦和精准、政策效能也逐步优化。我国养老服务政策虽然已逐步形成完善的政策体系，但是从整体上来看在政策设计和政策执行过程中仍存在不少问题，养老政策工具性目标仍未完全实现，突出表现在："基本政策工具的应用存在结构性失调、政策工具的有效性没有得到充分体现、养老服务政策的系统性仍不完善、虽然政策的回应性较强但整体合理性水平不高、治理结构不合理造成政策执行效率不高"[②③④] 等方面。养老服务政策是我国社会养老制度体系的重要基础，也是政府调整顶层设计，以解决日趋复杂养老问题的重要工具。未来，我国农村养老服务政策体系需系统发展，应更加突出政策的针对性和精准性，全面细化政策内容，发挥政策工具的预期效果；同时加强各治理主体之间的合作与信息共享，健全养老服务质量评估和需求评估体系，完善农村照护人才培养体系等。

三、农村养老服务供给类别与主要模式

当前农村高龄老人、"空巢老人"不断增加，统筹推进农村养老服务体系建设迫在眉睫，各地农村地区对不同养老服务模式进行了实践和探索，在中国传统文化的基础上形成了社区养老、家庭养老、互助养老等与

---

① 民政部．近年来我国农村养老服务政策脉络［EB/OL］. http：//www. mca. gov. cn/article/xw/mtbd/202011/20201100030562. shtml.

② 姚俊，张丽．政策工具视角下中国养老服务政策文本量化研究［J］. 现代经济探讨，2018（12）：33-39.

③ 张丽，姚俊．中国养老服务政策的量化评价［J］. 现代经济探讨，2020（12）：33-38.

④ 汪泳，刘桂华．政策网络治理视域下我国政府养老服务政策内容分析及优化［J］. 理论探讨，2019（4）：171-176.

城市不同的特色模式。

（一）传统家庭养老模式

中国自古以来的宗族制度、小农经济和儒家孝道文化成为传统家庭养老运行的基石和其赖以存在的保证。受传统思想及宗法制度约束，传统家庭养老过程中，老年人所需一切生活照料均可自子女处获得，而子女和儿媳等一般不会违背传统，推卸养老职责。儿孙绕膝以及共同居住、其乐融融的状态也能够满足老年人的精神需求。但是，随着工业社会土地养老功能不断弱化，大量农村劳动力外流，家庭的养老功能逐步弱化，传统农村养老服务逐渐失去家庭人力资本基础和以土地为核心的经济基础。[①] 中华人民共和国成立后，相关的国家政策使老年人获得了基本的生活资源，集体主义在一定程度上分担了家庭养老的责任。改革开放后，重新成为农业生产组织单位之一的家庭再度担负起赡养老年人的经济、生活、精神和医疗等全方位职责。一方面，城市化推动了乡镇企业发展，提升了家庭养老的经济基础；另一方面，农村劳动力流失加速了农村老龄化，而提供养老资源的劳动力减少，家庭养老压力增加。传统敬老养老价值观念逐渐淡化，传统家庭养老不断受到现代文明的冲击。近年来，中共中央不断重提家风建设、弘扬优秀传统文化，这也成为传统家庭养老创新发展的文化土壤。在乡村振兴背景下，农村社会养老文化将获得新的时代内涵，在政府财政支持的背景下，家庭养老不仅仅表现出交易成本低，有时也逐渐成为一种合理有效的制度安排，在未来农村社会养老发展过程中，也必将持续发挥作用。

（二）农村居家养老服务模式

“居家养老”实际上是“居家养老”与“社区照料”二者的结合，既充分发挥家庭的核心作用，又能得到社区资源的支持。随着我国人口老龄化形式日益严峻，并且近九成老年人选择生活在自己家里，通过社区和专业的第三方养老服务机构为老年人提供的居家养老服务，结合家庭、社区

① 凌文豪，李文杰．农村老年人口长期照护问题研究［M］．中国社会科学出版社，2014.

和机构的多重优势，既满足老年人在家生活的愿望，又能够得到社区和基层政府的帮助。目前，我国农村地区的居家养老服务主要是在政府主导下，通过财政补贴或政府购买实现养老服务的供给，履行社会养老责任，服务对象相较于城市而言较为狭窄，主要针对贫困老人、“三无”老人等特殊群体，归为基层政府责任范畴。也有部分有偿服务形式，多以市场性或机构养老服务供给形式呈现，面向有支付能力的老年人提供服务。农村地区的市场性居家养老服务是服务对象个人或家庭根据需求在市场上选择所需服务进行购买的。目前农村地区“居家养老”经过不断实践，逐步形成金华“统分结合”、宁波“1+1+X”和江门的“政府+社会组织+社工+义工+志愿者”等较为典型的运行模式。这些模式在实践过程中，不仅呈现出社区主导的多元协同参与的特点，更能够充分利用养老资源，提高了养老服务质量，有利于多元主体的协同参与，优化整合养老服务资源。近年来，在互联网与传统服务业深度融合的战略背景下，信息技术嵌入养老服务为养老服务供需信息不对称、资源分配碎片化和管理部门分散化等难题提供了破解之道。例如，武汉市“互联网+”社区居家养老服务，推进建设医养结合养老服务体系、多层次长期照护体系。

（三）农村社区养老服务模式

社区养老主要是老年人在社区机构里接受养老服务，社区设立日间照料中心、长者照护之家、社区食堂等社区养护机构，能够满足社区内老年人日间照料、短期护理、日间餐饮、文化娱乐等养老服务需求，这些机构还具备对居家养老的服务支持。社区养老模式在城镇地区得到快速发展，但是在广大农村地区村镇的集中照料场所较少，而且利用率不高。农村地区经济发展水平不高，多数老年人无法承担市场性的养老服务项目，村集体经济水平也不具备提供免费照料服务的能力。“熟人社会”的农村社区，紧密的亲缘关系和地缘关系基础上的社会网络基本可以解决老年人大部分生活问题。相较于日间照料中心、养老院等，社区老年活动中心更为普遍，此类活动中心运营建设资金依赖于集体经济和政府补贴。活动中心多为学校废址、废旧厂房或村委办公场所改建，基本具备棋牌室、健身设备、图书室等，仅有部分地区能够实现对老年人心理和精神文化方面的慰藉和服务。此外，为满足老年人的医疗保健需求，农村养老服务活动中心也会和村医、乡镇卫生院等合作，为老年人提供医养结合服务。农村地区的社区养老服务主要依赖村的集合体实现可持续发展，为了确保服务质量和效率，必须吸纳多元主体协同参与服务供给，由政府进行指导、监督和评估，服务的内容和项目也根据服务对象表现出多层次的特征。

（四）农村机构养老服务模式

目前，农村机构养老主要包括两类服务：政府主导的养老服务和市场性的养老服务。农村机构养老服务模式主要是指农村老年人通过付费、低付费或免费的形式，在基层政府兴办的养老院、护理院或敬老院等机构中接受照顾服务。其中，重点针对农村贫困老人、“三无”老人等群体，有专门的政策支持和服务倾斜。机构养老作为养老服务体系中最具专业水平、示范效应、社会影响、需求潜力的内容，为解决农村养老服务供需结构冲突做出重要贡献。同时，机构养老服务通常与其他养老服务模式相结合，在提供服务的过程中，政府主导的养老服务模式主要面向“五保”“低保”“三无”等生活困难的社会弱势群体，以救助老人为主要职责，具有社会机构养老公益性和福利性。政府主导的养老服务模式下的养老机构，包括农村福利院、敬老院等，由政府直接投资建设和运营管理，服务对象享受免费养老服务。国家提供资本投资的优惠政策和经营补贴，允许养老机构采用市场化的运行机制，实行有偿服务方式，根据老年人的生理状况和需要，向服务对象收取一定费用。农村地区机构养老的主要载体是乡镇养老院，只能提供低水平的养老保障，服务对象多面向农村特困老年人、社会低收入群体、高龄老年人、独居老年人、残疾失能和半失能农村老年人。例如，河南太康充分尊重农村老年人的照护需求，利用闲置资源，动员挖掘社区力量，加强政府引导监管，建立“集中供养、居村联养、社会托养、亲情赡养、邻里助养在内的‘五养’集中照护模式”。[①] 长期以来，机构养老一直被视为一种现代养老模式，具有专职护理人员和配

---

① 王毅．实施“乐龄陪伴”提升农村养老服务水平［J］．中国社会工作，2021（29）：1.

套养老设施，其专业水平高于其他服务模式。公办养老机构由于入住费用不高、设施设备较为完善、综合条件较优越，造成需求人数较多及养老机构申请入住较难。与此相对应的是，商业化的高配置的养老机构，由于其入住门槛较高，也只能让部分高收入老年人享受到其服务。

（五）农村互助养老服务模式

中国自古就有互助传统，无论是孝道文化还是互助精神，都为农村互助养老奠定了思想文化基础。自中华人民共和国成立以后，农村互助养老在我国经历了从传统的“宗亲互助养老”到社会主义集体经济条件下的“集体互助养老”，再到社会主义市场经济条件下“社会互助养老”的变化过程。由于村庄在较长时间内形成“熟人社会”，人们相互熟悉、帮助和扶持，农村互助养老是实践过程中我国最为常见的养老模式，其显著的特征就是地缘性和亲缘性。所谓“农村互助养老”，是指在我国农村地区自发产生的在充分挖掘农村老人及其他资源的基础上建立起一种准社会化的养老模式。也就是在“熟人社会”的农村进行家族之间、邻里之间的生活照料、精神慰藉等多方面互助实践活动。农村老年人大致可分为三类：第一类是低龄老年人，他们多具备自理能力，身体较为健康且暂时无须享受养老资源；第二类是高龄但具备自理能力的老年人，可以依法享受养老资源，照顾好自己的同时可以利用闲暇时间帮助一些更需要照顾的老人；第三类是高龄且不具备自理能力的老年人，可以获得相应的养老服务资源，满足自身的照护需求。

农村互助养老服务的发展是以农村传统家庭照料弱化及老年人口激增却无人照料为背景的。处于转型时期的中国农村为实现传统与现代的协调，在借鉴国内外先进经验基础上，从中国实际国情出发，构建体现中国传统优秀文化的农村互助养老服务体系。在不断实践探索过程中，互助养老在不少发达与欠发达农村居家养老、机构养老中得到发展。发达地区养老院与养老服务中心基本形成较为稳定的状态，但欠发达地区以幸福互助院、老年活动中心为主的互助形态发展相对滞后，农村互助养老服务以低成本、广覆盖、可持续为目标，提供尽可能满足老年人医、食、住、精神慰藉及失能老人生活照料需求的养老服务。在“自助—互助”理念下，农村互助养老服务正打破家庭与社会的界限。更多老年人走出家庭，融入社会，自助助人，体会自我价值，提升自我效能，缓解精神情绪。与此同时，人口老龄化趋势日益严峻，人口预期寿命不断提高，作为一种重要的人力资源，健康老年人如何实现自力养老，减轻社会负担，提高生命质量，是农村互助养老服务对农村老年人力资源使用的一项有益探索。

（六）农村医养结合养老服务模式

我国“健康中国”战略和“十四五”健康老龄化规划都强调，要加大医养结合服务的高效供给，促进医疗卫生与养老服务深度结合，提供包括健康教育、预防保健、疾病诊治、康复护理、长期照护、安宁疗护等在内的老年健康服务。医养结合或医养融合成为近年来养老服务研究的重要领域和社会关注的热点，也是农村社会化养老体系的重要领域。① 但是，农村老年人与城市老年人对医养结合的需求并不一致，城乡之间医养结合资源供给状况也存在较大差异。农村医养结合型养老服务模式，被认为是“以为老年人提供健康照料服务为宗旨，以贯彻健康管理理念为目标，从传统诊疗模式向以慢性病管理、健康管理为重点的健康照护和医养结合，将现代医疗卫生与养老服务相结合的新型养老模式”② 转变。随着“乡村振兴”计划的全面推进，农村地区医养结合型养老服务模式迎来全新的发展契机，基层医院对农村养老支持、农村健康服务联动机制、农村医养结合人才培养、农村医养结合数字化建设等方面都在不断地完善和发展。农村医养结合积累了许多成功的探索经验，如增强新型农村合作医疗制度对医养结合的支持，发挥基层卫生院的辐射作用，探索在乡镇医疗卫生机构开展养老服务，鼓励养老机构与基层医院签订护理和康养服务协议，政府

① 李文杰．我国老年人长期照护研究热点与趋势——基于 Citespace 的可视化分析［J］．武汉理工大学学报（社会科学版），2017，30（2）：81-87.

② 郑吉友．“乡村振兴”计划下农村医养结合型养老服务体系研究［J］．广西社会科学，2021（11）：17-26.

与社会第三方合作开展连锁经营，智慧养老和远程医疗资源的嵌入等，[①] 多渠道探索建立优质的农村医养结合服务体系。但是，农村医养结合养老模式仍然存在医养资源整合层次低、康养机构数量不足、医疗护理资源短缺、精神保障发展严重不足、数字化水平低等问题，受医养结合层次低、资金缺乏、医护人员不足、老年人支付能力不足、社会力量参与不足等因素的制约，医养结合“治未病”的理念还没有真正实现。未来，农村医养结合模式的发展必须结合“乡村振兴”计划，因地制宜地制定医养结合中长期发展规划；利用互联网技术，建立农村老年人健康数字档案，创新医疗机构与养老机构深度合作方式。

四、农村养老服务体系建设的实践困境

虽然我国农村养老服务体系建设取得巨大成绩，但与广大农村老年人对美好生活的期待相比，还存在照护资源短缺、责任主体不清、家庭养老功能弱化、基层政府服务供给能力不足、城乡服务水平差距较大等诸多问题。

（一）农村养老服务政策落实困难

自党的十八大以来，国家出台了 400 余项与老龄化相关的配套政策措施。以 2013 年《中共中央关于全面深化改革若干重大问题的决定》所提出的“积极应对人口老龄化，加快建立社会养老服务体系和发展老年服务产业”为主轴，结合“积极老龄化”“健康老龄化”的政策导向，重点在推进老龄事业发展、加快养老服务体系建设、推动医养结合、探索长期护理保险等方面进行试水，对农村养老服务支持力度不断加大，显著提升了农村老年人的幸福感和获得感。我国城乡社会养老服务政策虽然形成完善的政策体系，但是政策设计和政策执行过程中仍存在不少问题，养老政策工具性目标仍未完全实现。基本政策工具在执行过程中存在结构性失调和

① 李玲，黎嘉辉．探索中国式农村医养结合［J］．中国农业大学学报（社会科学版），2021，38（4）：91-102.

偏差问题、政策工具的有效性没有得到充分体现、养老服务政策的系统性仍不完善、政策的回应性较强但整体合理性水平不高等问题。[①②] 虽然关于养老服务体系的政策和建议涵盖顶层设计、实施细节、具体内容，涉及服务、医养、文化、金融等多个方面，但在实施过程中，养老服务政策侧重宏观指导和规划，偏重于城市养老，而农村地区在政策实施过程中仍受目标认识、执行能力、执行条件等因素的制约，难以真正发挥政策效果，也不能完全实现政策目标。

（二）政府财政支持和倾斜不足

长期以来，我国社会福利城乡二元分割，政府对于养老服务建设的支持偏重于城市，公共财政支出主要倾向于城市。在城市养老服务供给上，政府角色经历了由垄断到责任收缩再到责任回归的过程，而在农村地区，服务供给以家庭为主，政府责任均是处于一种长期缺位状态，社会理论和市场主体参与程度仍然不高。养老服务社会化程度很低，政府责任严重缺位，农村养老服务制度建设滞后。政府对于农村地区养老服务的财政投入，仅仅体现在“五保户”等特殊困难老年人养老服务责任承担上。虽然老年人收入有了大幅提高，但相对于现在的养老消费水平而言依然是捉襟见肘。与城市收入水平相差巨大的农村地区，老年人收入水平则更低，在较短时间内实现以个人能力购买养老服务的可能性基本为零。此外，农村经济水平远远落后于城市，养老基础设施及公共资源不足，老年人经济负担能力不足。这些问题对于企业来说，意味着对农村养老服务的投入将面临更长的周期、更少的收益和更高的风险，从而导致多数企业缺乏养老服务的供给动力。而非营利社会组织多集中于城市，农村非营利组织发展不足，且农村养老服务体系建设规划严重滞后，农村养老服务的供给过程中很少有农村社会组织的身影。目前，新农合和城乡居民医疗保险的发展在一定程度上改善了农村老年人的生活状况，但二者依然面临显著的城乡差

① 姚俊，张丽．政策工具视角下中国养老服务政策文本量化研究［J］．现代经济探讨，2018（12）：33-39．

② 张丽，姚俊．中国养老服务政策的量化评价［J］．现代经济探讨，2020（12）：33-38．

异。显然，农村地区财政投入不足、经济活力过缓已经成为制约农村养老服务发展的关键因素。

（三）区域和城乡养老服务发展失衡

我国养老服务发展除了面临显著的城乡差异，还面临着区域间的发展不平衡的困境。养老服务资源的配置和递送与城乡发展水平、不同健康状况老年人口的地域分布及流动特征相关联。中国东部农村地区与西部农村地区老年人口健康状况、老年人口分布特征和流动性特征都不相同，东西部的养老服务资源布局与具体递送必然存有差异。[①] 农村养老服务发展的区域不平衡主要在于受地方经济发展水平、丰富资源配置、地方政府重视程度等因素限制，“中西部地区发展明显滞后于东部地区，农村养老服务发展滞后于城市”，[②] 优质资源集中于城市和东部地区，农村地区与中西部地区量少质低。长期“重城市，轻农村”的养老服务体系建设道路是城乡养老服务发展严重失衡原因所在。与城市相比，农村老龄化进程更快，失能化程度更高，照料压力更大，但城市却比农村占据了更多的养老资源。

就床位分布而言，《中国民政统计年鉴 2020》数据显示，从 2013 年以后，农村养老机构和床位数大幅减少，其中，养老机构数从 2012 年的 32787 家减少到 2019 年的 15932 家，减少了 5%，养老床位数则从高峰期 2013 年的 272.8 万张减少到 2019 年的 164.5 万张，减少了 39.7%。城市的养老机构自 2010 年以来一直处于快速扩张阶段，养老机构数从 2010 年的 8432 家增加到 2019 年的 18437 家，增长了 119%，床位数从 2010 年的 91.2 万张增加到 2019 年的 274.3 万张，增长了 201%；城市床位数在 2015 年首次超过农村，机构数也在 2018 年超过农村。[③] 除了数量上的失衡，农村养老服务供给质量也不尽如人意。从韩沛锟等的调查来看，“农村老年人

---

① 郭林．中国养老服务 70 年（1949—2019）：演变脉络、政策评估、未来思路［J］．社会保障评论，2019，3（3）：48-64.

② 青连斌．“十四五”时期养老服务的发展展望［A］．王延中．中国社会保障发展报告（2020）［C］．北京：社会科学文献出版社，2020.

③ 陈欣欣，陈燕凤，龚金泉，等．我国农村养老面临的挑战和养老服务存在的突出问题［J］．中国农业大学学报（社会科学版），2021，38（4）：64-77.

康复护理需求（24.23%），就医陪同、陪护需求（32.93%），心理咨询（聊天解闷）需求（30.08%）及健康教育服务需求（40.37%），附近配置情况分别为9.92%、11.99%、10.47%、16.31%，而实际利用情况分别只有4.17%、9.06%、6.61%、11.26%”。① 农村养老服务建设严重滞后，服务设施发展水平远低于城市，部分资源“有而不用”，资源闲置。与此同时，农村乡镇日间照料中心利用率偏低，居家养老医疗护理服务“用而不足”。

（四）农村养老服务供给质量不高

农村养老服务制度建设不完善、照护人力资源专业化水平较低，服务供给质量不高。高龄养老照护资源严重短缺，高龄养老照护难度大、风险高，对照护人员专业素质和责任心要求也高，农村照护人力资源非常稀缺，只能由低龄老年人或者儿女或其他子代负责照料。临终关怀极度短缺，老年心理疏导服务严重不足。私营养老机构往往需要被服务者及其家人缴纳高额服务费用，农村老年人无法承受。普通私营养老机构缺乏资源支持，规模较小，设施简陋，实现自身可持续经营尚且吃力，更无法满足老年人多元需求。已有农村养老服务设施设备陈旧落后，难以发挥其功用。目前，农村敬老院、幸福互助院等服务供给主体主要是公办的县镇敬老院，多为县级财政统筹，对其投入非常有限，设施设备落后，专业护理人员缺乏，精神与心理医生严重不足，甚至在硬件设备方面存在严重的安全隐患。有调查显示，农村养老机构的老年人对医养结合养老服务、精神慰藉服务、经济可负担性等方面的满意度评价较低。② 此外，农村养老服务社会资源整合力度不够，现存机构养老和社区居家养老功能欠缺，公共养老资源辐射范围有限，互助服务设施缺乏可持续发展条件，受多种因素

---

① 韩沛锟，程瑶瑶．农村养老服务：需求、政策实践与发展展望［J］．学习论坛，2021（2）：96-103.

② 徐倩，尹欣欣．基于医养结合的农村养老服务质量评价——以青岛市为例［J］．护理研究，2020，34（19）：3552-3556.

的影响农村养老服务的高质量发展仍比较缓慢。①

（五）农村地区医养深度融合不足

首先，现有的农村养老机构仅仅能保持收支平衡或获取微利，但根本无法承担内设医疗机构的资金和人力，也达不到我国卫生部门规定的一系列标准。现实中往往是农村敬老院与乡镇卫生院合作，由卫生院定期派医生进行诊疗。由于缺乏医疗机构人力、设施等医护资源，即便农村老年人接受一定医护服务，但因生活照料服务筹资机制尚未建立，费用报销也成问题。另一种医养结合模式是医疗机构与养老机构签约。其次，大多数情况下，医疗机构本身任务量并非处于缺乏状态，甚至在医疗机构任务量饱和状态下，二者的合作通常会出现养老机构“一头热”的情况。再次，居家养老的老人同样面临着医疗服务获取的困难，仅仅是出门看病都会给子女及自身带来很大不便，其对于上门医疗的需求更大。最后，由于尚未建立有效的长期护理保险，农村老年人养老资金依旧来源于新农村社会养老保险。有限的资金极大限制了农村老年人使用养老服务的能力。况且，目前农村医养结合并未形成统一的资金保障体系，农村医养结合的发展自建立之初一直依赖于政府支持。在经济发达地区尚可维持其发展，但在经济欠发达地区，巨大的资金缺口将造成农村地区长期护理保险建制及农村医养结合发展受到严重制约。此外，农村地区发展医养结合过于强调住院医疗护理，而忽视了医养资源有机整合与体制机制良性发展，医疗资源向社区和家庭延伸不够，而且长期护理保险在农村推广过程中尚未发挥预期的作用。

（六）农村社会养老服务成效欠佳

由于农村养老服务供给主体单一，政府、家庭、市场责任分担机制不合理，造成养老服务资源配置效率不高，社会化养老服务体系未能有效发挥作用。此外，农村养老服务发展规划可操作性不强。规划方案基本还是

---

① 宋川，周丽敏．人口老龄化趋势下农村养老服务的优化对策分析［J］．农业经济，2019（6）：70-72.

宏观的、原则性的，特别是针对农村复杂的老年人状况，还不能分类管理及精准施策，配套方案还不健全完善。另外，目前我国对农村现有养老服务资源的整合以及创新利用不足，新型养老资源未能与传统养老资源加以整合。在欠发达地区，对于社会养老服务存在更为显著的抵触态度，其中的主要原因在于欠发达地区农村居民对社会养老服务持较低的认知度和认可度。首先，欠发达地区农村老年人对于社会养老服务缺乏足够了解，往往将社会养老服务与政府行为相联系，认为服务由政府主管。欠发达地区的养老服务设施多安置在村委会办公场所，更容易让村民认为这是政府行为，是一种理所应当的服务。其次，多数居民认为家庭养老服务才是老年人选择养老的归宿，其他养老服务模式只是补充，且部分农村居民由于老年人社会服务项目与其作息、劳作时间冲突等原因无法参与，甚至项目结束后也无法获得物质回报而产生抵触态度。

五、农村养老服务体系发展及政策完善

“我国养老服务体系建设长期基于‘重城市、轻农村’的发展思路，各项养老服务资源优先向城市供给。”① 未来，我国应从“城乡分治”到“城乡统筹”，不断探索城乡养老保障均等化的路径选择。

（一）完善农村养老服务治理体系

在乡村振兴背景下，把握农村家庭养老新契机及其影响，完善农村家庭养老模式的发展路径，具有重要的现实意义。②“乡村振兴”计划为农村医养结合型养老服务的发展提供重要支撑，有助于化解老龄社会的健康治理风险，进一步发挥政府财税政策的杠杆作用，发挥多元供给主体的竞争

① 陆杰华，沙迪．新时代农村养老服务体系面临的突出问题、主要矛盾与战略路径［J］．新疆师范大学学报（哲学社会科学版），2019，40（2）：2，78-87.

② 陆杰华，郭芳慈，陈继华，等．新时代农村养老制度设计：历史脉络、现实困境与发展路径［J］．中国农业大学学报（社会科学版），2021，38（4）：113-122.

与合作效应，全面补齐农村医养结合型养老服务存在的短板。[①] 毋庸置疑，农村养老事业和养老产业的发展既是乡村振兴的重要一环，更是农村走向更加富裕的重要前提保障。当然，也应跳出“农村”看“农村养老”，发展农村社会养老服务体系应与“乡村振兴”计划、“健康中国”战略、区域发展战略及其他国家战略耦合。进入新时代之后，做好农村养老制度设计事关乡村振兴的大局，事关我国社会经济可持续发展的全局。为此，农村养老制度设计要把握好这一历史机遇，既要谋划好眼前的老龄工作，又要统筹好适应农村老龄社会发展的各项工作，确保经济社会的平稳发展。政府发挥管理者角色作用，重塑各方利益关系网络，形成各方高效参与机制，提高养老服务各项政策的执行效率。[②] 基层党委政府要将应对人口老龄化国家战略纳入重要议事日程，形成“党委领导、政府主责、社会参与”的工作格局，系统化地出台养老政策，压实牵头部门责任。将养老服务政策落实情况纳入政府年度绩效考核范围以推动各项养老服务政策的有效落实。

（二）加大投入以改善供求关系

首先，增加农村养老投入。高质量发展进程中的农村养老服务体系应通过增加人力、物力的投入，着力解决发展不平衡、不充分问题。好的养老服务不会凭空产生，这就需要农村养老重视“经费关”。养老设施建设的运营资金不易筹集，农村老人可用于养老的资金也并不充裕，扩大农村养老服务的覆盖面，让农村养老可持续发展，需要从供需两端入手，双管齐下。就供给方面而言，民政部本级和地方各级政府应合理分配社会福利事业的彩票公益金，提升支出比例，向农村养老服务事业发展倾斜；探索取消养老机构设立和经营门槛，采取灵活的奖补方式和合作方式，引导社会资本参与养老服务基础设施建设。通过明确土地使用、税费减免、金融

---

① 郑吉友．“乡村振兴”计划下农村医养结合型养老服务体系研究［J］．广西社会科学，2021（11）：17-26.

② 汪泳，刘桂华．政策网络治理视域下我国政府养老服务政策内容分析及优化［J］．理论探讨，2019（4）：171-176.

支持、荣誉奖励等方面的措施，确保政府、社会、机构、家庭等所有对养老承担法律责任、道德责任、社会责任的主体积极参与进来，保障资金多元供给。就需求方面而言，还应千方百计提高农村老人的收入水平，加快实现基本养老保险全国统筹，积极探索通过土地的使用权、收益权增加农民财产性收入。此外，对外资参与的养老服务建设活动给予同等待遇，积极吸引域外资本合法合规参与农村养老服务事业。

其次，提升家庭综合发展能力。从收入、观念、照料技能等方面增强家庭养老能力。提高农村居民的人均收入，进而增强农民社会保险缴费和积累，以增强农村社会保险的覆盖面和保障力度。根据地方经济社会发展，不断提升农村老年人的高龄补贴、护理补贴金额，并扩大政府救助范围和减免范围，从收支两个方面改善农村家庭的经济负担能力。既要加强法律法规，还要弘扬有效传统问题，以增强对家庭养老的支持。破除“养儿防老”“故居难离”“要面子”等传统观念，引导老年人逐渐接受养老服务新观念、新模式。在农村地区发展互助养老，鼓励低龄老年人加入照护行列，签订“邻里互助公约”，形成“邻里守望”的互助养老文化。

此外，以土地经营权抵押，发展补充养老保险。为了进一步改善农村老人的养老困境，部分地区开始在一些试点农村推行“以地养老”的新模式，“以地养老”就是农民通过退出宅基地或责任田，以此获得政府一定的经济补偿，一般政府都会以高于当地土地市场交易的价格给农民以补偿，这项政策能够使农民将手中的土地和宅基地变现，从而获得现金补偿，从一定程度上确实能帮助广大农民解决目前的养老困境。

（三）提升农村养老资源配置效率

面对养老服务城乡失衡、区域失衡的短板，需要破解养老体系城乡二元结构，实行“全国一盘棋”综合性政策，让养老服务资源分配更加均衡。

首先，完善养老服务供给方式，优化政府、家庭、市场责任分摊机制。随着政府购买逐渐成为养老服务供给的主要方式，基层政府可以通过政府购买服务的方式，引导多元主体参与农村养老服务供给。① 引入现代心理科学服务，定期聘请心理辅导师到农村开展老年心理干预和精神慰藉。其次，根据老年人的需求顺序来安排资源和服务的对接，合理配置养老服务资源。着力发展质优价廉、方便可及、“接地气”的农村养老机构，提倡和鼓励民间资本、爱心人士和社会组织举办面向农村老年人的小型微型和家庭式养老机构。考虑农村特殊老年群体的情况，政府应支持建设和改造一批农村公共养老机构，优先解决这部分群体的养老入住问题。最后，设计养老服务资源共享机制，深度挖掘和充分利用养老资源。政府及其有关部门应在土地、资本和其他方面提供更多支持，并鼓励民间资本、爱心人士和民间组织面向农村地区的老年人成立此类养老机构，就近就便为农村老年人提供入住服务。政府主导推动小微型和家庭式养老机构的发展，一方面，可以为解决农村留守妇女、贫困户等剩余劳动力的就业问题创造机会；另一方面，让老人在熟悉的生活环境内接受熟人照料，契合农村“熟人社会”。

（四）提升农村养老服务质量

农村养老服务高质量发展是“乡村振兴”计划的题中之意，实现农村养老服务高质量供给必然涉及多元主体的群策群力、共同参与。“乡村振兴”计划能够影响农村养老服务体系建设的内外环境，促进养老服务供给体系的完善。② “乡村振兴”计划为农村养老服务高质量发展提供外部的人、财、物的支持，同时为影响养老服务体系内部环境建设，促进养老服务资源高效分配，增进农村社区发展“智慧养老”提供内生动力。

首先，增强对农村家庭养老服务的支持，提升家庭养老服务供给质量。家庭照料仍是当前农村地区养老服务的主要形式，照料者主要是成年子女，因为缺乏专业的护理技巧，使老年人得不到高质量的照护服务。提升家庭照护者的专业能力，能够直接提升家庭养老服务的供给质量，对

① 李文杰．政府购买养老服务中的老年人参与问题研究［D］．上海：华东师范大学，2018.

② 张志元．“乡村振兴”计划下农村养老服务高质量发展研究［J］．广西社会科学，2021（11）：1-7.

此，基层政府或专业机构应该多渠道对家庭照护者提供支持，如专业技巧培训、护理知识普及、开展喘息照料等。

其次，突出农村基本养老服务供给侧的改革，不断完善政府基本养老公共服务供给制度和供给体系，增进农村老年人享受高质量的养老服务。盘活农村已有的土地、人员等存量资源，积极配套资金、照护人才、专业技术等外部资源，增量与存量并重。大力发展医养结合养老服务模式，引导城市优质医疗资源向农村地区倾斜或共享，完善农村家庭医生签约制度，增强基层医院对居家照护的支持力度。① 探索建立“农村巡回医疗制度”，解决农村地区发展医养结合养老服务过程中的医护人员不足、设备落后、康养技术落后等问题，如移动 CT 设备、多功能医疗车等既能服务农村偏远区域，还能用于疫情防控紧急调配。此外，还应建立与“农村巡回医疗制度”相配套的医疗保险报销、健康档案管理等制度，保障城市优质医疗资源能够得到充分利用和共享。

最后，引导市场力量参与农村养老服务供给，促进养老服务内容多样化，供给高效。调动社会力量参与农村养老服务供给，实现政府部门、第三方部门、工商企业和个人等参与主体的多元化，在政府主导下形成服务供给合力，提升农村养老服务质量。

（五）探索“农村智慧医养结合”养老模式

发展“农村智慧医养结合”养老模式，促进农村医养结合体系深度融合，消除农村养老服务“数字鸿沟”，成为互联网时代农村地区应对人口老龄化的重要举措。为此，应从三个层次推动：

首先，解决老年人“数字鸿沟”是实现“农村智慧医养结合”的前提和基础。尤其是新冠肺炎疫情暴发以后，帮助农村老年人利用智能手机参与抗击疫情中，利用智慧养老设施设备，成为社会关注的热点。② 充分把

---

① 李文杰，李俊利．农村家庭医生签约服务制度的建构与完善——《“家庭医生”来了吗——农村社区医生和居民契约服务关系研究》评介［J］．辽东学院学报（社会科学版），2021，23（4）：138-140.

② 王菲．新媒体环境下老年人的数字鸿沟研究热点与趋势——基于中国知网的文献述评［J］．新媒体研究，2021，7（7）：1-5.

握和利用“互联网+”的数字化时代机遇，重视治理整体化以及治理全球化趋势，基于信息时代和智能时代背景发展农村养老服务体系。消除养老服务“数字鸿沟”与发展农村智慧养老应是一体的，政府应加强农村智慧养老模式的顶层设计，打造互联网养老服务平台、培育智慧养老服务供应商、发展并普及养老智能终端设备，为广大农村老年人提供有针对性的产品和服务，以多元化、个性化、人性化的服务提升老年人参与度、获得感和幸福感。充分利用新媒体平台（如微信、微博、抖音等）扩大农村养老服务受众和影响面。建设农村“智慧养老服务社区”，打造智慧化养老服务体系，加速推进智能设备的适老化服务，解决在运用智能技术方面遇到的难题，多措并举帮助文化知识水平较低的农村老年人跨越“数字鸿沟”。

其次，深入推动农村地区智慧养老社区建设是实现“农村智慧医养结合”的平台和载体。相对于城市社区居家养老服务体系而言，农村地区养老社区智能化水平不足，但正是存在大量空白，使农村智慧养老具有高可塑性。农村地区发展智慧养老应在政府的主导下，引入投资、搭建平台、培育团队、精细服务、强化监管，形成政府、社会力量、老年人等多主体共参与建设和治理的格局，推动农村社区养老信息的数字化、智能化，推动农村社区养老项目的品牌化、专业化。当然，农村智慧养老的建设也离不开已有的传统养老模式，互联网技术与乡土人情相结合，保障农村老年人能在自己熟悉的方式下接受养老服务，不断提升农村老年人的获得感和幸福感。

最后，利用互联网技术创新基层医疗机构与养老机构的合作方式，是实现“农村智慧医养结合”的主要路径。在政府主导下整合社会力量建设智慧医养结合平台，基于此综合性平台能够实现对农村老年人医养服务个性需求和共性需求的评估、养老护理人员与医护人员的整合、服务内容和递送过程的设计、医疗保险及长期护理保险报销等内容，实现“农村智慧医养结合”平台界面适老化、服务模式多样化、服务内容乡土化。此外，还应重视构建农村多主体、多层次的医养结合服务联动机制，整合农村家庭照料人员、专业机构护理人员、基层卫生院医护人员等人力资源，提升医养服务人员和老年人自身的数字素养，更好地利用数字信息系统实现智慧医养结合服务。

（六）优化农村养老服务环境

中华文明创造了具有中国特色的养老服务价值体系和行为逻辑，应该延续中华民族敬老的优良传统，在文化自信建设过程中不断优化农村养老服务体系。

首先，加强农村文化环境建设与文化伦理资源开发。“离开村庄建设谈农村互助养老等于缘木求鱼。”① 农村养老离不开养老文化建设，进一步倡导中华文明优秀传统养老文化，传承千年的孝顺敬亲、代际和谐、邻里互助等文化伦理资源。养老服务供给与传统文化相契合，发挥文化传统优势，对家庭养老方式选择和精神保障施加影响，进而提升服务的人文性和精神保障内涵。② 强化家庭尊老敬老、代际互助等传统文化，强调家庭赡养和支持的法律责任和伦理责任；探索发展农村社区老伙伴计划、邻里互助养老等睦邻文化；引导农村乡贤带动的氏族和社群文化，探索新型的乡贤带动养老模式和养老环境氛围，调动民间精英参与养老。

其次，健全空巢老年人关爱服务体系。党的十九大报告明确提出，要“健全老年人关爱服务体系”。2017 年，我国民政部等 9 个部门联合印发的《关于加强农村留守老年人关爱服务工作的意见》（民发〔2017〕193 号）、2019 年民政部印发的《关于进一步做好贫困地区农村留守老年人关爱服务工作的通知》（民办发〔2019〕31 号）以及 2020 年印发的《社会救助兜底脱贫行动方案》都明确规定农村留守老年人、特困老人养老关爱体系的责任目标和实施路径，各省也陆续制定农村留守老年人关爱服务的专项政策文件或实施细则，初步形成了配套完善的政策体系。在精准聚焦关爱对象、健全完善巡访措施、及时干预风险、拓展关爱服务内容以及加快信息管理系统建设和应用等方面做出明确部署。③ 由于家庭成员越来越无法承

---

① 贺雪峰．当前乡村建设重在“保底”［J］．理论与当代，2017（1）：50-51.

② 郭林．中国养老服务 70 年（1949—2019）：演变脉络、政策评估、未来思路［J］．社会保障评论，2019，3（3）：48-64.

③ 民政部．民政部对“关于进一步完善农村养老服务体系的建议”的答复［EB/OL］．http://xxgk.mca.gov.cn：8011/gdnps/pc/content.jsp？id=15413&mtype=4.

担“空巢老人”的日常照料、医疗和精神慰藉的负担，需要社区牵头提供留守老年人关爱服务，满足农村“留守老人”“空巢老人”的日常生活、健康咨询和精神慰藉等服务需求。建立健全农村社区关爱支持体系，成为农村养老服务体系发展的重要任务。

最后，重视农村养老服务硬件环境建设。结合“健康中国”战略，在农村地区进行适老化改造，以村为单位配置老年康养设施设备，增加运动健身设备，促进低龄老年人健康老龄化。

第七章 构建城乡统一的社会养老服务体系

随着我国快速步入老龄化社会，养老服务需求也在不断发生变化，而在养老服务业快速发展的今天，如何应对日益明显的变化趋势，为不断增长的老年人口提供更高质量、更人性化的养老服务，成为养老保障和相关服务供给以及有关政策设计的一大考验。如上文所述，随着人口老龄化程度的进一步加深，我国养老服务体系建设也面临着一系列问题与挑战，如养老服务制度体系不健全，服务供给乏力，内容单一、层次较低，服务资源分布不均衡，且城乡之间差距较大等问题突出。其中最为突出的问题是，受可支配收入水平、基础设施等经济条件的制约，养老服务供给在城乡之间存在较大差异。目前，养老服务已然在城市获得了社会和老年群体的支持，但在广大农村地区，仍旧以家庭养老和互助养老两种相对传统古老的养老方式为主。为此，基于基本公共服务均等化的视角，有学者提出基本养老服务均等化的概念，强调城乡、各区域、不同老年人机会均等、公平可及地享受数量和质量相当而非完全相等的基本养老服务。更有学者明确提出，基本养老服务均等化是实现老年人公平共享发展成果、促进社会公平正义的重要举措。[①] 实现基本养老服务的均等化供给并非仅仅是概念界定上、供给理念上的转变，而是构建一套城乡统一的社会养老服务体系，以确保农村人口与城镇人口在年老后共享社会发展成果，享受到基本均等的养老服务，安度晚年。

我国是一个“未富先老”的国家，老年人口基数大、老龄化速度快等

① 龙玉其. 基本养老服务均等化的实践演进及其逻辑规律 [J]. 兰州学刊，2020（9）：199-208.

客观现象大大增加了社会养老服务体系建设的难度。此外，我国社会养老服务体系建设起步时间较晚，这不仅要求我国争分夺秒“跑赢老龄化”，不断加快建设社会养老服务体系的进程，而且迎来了体系建设上的诸多困难。许多发达国家是在“未老先富”、社会经济进入转型、矛盾突发期之前就已经建立起较为完善的包括社会养老服务体系在内的一整套社会保障体制，通过完善的社会保障体制有效化解各种各样的社会经济矛盾，这些国家的经验和教训都值得我国高度重视并引以为鉴。长期以来，我国的许多社会保障制度建设存在诸多弊端，这些弊端具体表现为城乡分离、地域分割、人群分隔等引起的待遇享受的差异化。虽然这种制度改革具有中国特色，在某种程度上也比较符合我国的一些实际情况，但确实引发了许多问题和矛盾。首先，这种改革导致了城乡居民之间、不同地域居民之间、不同人群之间参加不同的社会保障制度，无论是在缴费上还是在享受待遇上都存在较大的差异，显然这种制度安排最终会导致群体间的不公平；其次，这种改革对未来的制度统一造成了极大的负面影响，导致保障制度的最终统一成本增大、难度加强。在城乡分离、地域分割、人群分隔问题中，当前在我国最有条件也是能够最先实现的目标是城乡统一。地域统一、人群统一还面临着诸多障碍，如我国现行的“分灶吃饭”的公共财政体制问题、各地之间相互分割的管理体制等，这些障碍又一时难以解决，而“城乡统一”基本上不会遇到这些障碍。所以，先从“城乡统一”开始，然后再逐步解决“地域分割、人群分隔”问题，这种思路比较符合我国国情，也具有较强的可行性。

一、构建城乡统一的社会养老服务体系的现实基础

以共享发展理念为引领，以社会公平正义为核心，以保障人民福祉为宗旨，构建城乡统一的社会养老服务体系，不仅是对中国尊老敬老文化的弘扬和传承，对公平正义理念的贯彻落实，而且可以有效满足老年人物质文化需求，增进养老服务的多元供给，促进社会经济快速发展。构建城乡统一的社会养老服务体系需要一定的内在优势和良好的外部环境做铺垫，

目前我国已然具备了实现社会养老服务城乡统一的现实条件。

（一）内在优势：社会养老服务发展现实成就

近年来，国务院依据中共中央相关指示精神出台了一系列社会养老服务政策，同时积极增加财政投入，并根据老年人自身状况及需求，结合经济发展实际，探索建立有差别的多元化补贴制度，强势促进我国的社会养老服务制度由补缺型向适度普惠型转变。2013 年国务院印发的《关于加快发展养老服务业的若干意见》明确提出，到 2020 年符合标准的日间照料中心、老年人活动中心等服务设施覆盖所有城市社区、90%以上的乡镇和 60%以上的农村社区，建立包括养老服务在内的社区综合服务设施和站点。[①] 截至 2020 年底，我国共有养老服务机构 3.8 万个，养老服务床位达到 823.8 万张，社区服务中心 2.9 万个，社区服务站 39.3 万个。[②] 其中，河南省发改委、民政厅、卫建委等相关政府部门也联合启动了健康养老“十百千”示范项目，项目以居家养老服务中心为发展重心，政府统筹规划并给予重点资金支持，积极推动居家养老服务试点工作。同时，充分调动各方力量建立合作开放创新发展机制，逐步实现社会养老服务产业的集聚融合发展。截至 2017 年 12 月底，河南省已初步建立了覆盖省、市、县三级的项目库，完成投资 2772 亿元建立起省（9 个）、市（185 个）、县（326 个）三级项目库，主要覆盖机构养老、居家社区养老、医养融合、智慧养老、基地养老、老年用品六个领域。这些都为构建城乡统一的养老服务体系打下坚实的基础。[③] 在河南省社会养老服务体系发展完善过程中，机构养老在高龄老年人、失能半失能老年人及空巢老年人群体的养老服务供给上发挥着重要的支撑作用，且公办养老机构占据绝对优势。随着“公办养老机构改制试点”，各地开展公办养老机构试点的同时，河南省公办

---

① 凌文豪，王又彭．构建城乡统一社会养老服务体系的路径探寻——基于河南省 9 市 553 份调研问卷的分析［J］．河北大学学报（哲学社会科学版），2019，44（1）：132-138.

② 中华人民共和国 2017 年国民经济和社会发展统计公报［EB/OL］．http：//www.stats.gov.cn/tjsj/zxfb/201802/t20180228l585631.html.

③ 凌文豪，王又彭．构建城乡统一社会养老服务体系的路径探寻——基于河南省 9 市 553 份调研问卷的分析［J］．河北大学学报（哲学社会科学版），2019，44（1）：132-138.

养老机构在不断推行公建民营养老服务机构建设以增强其服务功能，不断探索社会养老服务新形式。

在社会养老服务机构和设施覆盖面、数量等大幅增加的同时，社会养老服务资本投资也不断增加，普遍看好养老服务市场，老年消费市场领域不断扩大。随着老年消费市场结构不断发展，基本形成以养老地产为主，老年产品与服务为基础的养老消费市场结构。尤其自“十二五”以来养老服务的进一步发展，提出建立“以居家为基础、社区为依托、机构为支撑”的社会养老服务体系目标，以税费减免、用地优惠等政策支持养老服务及相关行业发展，鼓励适合老年人消费、切合老年人特点的健康服务、休息娱乐、精神慰藉等服务业的发展，推动企业在养老康复、医药食品、服装服饰等老年用品用具方面的研发，针对重点领域的养老服务政策更加明确具体。养老服务市场发展完善过程中如融资、用地等制约因素相继破解，众多难以化解的“冰山”因素也随着升温的政策相继解冻。

（二）外在条件：城乡统一现实要件初步具备

长期以来，我国养老制度体系一直建立在城乡分离、人群分割的二元体制之下。这种制度体系带有浓厚的中国特色，是符合我国国情的，但不可否认的是，这一制度体系给城乡居民、地域群体之间带来一系列制度差异、待遇差异和保障差异，也导致了一系列社会不公平。

近年来，我国社会经济快速发展，我国已成为全球第二大经济体，国家整体实力大幅提升。2020 年国内生产总值已达 1015986 亿元，财政收入实现 192895 亿元。① 与此同时，党和政府又将人民福祉作为国家长远发展的主要方向，集中财力持续改善和提升广大民众的基本生活水平。各级党委政府纷纷提出保基本、兜底线、建机制、解难题，以发展为基、以民生为底，通过机制建设惠及广大人民，同时，不断加强关爱服务体系及城乡融合发展机制建设，系统推行城乡民生事业协调发展。另外，近年来我国城乡居民人均可支配收入持续增长，两者之间的差异也逐年缩小，为构建城乡统一的社会养老服务体系奠定了重要的经济基础。此外，在基础设施

① 中华人民共和国 2020 年国民经济和社会发展统计公报［J］. 中国统计，2021（3）：8-22.

建设方面，从“三农”政策的推行、精准脱贫这一伟大工程宣告胜利到现在“乡村振兴”计划紧锣密鼓地部署实施，我国大部分农村地区得到了长足的发展，在实现消除绝对贫困的基础上，提高了农民的整体生活水平，同时农村文化活动也逐步发展成熟，为农村地区养老服务的进一步完善发展提供了有力的财政支持和文化支撑。

农村地区养老保障社会化水平低，在一定程度上阻碍城乡统一养老保障体系的发展。面对经济水平低下且贫困人口众多的农村，政府坚持以城乡公平为基本理念，加强制度建设，不断完善顶层规划，保障城乡居民拥有公平的发展权益，也将进一步出台城乡统一的社会养老服务标准，保障城乡居民享受均衡的养老服务质量。

二、构建城乡统一的社会养老服务体系的困境

我国城镇与乡村之间的各项差异由来已久，社会养老服务的分隔也绝不是简单的经济差异所造成的，而是受到更多、更复杂、更深层次原因的影响。为剖析城乡社会养老服务的现实困境，笔者以问卷调查的方式在河南省郑州市、开封市、漯河市、许昌市、安阳市、商丘市、焦作市、南阳市、洛阳市分别进行实地调研。共发放问卷560份，收回有效问卷553份，有效问卷占98.75%。对于构建城乡统一的社会养老服务体系现实困境，课题组主要从横向和纵向两个方面分别加以剖析。

（一）横向：社会养老服务总体发展水平较低

构建城乡统一的社会养老服务体系，需要较高的社会养老服务发展水平作为基础，社会养老服务相对完善的发展机制及高水平的服务供给是实现城乡统一的重要保障。

1. 养老服务体系不完善

河南省养老服务事业尚处于起步与探索阶段，在社会养老服务保障水平与保障层次上，不仅与全面建成小康社会的发展目标不匹配，而且与社会经济的快速发展，尤其是老年人日益增长的服务需求不适应。问卷调研

数据显示：老年人明确表示目前所在社区提供兴趣班、培训班服务的仅有6.2%，没有提供此类服务的选项高达93.8%，老年人文化活动的严重缺失对后续社会养老服务的推进造成一定阻碍；明确表示所在社区提供心理疏导服务的老年人仅为2.9%，没有享受到此类服务的老年人占97.1%，尤其是在农村，“空巢老人”数量较多，心中抑郁无从排解，很容易发生老年人自杀的悲惨结局；享受到集体餐厅服务的老年人仅占4.5%，仅有10.3%的老年人所在社区及其附近设有托老所，仍有53.2%的老年人表示居住社区及附近没有医院，老年人居住环境及周边必备医疗、娱乐设施的缺少使其成为我国城建规划下一步需要弥补的重点；当问及老年人“为您提供服务的工作人员服务是否专业”时，55.3%的老年人表示“一般，不是很及时很到位，但是总体说还过得去”，4.7%的老年人表示“工作十分不负责任”，仅有40%的老年人表示“服务很好，很贴心”。

在过去很长一段时间，养老服务设施数量有了大幅增加，但养老服务设施与老年服务需求方面之间却存在严重的脱节。随着对养老服务机构和设施的建设逐渐重视，特别是在相关政策的硬性要求下，各地养老床位、日间照料中心、养老服务设施等建设相继达标，但服务质量和适配度却存在严重失衡问题，并且我国养老服务政策环境并不十分成熟，在养老服务行业所涉及的多个方面，我国相关配套制度远远滞后于养老服务行业发展。没有成熟的养老服务政策、法治环境，养老服务行业就无法实现长足发展。

2. 公共政策结构失衡

目前，我国养老服务政策制定与实施仍存在多元主体资源配置极度不平衡、利益诉求各自为政、市场机制引入不足等问题。[①] 就养老机构而言，养老机构在中国学术界一般分为公办和民办两种形式，它们在满足老年人养老服务需求方面均发挥着重要作用，但二者在公共政策方面所能够享受的政策优惠差异较大。公办养老服务机构不仅拥有较为先进的管理经营模

---

① 汪泳，刘桂华. 政策网络治理视域下我国政府养老服务政策内容分析及优化［J］. 理论探讨，2019（4）：171-176.

式、较好的品牌美誉度和社会公信力，而且在资金方面更容易获得国家财政的支持。民办养老服务机构则不具备公办养老机构的优势，而且在市场准入、税收标准、投资权益保护等方面还受到诸多限制。[①] 笔者在访谈调研中发现，很多民办养老机构的创办人表示，虽然中央层面针对民办养老机构出台了很多优惠政策，但地方政府在落实过程中却不尽如人意，对民办机构难免有“卡住”“推诿”的表现。此外，近年来，我国的社会养老服务政策大多关注资金投入与机构设立等一般化物质建设，对于社会养老服务软件优化方面则相对匮乏。物质建设是社会养老服务优化的坚实基础，没有良好的物质建设的可持续，养老服务优化也仅是纸上谈兵。如果一味追求一般化物质建设，忽视社会养老服务优化问题，物质建设则难以达到较佳的效果甚至流于形式，社会养老服务供给也必然难以满足老年人日益增长的养老服务需求。

3. 养老服务供需矛盾凸显

随着我国社会经济的快速发展，人口老龄化已呈井喷态势，而与之相关的养老服务需求也在急剧攀升。老年人口剧增预示着养老服务市场的发展潜力及方向，而经济发展水平的高低不仅影响着养老服务发展是否充分，也在一定程度上决定了老年群体对于养老服务相关费用的支付能力，尽管这与老年群体养老服务意识也较为相关。[②] 近年来，国家在提供养老服务方面投入了大量资金，但因信息不对称、受地方经济发展水平和个人经济条件制约，养老服务供给与需求之间矛盾凸显。调研发现，虽然国家初步构建起了多重保障的社会养老服务供给体系，受城乡之间和东西部之间经济发展不平衡影响，城市和经济发达地区供给相对充分，而农村和经济不发达地区则非常薄弱。例如，经济发展水平较低的地区，目前发展的重点主要集中在日常照护等基础性社会养老服务项目，对较高层次的养老服务项目需求性较弱。

目前，虽然我国对居家、社区、机构养老服务在政策和资金方面不断

① 李小兰．我国养老服务公共政策结构的失衡与纠偏［J］．探索，2015（6）：104-109.

② 刘灿．当代中国农村养老与地域差异［J］．山东社会科学，2010（3）：72-76.

加大投入，给予大力支持，但养老服务低水平现象仍然存在。尤其表现在社区养老设施建设资金不足；居家养老服务不健全；民办养老机构养老服务水平较低、专业化水平不足，难以满足老年人养老需求。例如，在养老机构床位方面，一方面公办养老机构“一床难求”的局面造成老年人入住公办养机构难；另一方面民办养老机构却又出现床位空置，造成养老资源浪费的情况。同时，受到市场经济影响，部分养老服务建设与老年人生命历程发展并不相符，导致老年人未能在养老服务消费中获得身心愉悦的生活体验。

4. 智慧养老服务发展缓慢

在积极老龄化理论指导下，随着科学技术的迅猛发展，互联网技术与人们的生活越来越密切。互联网不仅可以实现传统社会养老服务技术革新，更有助于更新人们的社会养老服务理念。智慧养老作为现代科学技术与养老服务行业相结合的产物，不仅能有效整合养老资源，更能提高养老服务效率，有着广阔的市场发展空间。社会养老服务发展应当充分吸收信息化与网络化的最新成果，逐步实现社会养老服务模式创新，不断促进社会养老服务优化升级，并充分利用互联网大数据及网络传播优势，建立和完善社会养老综合服务平台，依托互联协同优势打造新型业态。调研发现，大部分调研社区并未建立接入居家养老服务平台，仍然停留于传统养老服务模式阶段，且老年群体学习能力普遍较弱，进一步限制了智能服务设备的普及与使用。另外，由于智慧养老服务体系尚未建立健全，智慧养老也正处于政策推广和实践探索阶段，其发展依赖于政策财政支持，地区间经济水平差异及需求现实也为智慧养老服务功能发挥设置了重重障碍，影响社会资源配置效率。调研数据显示，94.6%的老人所在社区并未接入智慧养老平台，接入比例仅为5.4%。熟悉并掌握智能服务设备的老年人仅为17%，且多为教师、公职人员等高学历群体。83%的老年人不熟悉智能服务设备，智慧养老服务事业的发展仍将面临诸多障碍。在城镇尚且存在智慧养老服务发展受阻的情况，想在农村地区推广智慧养老模式就更为困难了。

智慧养老服务在各地实践中，无论是认知、服务主体、产业发展，还是技术、供需平衡等方面都存在众多困境。首先，在认知方面，一方面，在智慧养老服务效用实现过程中，政策宣传夸大了其实际效用，对其多元复杂性、流动性、人工服务不可替代性以及城乡差异、年龄差异等都缺乏清晰认知，过于理想化；另一方面，在智慧养老服务的供给过程中，对智慧养老服务行业的认知也存在偏差，大多数人对服务人员的社会认可度并不高，行业地位较低，导致专业人才外流。同时，智慧养老产品供给过于“技术主义”，供给存在“重技术、轻需求”的现象。其次，在市场供给主体上，由于政府主导，智慧养老服务供给主体过于单一，虽然在近年的发展中社会主体参与度不断提高，但并未实现高度参与，服务项目的多元化不足，也就未能充分满足年龄差异、群体差异下的老年人多元化养老需求。市场与政府在智慧养老领域的互动与回应不足且存在阻碍，尤其是在经济欠发达的农村地区，智慧养老服务的供给过度依赖政府，造成养老服务消费错误观念的形成，老年人的购买服务意识薄弱，甚至将养老服务产品视为“免费”，对智慧养老“福利”过度依赖。同时，智慧养老民间资本信用度不足，公信力不强，老人对养老机构的服务、产品等存疑，更加不利于智慧养老产业的发展。最后，在实际发展和各项政策落实过程中，不仅面临着“数字鸿沟”技术困境、产品“适老性”差、智慧产品接受度低等现实问题，更面临着老年人现实消费水平不足、供需不适配等问题。

（二）纵向：社会养老服务城乡之间差距较为明显

城乡二元经济结构促使城乡之间养老服务水平差距较大。与城镇相比，农村老人主要以传统家庭养老与土地保障为依托，其社会化程度不仅较低，服务供给能力有限，且深受传统自给自足观念影响，农村老人参与社会养老服务意识仍有待提高。①

1. 政策资源方面：社会养老服务政策城乡失衡

居家养老服务主要依靠上门提供，但在很多农村地区，人口居住相对

---

① 刘晓静，张楠．城乡统筹视角下中国养老服务体系构建［J］．河北大学学报（哲学社会科学版），2013（5）：111-115.

分散，地理位置较为偏僻，且相关服务部门尚未形成规模，上门服务还存在诸多限制性因素。尽管目前主要以乡镇敬老院为依托提供日间照料与短期托养服务，但由于农村地区财政投入相对不足、民间资本投资缺乏积极性，实际服务效果并不理想。调研发现，农村养老机构基础设施建设较为落后，保障范围较窄，甚至要求入住老年人具备劳动能力能够提供一些劳作。此外，外出务工已成为农村青壮年工作的必要选择，农村地区“空巢老人”的数量与日俱增，传统家庭养老功能正逐步弱化。根据农村地区的特殊养老境况，运用创新思维制定并实施适宜农村地区的服务政策，加快推进农村社会养老服务体系建设已迫在眉睫。

社会养老服务政策的城乡失衡和服务供给的城乡倒置与我国传统社会养老服务供给模式直接相关，“自上而下”的政府供给模式并不能及时回应现实需求，也更容易导致歧视性分配不公。虽然在社会养老服务供给上，政府认可其普惠性且面向所有老年人，但在实践中，养老服务的供给一直存在“城市—城市近郊农村—小城镇农村—边远山区农村”依次递减的差序格局。[①] 而在农村地区也会呈现出由乡镇政府向远距离递减的差序格局。[②] 此外，由于社会公共服务缺乏，农村地区往往表现出更强的养老主观需求，但这种“强需求”并未得到充分表达。大多数农村居民并不清楚自己享受何种服务，普遍认为养老服务来自“政府恩惠”，少有人表达对养老服务欠缺的不满和诉求。这种“强需求”和“弱表达”也造成了政府政策执行的偏差。

2. 日常照料方面：城镇老年人较农村老年人优越

调研数据显示，在日常照料方面，城镇老年人需要照料的比例为39.9%，农村老年人的比例则为57.4%，农村相对城镇高出17.5%。在农村老年人日常照料需求明显高于城镇老年人服务需求的情况下，但受城乡经济发展水平差异的影响，日常照料方面城乡老年人所能享受的服务存在

---

① 钟裕民．农村公共产品供给侧结构性改革框架与实现机制［J］．当代经济管理，2017，39（11）：48-53.

② 李金龙，武俊伟．前瞻性政府：农村公共物品供给侧改革的必然选择［J］．理论与改革，2016（2）：87-93.

较大差距。在一日三餐主要来源方面，城镇老年人依靠养老机构比例为6.6%，农村老年人比例则仅为0.3%。城镇老年人与子女同住比例为36.8%，农村老年人比例则达到47.2%。农村老年人受传统家庭观念影响较重，大多选择居家养老。农村养老机构少且服务质量较差也是降低老年人入住养老机构意愿的一个动因。再者由于子女外出打工，部分农村老年人除了照顾自己外，需要为子女的土地劳作，甚至还需要照顾孙子或孙女上学和生活等，如有19.9%的农村老年人表示为家务事情繁重感到困扰。

3. 经济生活方面：城镇老年人较农村老年人富裕

调研数据显示，从收入来源方面，农村部分老年人坚持参加农业生产，比例达到21.5%，养老主要依靠子女供养的比例为16%，城镇老年人依靠退休金养老比例为71.5%。开销方面，农村老年人多集中于衣食住行和看病吃药方面，城镇老年人多用于人情开销、旅游娱乐等。35.6%的农村老年人表示自己的经济状况较为困难，城镇老年人这一比例则为24.6%。由于农村与城镇物价水平存在较大差异，城乡老年人经济状况评价趋于一致。城镇老年人非常满意、基本满意、说不清、不满意、非常不满意的比例分别为13.6%、60.5%、17.1%、7.5%、1.3%；农村老年人非常满意、基本满意、说不清、不满意、非常不满意的比例分别为10.7%、60.1%、16.6%、11.7%、0.9%。

4. 精神生活方面：城镇老年人较农村老年人丰富

精神生活方面主要侧重于对文化娱乐活动、受教育程度、是否参加各种集体活动等方面介入调研。文化娱乐活动方面，31.6%的城镇老年人觉得娱乐文化活动太少，农村老年人比例则高达51.8%。一方面凸显中国精神文化服务发展整体相对滞后，另一方面显现出农村老年人文化娱乐生活更为缺失。受教育程度方面，38%的农村老人未曾上学，城镇老人这一比例为11.8%。信仰宗教方面，32.8%的农村老人信仰宗教，城镇老人这一比例为18%。是否参加各种集体活动方面，97.8%的农村老人未曾参与兴趣班、培训班和集体餐厅等相关活动，仅有27%的农村老人去过老年活动中心，9.8%的农村老人居住区域设有托老所。62%的农村老人未曾参与老年人社团，城镇老人比例为38.2%。以上数据显示，城乡精神文化方面服务总体水平不高，但城镇相对于农村而言较丰富。

5. 医疗服务方面：城镇老年人较农村老年人完善

从调研结果来看，城乡老年人慢性病多集中在高血压、心脑血管、骨关节等疾病。心脑血管、高血压等疾病需要定期检查治疗，40.8%的农村老年人自己或老伴身体不好，多有疾病，并为此感到困扰；城镇老年人比例为32.5%，农村比城镇高出8.3%。在农村，由于居民居住得比较分散，医疗服务设施较为落后，医务人员素质较差，有35.6%的老年人为医疗康体活动不方便感到困扰；由于城镇居民享受到的医疗条件较好，为医疗康体活动不方便感到困扰的老年人比例则相对较小，为19.7%。在农村，高达17.2%的老年人（多为高龄老人）表示人老体衰，烦心事多，医疗服务是困扰他们的最大难题。

6. 智慧养老方面：城镇社区较农村社区先行一步

互联网养老服务模式需要完备的基础设施支撑和高素质的人才资源投入，且该模式回报周期较长，对于企业投资吸引力不足，发展过程中面临“投资异化”风险，同时也面临老年人互联网使用障碍、市场融合度低、政策落地难等困境。[①] 据调研，受城乡公共资源分配不均的影响，城镇社区接入智慧养老平台比例为11%，农村社区比例仅为1.5%。受文化程度和接受新事物能力的影响，城镇老年人掌握智能服务设备的比例为24.6%，农村老年人比例仅为11.7%。城镇老年人受教育程度相对较高，且有大部分城镇老年人退休前为国家机关事业单位人员和城镇企业职工，养老待遇相对较好，受教育程度高，有能力熟悉并掌握智能服务设备，而农村老年人一般受教育程度较低，接受新事物能力较差，较少有人接受互联网等新兴智慧养老方式。综上所述，城镇老年人相对于农村老年人掌握智能服务设备状况较好。因此，城镇社区在智慧养老方面较农村社区先行了一步。

① 耿永志，王晓波．“互联网+”养老服务模式：机遇、困境与出路［J］．深圳大学学报（人文社会科学版），2017（4）：109-114.

三、城乡统一的养老服务体系的国际经验借鉴

在养老保障的实践和学术探讨方面，学术界有一传言称为“远学德国，近学日本”。相关发达国家进入老龄化社会时间更早，在探索养老服务供给方面走了更远的路，也积累了更多的经验。尤其是在养老服务供给对象方面的发展历程与经验能够给我国社会养老服务的城乡统一带来一定的启示作用。例如，日本早在20世纪中期就面临过社会保障城乡差异的困境，经过多年的积极探索和有效措施，目前已经逐步消解了社会保障供给过程中的城乡差异，基本实现了养老服务体系的公平、可持续发展。再如，瑞典作为一个崇尚平等主义的国家，它主张为全体公民提供平等的养老服务。虽然各国国情不同，经济水平和文化传统都有一定的差异，但别国已有的经验能够为我国养老服务体系的城乡统一提供更多有益的借鉴。

（一）德国养老服务发展及经验借鉴

自2003年以来，德国人口出现下降趋势，人口的出生率持续低于人口死亡率，并呈现出日益加速的趋势，人口的负增长与人口平均生命的延长，使德国社会呈现出严重且不可逆的老龄化趋势。[①] 德国统计局公布的2060年德国人口趋势报告显示，至2060年德国人口将降至6500万~7000万人，也即40年内人口将减少15%~20%，而未来20年间，老龄人口在全部人口中所占的比例将开始大幅上升，预计2030年人口中65岁以上人口将占全部人口的29%，2060年将达到34%，届时每3个德国人就有1个65岁以上的老年人。[②] 德国政府尤其重视福利社会的构建，在养老服务领域的探索和发展也更为完善，已然构建了成熟的社会养老服务体系。

1. 德国养老服务发展现状

满足老年群体多层次、多样化的养老服务需求，就必然需要具备多种

---

① 柳如眉，柳清瑞．人口老龄化、老年贫困与养老保障——基于德国的数据与经验［J］．人口与经济，2016（2）：104-114.

② 张军．德国的人口变化及其政治影响（1998—2018）［D］．北京：外交学院，2019.

形式的养老服务供给模式。德国结合自身国情，尤其是老年人养老意愿，发展了三种类型的服务供给模式。一是居家护理型养老。以自由理念为信仰的德国人更加注重生活的舒适度和个人隐私不受侵犯，故而居家养老成为德国老人的首要选择。德国的居家养老服务形式又可根据老年人的生活自理程度进一步划分为以下两类：一类是生活能够自理的老年人可自行到附近服务网点寻求照护服务，其服务内容以基础的日常照料为主，以非专业化为特征；另一类是生活不能完全自理的老年人就需要借助社区周边所设置的相对专业的养老机构，来获取其所需的各类照护服务。社区养老机构的服务供给方式也可分为上门服务和托老服务两种，即为居家不能自理的居家老年人提供上门照护服务，或将老年人托付至家庭周边的日间照料中心。二是全天候机构养老。其服务对象一般为护理级别较高或孤寡老人，这类老年人一般年龄更高，身体机能丧失严重，多数不能自理，需要入住养老机构来获取相应服务。其服务内容也较为丰富、全面，包括基础的日常照护，也包括专业化的医疗护理。三是互助养老模式。互助养老模式近年来在全球范围内广为流行，在北欧、英国、美国等国家和地区都取得了良好的服务供给效果，其表现形式也各不相同，包括美国的“时间银行”模式、英国的 LETS 等。这种模式在德国广为应用，其表现方式也有所不同，以老年人入住集体购买或租赁老年公寓为依托，实现老年人在公寓内的互助和互动。

此外，从配套措施来看，为实现养老服务的有效供给，德国在法律保障、护理培训、护理评估等方面进行了全方位的部署。一方面，德国养老护理保险的制度较为健全。1994 年德国《护理保险法》的颁布正式确立护理保险制度，规定所有医疗保险投保人必须参加长期护理保险，并在此基础上推进护理保险的全国统筹工作，为老年人护理服务提供部分资金来源，[①] 而资金筹集也与医疗保险金的筹资方式相同，护理保险费由投保人和雇主双方共同支付。当老年人面临失能、残疾等困境需要长期照护服务

① 苏健. 德国长期护理保险制度：演化历程、总体成效及其启示 [J]. 南京社会科学，2019（12）：67-73.

时，即可按照长期护理保险金申请流程申领护理费用：向就诊医院提出申请—由保险机构专员对老年人生活自理情况进行评估—根据评定护理级别为老年人家属提供护理费用。另一方面，德国在养老服务人才储备方面做足了工作，构建了完备的护理培训体系。养老护理从业人员在进入养老服务产业前需接受统一、专业的培训教育，在护理技能、专业素养、职业道德等各方面资质达到规定标准后方可上岗。同时，其护理培训以中专为主，对护士进行学制 3 年的中专护理教育。

2. 德国养老服务经验总结

首先，德国养老服务的城乡差异并不明显，这与德国的地理环境和人口分布有着密不可分的联系。德国国土面积仅为 35 万平方千米，居民达 8200 万人，超过百万人口的城市仅有 3 个（柏林 330 万人，汉堡 170 万人，慕尼黑 128 万人），50 万～100 万人口城市共 12 个。其中，70%以上的居民生活在 10 万人口以下的“城市”，多数居民在 1000～2000 人规模的村镇。[①] 德国的农村和城市在基础设施、文娱设施等方面没有较大差别，且自然环境明显优于城市，因而富人更倾向于居住在农村。从整体来看，德国也不存在“城乡教育差距”和“城乡医疗差距”，其科研、教育、医疗及生活设施和就业机会相对均匀地分布在城乡之中。因而，在养老服务的供给方面，城乡之间并不存在明显差异。

其次，德国最早建立社会保险制度，制度设计强调风险共担，通过普遍性、非家计调查，建立以缴费为基础的长期护理保险制度，并根据实际运行情况不断优化筹资结构，保证养老服务供给。例如，在德国的长期护理保险建立过程中，长照险由国家、雇主和雇员三方共同承担责任，其中 1/3由国家承担，剩余部分就要由雇主和雇员分担。

最后，德国主张政府承担有限责任，强调家庭责任和互助自助。以社区为基础的照护服务更受其偏爱，对独立的营利或非营利机构服务依赖性较高。德国养老服务的直接供给者，也参与养老服务政策的制定，是自由

① 世界银行．世界发展指标德国人口总数［EB/OL］. https：//databank. shihang. org/reports. aspx？source = 2&type = metadata&series = SP. POP. TOTL.

福利协会与政府进行谈判的重要代表，更有甚者，在遭遇经济危机，政府推脱养老服务职责时，非营利组织将为老年人争取更多养老资源，承担着公共养老服务的重要职责。在整个德国现代养老服务发展的历程中，非营利组织在养老服务的供给过程中扮演着不可或缺的主体角色。德国非营利组织不仅面向老年人直接供给服务，还参与社会养老服务政策的制定，在市场当中也发挥着重要的监督作用，更能够对政府养老服务行为进行评估和监测。

3. 德国养老服务经验启示

德国作为最早建立社会保险制度的发达国家，养老保险制度和养老服务体系非常完善，养老保障的法律法规也十分健全，作为国际上养老保障体系较为完善的典型国家，社会养老服务体系建设过程中有很多值得我国借鉴的经验和教训，具体而言有如下几个方面：

首先，做好构建养老服务体系的顶层设计，不断完善社会化养老服务供给方式，加快长期照护保险制度的推进进程。社会养老服务体系庞大，牵涉广泛，并非一朝一夕之功，也并非单一主体所能支撑。综观德国，发现其在出现老龄化趋势时便做好了长远的规划和设计。一方面，保障老年群体丧失劳动能力、面临收入困境时的资金支持，构建了完善的养老保险制度与体系，确保老年人无物质资金匮乏之忧；另一方面，构建完备的养老服务体系，积极探索并创新多种养老服务供给方式，为老年人提供多种形式的服务内容和服务方式。另外，德国养老服务的突出优势和特色在于完备的长期照护保险制度。强制性保险制度的建立不仅能够为失能老年群体提供更加高效、更可持续的养老服务，也有利于实现养老服务供给的城乡统一和全国统筹。反观我国，面临 4000 多万失能与半失能老年群体，护理服务压力较大，尽管在各地已有长期护理保险模式的探索和实践，但并未形成规模，长期护理保险制度并未确立，短时间内也难以实现护理保险的城乡统一和统筹管理。借鉴德国经验，我国应当加快长期护理保险制度的推进进程，广泛试点，积极探索，有序推进。

其次，充分发挥居家社区养老的服务供给作用，进一步提升服务质量。居家养老与社区养老的深层含义并不在于发挥何种重要的服务供给作用，也并不需要为老年人提供多么专业的养老服务，其真正含义在于尽可能推迟老年人入住养老院的时间，减轻养老机构的入住压力，从而减轻家庭与社会的成本支出。德国在这一方面与我国的不同点就在于对养老机构入住的审核与设卡。按照德国政策规定，老年人需经过专业机构的评估，确定其身体状况尤其是生活自理程度符合入住标准后方可入住养老机构。在居家和社区养老服务方面，德国又明确出台相关法律，确保老年人获取上门护理服务的权利不被侵犯。无论是城市还是农村地区，均设置服务供给全面、服务设备完善的社区服务中心和流动服务站，确保老年人在其所熟悉的生活环境中，有需要时能够及时获取需要的各项养老护理服务。在我国并未对老年人入住养老机构设置障碍与关卡，政府所提倡的“9073”模式也充分肯定了居家和社区养老服务在我国社会养老服务体系中所承担的重要作用。在具体实施过程中，必须立足于依托社区的居家养老服务，要加大城乡社区养老服务的发展力度，加大城乡社区养老服务的投资力度，完善城乡社区养老服务设施，进一步丰富居家社区养老服务内容。更要明确居家养老服务的定位和目标，为老年人提供全方位的、及时便捷的基础养老服务。

最后，强化服务理念，重视服务供给过程中的人文关怀。德国的养老服务之所以能够在全球名列前茅，不仅在于为老年人提供丰富的养老服务内容、完备的养老服务设施和高水平的养老服务质量，更在于其专业化的服务意识，始终把“老年人的需求得到满足”放在首要位置。这一理念体现在服务供给的前前后后和方方面面，在老年人入住养老机构前，机构专业人员将会对老年人进行评估与登记，了解老年人的身体健康状况、生活习惯、兴趣爱好等，结合这些特点为老年人量身打造个性化的服务清单。为了让入住养老机构的老年人尽可能体会家中的舒适度和温馨感，养老机构允许老年人将家中熟悉的家具、生活物品搬至院内，方便他们更快地熟悉机构环境。同时，机构护理人员也会通过定期举办各类活动、邀请家属来院探望的形式来缓解老年人的精神焦虑。这对我国各类养老服务机构提供了有益的借鉴和思考，满足老年人的服务需求，实现老有所养，更要突出“老有所乐”。重视老年服务供给中的人文关怀，重视老年人的情感需求，是我国社会养老服务发展的重要方向。

（二）日本养老服务发展及经验借鉴

日本作为最早进入老龄化社会的国家之一，在养老服务方面的探索更是先行一步。早在 1970 年，日本就进入老龄化社会，直到 2013 年 65 岁以上老年人口占比高达 25.8%，每 4 个人中便有 1 名老年人，可见日本老龄化压力之严峻。[①] 此外，日本在经济发展方面相较于我国也更为成熟，养老服务发展相对完善，探索日本养老服务的发展历程以及如何处理城乡服务供给差异的经验，能够为我国提供一定的借鉴意义。

1. 日本养老服务发展现状

作为亚洲第一个进入老龄化社会的发达国家，日本早在 20 世纪 60 年代就已经开始着手布局社会保障体系和养老服务体系的构建，可谓高瞻远瞩。基于相对雄厚的经济实力，日本一方面积极吸取德国、英国等西方国家养老保障的先进经验，为老年人提供优厚的保障资金；另一方面基于传统东方家庭观念的影响，逐渐构建并完善独特的养老服务模式，致力社区养老服务的发展，大力开发居家社区养老。目前，日本的养老服务模式主要包括两种：一是依托地产的养老机构和养老社区模式；二是第三方服务机构直接提供的上门养老服务模式。

一方面，成熟的养老保障体系，尤其是养老年金保险制度，为日本养老服务体系的构建和发展提供了有力支撑。老龄化问题给日本提出了严峻的挑战，也促使日本较早开始了养老保障体系的研究和建设，通过多项举措和制度设计，日本已经建立了基本成熟的养老保障体系，形成了养老年金保险制度、介护保险和长寿医疗保险的“一体两翼”格局。首先，在养老年金保险制度方面，自 2000 年开始实施，经过 20 年的发展，日本形成了三个层次的养老年金保险制度，分别是国民年金、与就业收入相关联的雇员年金制度以及可以任意加入的养老年金保险。1961 年全面实施《国民

---

① 王伟．日本少子化进程与政策应对评析［J］．日本学刊，2019（1）：117-135.

年金法》后，日本进入了“全民皆年金”时代，要求20岁以上60岁以下的全体国民都必须参加国民年金保险，养老年金作为养老保险的基础覆盖全民。① 其次，介护保险制度作为日本养老服务体系的主要内容发挥着重要的作用。以德国为范本，日本《介护保险法》2000年4月实施，通过鼓励“原宅”养老，减轻医疗机构的压力负担。介护保险制度主要的参保对象是两类人员，一类是65岁以上的老年群体，另一类是40~64岁已经参加医疗保险的人群，其中第一类被纳入强制性保险，第二类则是申请被保险。② 保险金的缴纳因参保人所属的类别不同，缴纳费用的比例也不同。其服务内容主要包括居家服务和设施服务，具体包含家庭访问、上门服务、养生指导、医疗设施的介护、短期入所等。最后，日本针对75岁及以上的老年人定制了专门的长寿医疗保险。日本医疗保险为执行强制公立保险制度，针对一般国民和特殊人员均有相应的保险制度，而专门针对75岁及以上老年人的“后期高龄者医疗保险”为逐渐高龄化、失能化的老人化解了后顾之忧。

另一方面，居家养老为主、养老护理为核心的养老模式，奠定了日本养老服务体系的丰富、盛行和特色。日本的养老服务分为居家养老服务、社区养老服务和机构养老服务。其中，居家养老是符合日本国民观念也是政府积极鼓励提倡的最主要的养老方式。由于日本人家庭观念较重，老年人更倾向于在家养老，因此更倾向于养老制度能够为其提供在家中享受的服务，包括护理、日间照料等。社区养老使得老人能够在熟悉的社区环境中接受养老服务，在相关政策和法律的保障及政府的大力支持下，日本的社区养老服务充分利用社会资源、人才，汇集各方力量向老年人提供福利、保健、医疗等综合性服务，以适应不同身体状况老年人的需要。其具体内容包括上门服务、日托服务、短托服务（1~3个月）、长期服务（3个月以上）、老年保健咨询和指导服务等。此外，日本的机构养老起步较

① 丁英顺．日本人口结构变化与养老金制度改革［J］．国外理论动态，2019（8）：113-121.

② 吴莹，张雪，王瀚卿．中国城市社区居家养老综合性服务体系探索——借鉴日本社区综合性医护体系［J］．东疆学刊，2022，39（1）：26-34.

早，目前发展规范，并十分重视对社区的辐射，政府鼓励养老机构的服务向社区延伸，支持机构在社区设立居家养老服务点，并在资金上给予扶持，让暂时住不进机构的老人也能享受机构规范专业的服务。

2. 日本养老服务发展经验启示

面对日益加深的人口深度老龄化和高龄化，日本政府不断完善养老社会保障体系、发展养老服务产业，在养老法律政策制定、社会保障体系、社会保险制度、社会服务等领域的发展和建设上走在了世界前列，也为我国的养老服务发展提供了有益的借鉴。

第一，养老模式的构建需要遵循其普遍规律。首先，行之有效的养老体系需要强大的财政经济做支撑，深究发达国家养老服务的发展历程和经验可知，发达国家进入老龄化社会时，人均 GDP 一般都在 5000~10000 美元，甚至更高水平；而中国 1999 年正式步入老龄化社会时人均 GDP 仅有 1000 美元，① 是典型的"未富先老"。应对老龄化的经济基础薄弱导致后期养老保障不断出现各种难题，且日本近年财政支出出现的可持续性危机也为我国社会保障制度的改革敲了警钟。在养老保障改革过程中必须首先处理好资金难题，才能为后续各项改革奠定基础。其次，养老服务的发展并非且不能是一种自下而上的自发行为，而是需要在国家层面的顶层规划下有序进行。养老问题俨然成为一个涉及面广、参与主体多的社会问题，制度设计更要体现公平、可持续。

第二，建立老年护理保险制度势在必行。目前来看，虽然我国现阶段老龄化程度没有日本那么严重，但是随着家庭结构的小型化和人口预期寿命的延长，越来越多的失能与半失能老人仅仅依靠家庭难以实现"老有所养"的基础目标，需要社会更多的帮助和支持，而仅依靠养老金和医疗保险根本无法实现老年人护理需求的满足，在借鉴别国护理保险经验与教训的基础上，在我国建立护理保险制度成为必要。目前有学者提出采取渐进

① 尹文清，罗润东．老龄化背景下日本养老模式创新与借鉴［J］．浙江学刊，2016（1）：174-179.

有序的方式开展护理保险制度的试点工作，[①] 笔者对“渐进有序”表示认可，但对其提出的“可在东部经济水平较好的地区试点，或从企事业单位开始，逐步扩展到农村”持否定意见。从已有的养老保险明显的城乡差异就可以看出“城乡二元结构”的弊端，切不可重蹈覆辙，在养老服务的试点推行过程中一定要统筹城乡，同步进行。

第三，建立完善的养老服务配套制度。养老服务体系的构建不仅需要强有力的制度政策作保证，且需要有强大的专业人才及管理制度保障。一方面，要加强专业人才队伍的培养，强化管理机制，提高养老机构服务人员技能和管理水平培训。借鉴日本养老保障经验，改变我国目前养老机构管理水平低、硬件设施差、专业人员缺乏的现状。另一方面，加强养老服务行业的监管，保障老年人的合法权益。制定行业规范、行业标准，在加强政府部门监管的同时也要加强社会的监督力度。除此之外，还要在全社会营造“尊老、敬老、爱老”的良好社会环境。

第四，关于日本养老服务城乡统一问题。虽然日本的城乡二元结构问题并不明显，但在经济和社会发展等方面，农村已然落后于城市，因此早在1959年颁布的《国民年金法案》中，日本政府就开始关注广大农民的养老问题，健全农村社会保障也成为日本社会保障制度的重要内容。此后，1961年《国民健康保险法》规定市町村中的农民、个体经营者等无稳定职业和收入的国民必须强制参加医疗保险，1970年推出“农民养老金基金”制度，作为农民加入国民养老保险制度的重要补充，为农民提供了完善的农业灾害救助制度等。由此可见，随着国民经济的发展，城市化进程的加快，日本社会保障的城乡差距逐步缩小，在很大程度上实现了社会保障的城乡一体化和平等化。在养老服务的各项政策、制度方面也并没有设置户籍界限，养老服务的城乡差距较小。这一点也给我国养老服务的城乡统一提供了有益的经验启示，养老服务的发展重在经济的支撑，因此，养老服务的城乡统一也重在缩小城乡之间的经济水平差异，重点发展农村，

① 尹文清，罗润东．老龄化背景下日本养老模式创新与借鉴［J］．浙江学刊，2016（1）：174-179.

推动乡村振兴。届时，农村养老服务的发展作为乡村振兴的重要一环，自然可以得到很好的解决。

（三）瑞典养老服务发展及经验借鉴

瑞典作为福利国家型社会保障制度模式的典型代表，因其普惠性、高水平的社会福利制度被誉为“福利国家的橱窗”。为社会成员提供各种社会福利和社会服务也是瑞典政府的职能之一，除养老、失业中部分个人缴费部分外，社会福利及社会服务费用全部由政府财政支撑，也是瑞典政府最大的财政支出项目之一。同时，瑞典作为世界上最早进入老龄化社会的国家之一，也是当前世界上养老服务公共投入最为慷慨的国家。根据瑞典法律，子女和亲属没有赡养和照料老人的义务，赡养和照料老人完全由国家来承担。统计数据显示，截至 2013 年底，瑞典总人口数为 959.3 万人，其中，65 岁以上的老年人共有 185.1 万人，占总人口的 19.30%；到 2020 年，瑞典 65 岁以上的人口约占总人口的 20%，其中，厄兰岛的博里霍尔姆市老年居民比例最高，占 35.7%；位于斯德哥尔摩的松德比贝里市老年人口最少，占比为 12.5%，[①] 是世界上 80 岁以上老人超过 10% 的少数国家之一。

1. 瑞典养老服务的发展现状

瑞典的养老服务体系主要包括居家养老和机构养老服务模式。

居家养老作为瑞典政府首推的养老服务模式，其背后的关键思想是保持老年人的尊严和诉求，因为大多数老年人希望尽可能长时间待在家里。况且在石油危机后，机构养老的经济性及服务质量均遭受质疑，瑞典政府也逐渐将重心聚焦于“就地安老”，为居家老年人提供多元服务，满足居家老年人需求成为瑞典社会养老服务体系新的发展趋势。为了实现这一目标，瑞典形成了先进的家政服务网络，因此相对于一般国家来说，瑞典的居家养老服务的内容更为广泛，主要包括送餐上门、安全警报、家庭护理援助、日间活动安排、交通服务、居家健康照护等。除了通过公共或私营

① 新浪财经新闻．瑞典人口老龄化严重［EB/OL］．https：//finance.sina.com.cn/roll/2020-03-07/doc-iimxxstf6940993.shtml.

部门直接提供养老服务，市政府还为非正式养老服务提供支持和资金援助。在瑞典的不同自治市中，几乎所有的自治市政府都为有需要的老年人提供送餐上门服务。同时，在市域范围内设置了一定数量的“专门住房”(Special Housing，瑞典的公共养老服务机构同城)，当老年人拉响安全警报，距离最近的Housing就会为其提供各种紧急救援服务。居家医疗护理和卫生保健也是瑞典居家养老服务的重要组成部分，早在2007年瑞典就有约1/3接受居家服务的老年人同时接受医疗护理和卫生保健服务。2019年，瑞典家政服务人员约17万人，主要为65岁及以上的老年人提供帮助。①

当居家养老不能满足养老需求时，瑞典的老年人可以选择住进由私人开设的“老年住房”或由政府运营的“专门住房”获取养老服务，其中，“专门住房”是瑞典官方对所有不同形式的公共养老机构的统称。它们具有不同的特征，所提供的服务内容也不尽相同，大约1/3的“专门住房”是以“服务之家”或“服务式老年公寓”形式存在的，老年人可以在其租用的公寓套房内获得市政府提供的各种家庭护理援助服务。“疗养院”是另外一种公共养老机构，主要为老年人提供更为广泛的医疗护理服务，包括基本医疗、治疗老年痴呆、临终医患护理等。“集体之家”则主要面向认知受损的老年人，由居住在机构内的专业职工24小时为老年人提供服务。通过这几种方式，瑞典为居住在家的老年人提供多样化的社会服务支持，包括所有自治市在内的所有居住在家自己生活困难的高龄独居老年人都能够获得24小时不间断助餐、助浴、助行及康复护理等服务。

2. 瑞典养老服务模式的经验

首先，我国应当借鉴瑞典在居家养老服务方面的经验，通过政府和社会的融合互动为居家老人提供个性化的服务，特别是大力提倡利用社区养老福利设施发展养老事业，政府在税收和政策上对社区养老提供支持，并

① Statista. “Share of elderly population in Sweden in selected years from 1970 to 2021, by age group.” https://www.statista.com/statistics/525637/sweden-elderly-share-of-the-total-population-by-age-group/.

通过相关职能部门加强监督和管理。例如，开发商在住宅小区建设过程中以提供更加便捷、高效的养老服务为目标，结合专业化的养老服务配套设施，开发专为老年人量身定做的医养康社区。此外，政府可以考虑就“居家养老”这一特定养老模式制定相关的政策和标准规范，如扶持并负责监管私营企业提供养老陪护服务、以税收减免等方式鼓励企业加大对养老产品的研发和生产等。此外，借鉴瑞典国家、社会和个人共同养老的责任共担理念，汇聚三方力量解决社会老龄化问题。虽然在瑞典的法律中，子女没有赡养父母的义务，养老的主要责任在国家，但是近年来瑞典无论是在养老模式还是养老金制度，都大力倡导政府主导和市场机制的结合。我国要力破国家税收分配和子女赡养两者割裂的传统僵局，并引入社会资源推动我国养老服务的高质量发展。

其次，瑞典基于“平等主义”的养老服务理念也为我国养老服务城乡统一提供了有益的借鉴。瑞典作为斯堪的纳维亚福利体系的代表国家之一，其养老服务体系被打上了平等主义文化的烙印。在平等主义文化的深刻影响下，瑞典的养老服务作为基于公民身份的一种公民权利，是覆盖全体公民的。

最后，瑞典养老服务模式以完善的社会保障制度著称，尤其养老保险得到瑞典社会民主党政府高度重视，之后历任政府都重视其建设发展并给予特殊支持。例如，在瑞典养老金体系中，国家养老金占据主导地位，绝对大于职业养老金和私人养老金。相对而言，我国养老保险制度尤其在覆盖面和均衡性方面建设不足。一方面，我国养老保险统筹层次停滞在省级，资金调剂造成极大障碍；另一方面，行业养老保险金、城乡养老保险金不一，在一定程度上有失公允。

3. 瑞典养老服务模式的中国启示

瑞典虽然是福利国家的典型代表，在社会养老方面取得了显著成绩，但是仍然存在一定的不利因素，导致“福利病”的问题。我们应结合瑞典养老服务模式经验，在推动养老服务城乡发展过程中，重点注意以下问题：

第一，大力推进城乡养老服务设施与养老服务津贴的全覆盖。在养老服务方面，瑞典经历了从补缺式到普惠式的转变，基于平等主义文化的社会福利体系为公民提供的普惠式社会福利使瑞典公民的幸福指数位居全球前列，排名第六。目前来看，我国城市和农村社区的养老服务发展处于不平衡状态，城市基本实现了社区养老服务的全覆盖，但农村尚未实现。因此需要加紧建设覆盖全体老年人的养老服务设施，加快社区居家养老服务设施和站点的建设与完善，特别是农村地区，要确保每一位农村老年人都有享受社区居家养老服务的权利。同时，设立覆盖全体老年人的基础养老服务津贴，政府购买养老服务从仅面向特困老年群体转变为面向全体老年人，最终实现“老有所养、老有所依、老有所乐、老有所安”。

第二，以服务质量为导向推动养老服务供给侧竞争。瑞典政府采用“消费者选择”的方式管理居家养老服务，主张由养老服务需求方——老年人，依据服务质量来自主选择养老服务供给方，而政府按照每小时固定价格为老年人购买养老服务。“消费者选择”的方式有效地推动养老服务供给方形成良性竞争的局面，不仅能够避免供给方陷入“价格战”的恶性循环中，而且能够引导供给方建立良好的信誉，形成良好口碑。我国目前主要采取价格导向型的养老服务购买方式，即在能够提供某项服务的供给方中，挑选标的最低的供应商，这种方式很有可能导致养老服务质量得不到保障。因此，我国政府在购买养老服务的过程中可以适当借鉴瑞典的“消费者选择”方式，让消费者根据自身需求来选择服务供给方。

第三，推动医疗服务点的建设，推进医养结合，鼓励发展社区医疗服务。瑞典保险制度发展的一个重要基础是发达的社区医疗服务体系，为社区老年人提供便利可及的社区医疗服务。这对当前我国的老年人口现实情况而言，是一个值得借鉴的经验。随着政府逐渐重视基层医疗服务设施建设，小城镇医疗服务水平有所提高，但在大多数农村地区，往往又出现医疗服务设施健全，专业医疗服务人员却相对短缺的情况，极大地影响了老年人的医疗养老需求。所以，推动基层医疗服务点建立，推进医养结合是更好地保障老年人老年生活质量的重要举措。

通过对德国、日本以及瑞典等典型国家养老服务体系的探索和研究发现，为实现社会养老服务统计的城乡统一，合理配置各类养老服务资源，各发达国家或多或少采用以下化解之道：一是拓宽养老服务供给路径，在保障人口居住密集度高的城镇地区养老服务有序供给的同时，构建以农村地区为基点的服务供给联系网，建立农村应急救援和紧急医疗需求的响应机制；二是依靠科技等先进手段为老年人提供远程照料、远程医疗、远程监护等服务；三是拓展农村地区现有资源，利用其他职业网络扩大农村养老服务人员范围，如法国利用邮递员帮助有社会排斥风险的农村老人，地方政府部门和社会组织收集贫困弱势老年人、残疾人和居家服务接受者信息，提交给当地邮政部门，邮递员上门提供健康信息和提醒等服务；四是因地制宜，有条件农村地区提供特有的养老服务，如荷兰、英国等国家开展的基于农场的失智老人照护项目，通过小型、家庭式机构将农业活动与照护服务结合起来，在花园等场所向有活动能力的失智老人提供动物养护、室外行走、园艺、准备餐食等基本活动，旨在提高老人社会参与度，同时维持其部分身体机能；五是通过替代补偿的方式对服务不可及地区的老年人及亲属提供一定的经济补偿，如韩国的长期照护保险，就对长期照护保险不可及的地区或海岛提供了现金补偿。发达国家普遍建立了覆盖城乡的老年人收入保障制度，因此农村和偏远地区的养老服务供给难点不在于农村老年人的服务购买力，主要受制于发达国家农村人口密度小、居住分散、交通不便利和经济活力低等因素，这与我国的国情有一定差异。未来受养老服务市场化驱动的影响，养老服务供给的城乡差异有进一步扩大的风险，因为资本更倾向于往人口密度高、基础设施好、养老需求多元的城市区域集中。因此，我国应积极借鉴发达国家在社会养老服务体系建设过程中的有益探索，吸取发达国家的经验教训，立足我国城乡社会养老服务体系建设现状，结合我国的实际国情，来探索城乡统一的社会养老服务体系的建设路径。

四、构建城乡统一的社会养老服务体系的路径选择

当前中国正处于加速构建社会养老服务体系关键期，关于该怎样构建

城乡统一的社会养老服务体系，以及怎样实现一个城乡供给的理想模式，学术界尚没有定论，处于持续探索阶段。就此而言，国外与国内各地的相关实践为我们提供了一定研究依据。立足于当前社会养老服务体系城乡统一现实困境的基础，研究认为主要思路应该是在横向维度上，逐步提高社会养老服务水平，增进可持续性和服务性；在纵向维度上，构建与完善城乡统一的社会养老服务体系，增进公平性和流动性。[①] 具体而言：

（一）横向：提高服务水平，增进可持续性

目前，城市地区与农村地区社会养老服务供给的一大差距体现在服务水平的参差不齐上，显而易见，城市地区所拥有的各类社会资源使其在构建社会养老服务体系方面赢在起跑线上。因此，构建城乡统一的社会养老服务体系，首先要进一步提高农村地区的养老服务供给水平，确保农村地区与城市地区在养老服务领域始终遵循差序平等原则。

1. 丰富养老服务供给主体

城乡统一养老格局的形成，是我国积极应对老龄化社会到来的必然之举，政府也一直发挥着对接老龄化社会养老需求的主体作用，但应形成共识的是，积极推动社会力量参与也是应对老龄化社会的必由之路。[②] 随着公共服务供给方式的改革，政府与公民间的二元供需结构逐步为多元主体的新型复杂权责关系结构所取代，政府、社会组织、公众、第三方机构等多主体共同参与公共服务的供给，也改变了公共服务供给格局和权责关系。[③] 一方面，社会养老服务作为公共服务的一项重要内容，政府在其中应当发挥主导的作用毋庸置疑。政府作为社会养老服务发展的坚强后盾和基础动力，社会养老服务体系构建与否、高效与否，关键是看政府主导责任能否履行到位。中央政府应以做好顶层设计与政策规划为己任，统筹好城乡统一的社会养老服务体系大局；各级地方政府应在坚持实事求是和因

---

① 凌文豪，王又彭．构建城乡统一社会养老服务体系的路径探寻——基于河南省 9 市 553 份调研问卷的分析［J］．河北大学学报（哲学社会科学版），2019，44（1）：132-138.

② 同上。

③ 李文杰．政府购买养老服务中的老年人参与问题研究［D］．上海：华东师范大学，2018.

地制宜的基础上，积极探索社会养老服务的城乡统一模式，实现制度创新，同时制定并完善服务供给的相关标准与规范。另一方面，充分发挥企业组织、社会组织、居民、专业院校等社会力量在城乡统一的养老服务体系中的支撑作用。吸引并拉动社会资金投入社会养老服务体系中来，尤其要加大对农村地区养老服务资源分配的倾斜力度，完善养老服务基础设施。充分利用社会组织，为城乡老年群体提供专业化与非专业化的养老服务，加强养老服务专业人才的培养与供给，通过财政支持、定点培养等方式与相关高校合作，确保养老服务专业人才的供给，充分利用学校资源优势培养专业人才，并积极建立志愿者参与机制，为老年群体提供优质服务。①

2. 逐步弥补公共政策失衡

社会养老服务供给城乡差异的另一原因在于公共政策的失衡。相较于农村地区，城市地区拥有较多资金资源、人力资源的同时，在养老服务领域也能够获取更多的政策支持。因此，构建城乡统一的社会养老服务体系，提高养老服务供给水平的关键一步在于弥补公共政策的城乡失衡。首先，逐步推进养老机构体制机制改革，在保障养老机构性质不改变、定位不偏差、功能不萎缩的前提下，以投资融资、税收优惠、土地供应、财政补贴、人才培养等政策为重点，积极推动公办与民办养老机构的扶持工作。② 其次，通过政策引导与支持，积极促进养老服务领域机制创新，调动社会力量与民间资本参与到城乡社会养老服务体系建设中来，逐步解决公办养老机构关于高投入、低产出、低效率的历史难题，充分发挥其专业、便捷等方面的优势，打造高效优质的养老服务发展新格局。最后，弥补公共政策的城乡失衡应秉持公平价值理念。无论是眼前还是未来，养老服务政策都应转变“重城镇，轻农村”的观念，加强农村地区养老服务扶持，实施适合农村地区的养老服务政策。在综合考虑下，实施适合农村地

① 张桂华，孙军，谢素艳，等．构建城乡养老服务体系的对策研究：以大连市为例［J］．农业经济，2013（3）：96-98.

② 凌文豪，王又彭．构建城乡统一社会养老服务体系的路径探寻——基于河南省9市553份调研问卷的分析［J］．河北大学学报（哲学社会科学版），2019，44（1）：132-138.

区实际状况的社会养老模式，创新有效推动农村地区养老发展的公共政策。利用城市丰富资源对口支持在资金、设备、人才、技术、经验等各方面短缺的农村地区，建立有效的养老服务对口支持机制，进一步提高农村养老服务水平。

3. 创新社会养老服务方式

满足老年人多层次、多样化的养老服务需求，关键在于不断创新并优化社会养老服务供给主体与服务方式。要想实现城乡老年人“低成本”共享护理服务，就要坚持专业化与非专业化相结合、正式和非正式护理相匹配的新型养老服务供给形式。首先，在于社会养老服务模式的再优化。尊重大多数老年人服务意愿，结合我国专业化机构服务供给有限的国情，充分重视并发挥居家养老服务模式在社区推广的重要价值与意义，采取积极措施推动居家养老发展。[①] 其次，优化并合理配置养老服务供给主体与供给方式。积极推广政府购买服务的方式，广泛吸纳社会力量参与服务供给，培育养老服务多元供给主体，同时贯彻“用者参与”理念，鼓励老年人参与养老服务供给方式和路径改革、参与供给效果的监督，[②] 这样从多层次和多领域共同推进，有效实现养老服务供给方式的创新。例如，积极吸纳社区工作者、社工、志愿者参与，能够在社区范围内促进非专业化的互助养老模式的发展，可以为社区老年人提供基础的生活照护类服务。再如，目前在全国多数地市正在试点的“时间银行”模式，主要是以基层党委为主导，社会力量参与为支撑的新型服务供给模式，已经在城市和农村地区实现了良好的效果。

4. 推新智慧养老服务模式

互联网时代的到来，加之大数据的推广，对于社会各领域都产生了不同程度的影响。以公共服务供给为例，电子政务的兴起不仅有效化解了公民办事“跑趟”的困境，在疫情防控常态化背景下，其还有着特殊的意义

① 王桂云．多元化社会养老服务体系建设对策研究［J］．中国人口资源与环境，2015（12）：166-170.

② 李文杰．政府购买养老服务中的老年人参与问题研究［D］．上海：华东师范大学，2018.

和价值。在养老服务领域也不例外，智能设备和软件的研发为养老服务供给的智能化提供了技术支撑，在其推广阶段就需要充分发挥政府、社会组织、市场主体的重要作用。一方面，政府应当在加大智慧养老模式推广力度的同时，加大政策支持和资金投入，并采取多种方式对老年人进行培训，更新老年人养老观念。另一方面，社会组织、市场主体以及其他各类社会力量应在智慧养老领域充分发挥自身优势与特点，在协同合作背景下共同创新，不断创新智能设备、不断创新应用软件、不断创新运营模式，并逐步将智慧服务纳入社区平台建设。智慧养老应坚持以建设老年友好型社会为目标。一方面，智慧养老产品设计应完全立足老年人特点，充分考虑其特殊需求，避免在现代信息技术发展过程中的老年人边缘化，最大限度克服“数字鸿沟”障碍。可以通过加强老年人智慧培训，以社区力量弥补老年人数字障碍，也可以通过家庭力量进行“反向代际支持”，提高老年人信息技术应用能力。另一方面，在现代社会高速发展的洪流中，为老年人留守传统与习惯的温暖，为其保留老年人传统生活方式，让老年人能够以自己熟悉的方式生活。

（二）纵向：构建城乡统一体系，增进公平性与流动性

我国社会养老服务体系建设起步相对较晚，建立城乡统一的社会养老服务体系阻力较小，可以通过顶层设计与统筹规划有条不紊地逐步实施城乡统一计划。[①] 值得注意的是，社会养老服务体系的城乡统一并不是笼统地完全统一，也不是一蹴而就“一刀切”式地统一，而是在差序平等理念指导下的阶段性统一。[②]

1. 逐步弥合城乡之间政策结构失衡

从“效率优先，兼顾公平”到“更加重视社会公平”，这一表述的变化不仅体现了我国市场收入分配制度的变化，更是我国社会保障制度演进的真实写照。公平，是社会发展与稳定赖以存在的基本价值，也是社会保

① 钟仁耀．城乡统一：我国社会养老服务体系建设的首要核心［J］．城市时评，2015（5）：2-3.

② 凌文豪．差序平等：中国社会保障新理念［J］．道德与文明，2011（1）：112-115.

障制度的根本目标和本质体现，而效率与公平的关系极其微妙，二者缺一不可，相生相合，在养老服务领域也不例外。因此，构建城乡统一的社会养老服务体系，首先要处理好二者之间的关系。政府部门应当坚持“城乡公平”的基本理念，通过采取一系列积极有效的措施推动城乡养老服务的同步进展，确保城乡老年群体共享经济社会发展成果。同时，逐步改善城乡养老服务政策结构失衡的现状，广泛调研，积极探索，在政策设定过程中以城乡统一为基准，充分考虑农村地区的服务供给困境，不断缩小城乡服务供给差异。

2. 重点扶持农村社会养老服务发展

城乡统一的社会养老服务体系的构建不仅要看“长板”，更要补齐“短板”，“短板”就在于农村社会养老服务发展不充分。因此，加强对农村地区社会养老服务发展的扶持力度，是构建城乡统一的社会养老服务体系的前进方向之一。养老服务领域，对于农村地区的扶持重点体现在以下几个方面：一是在财政补贴方面加大政府对养老服务产业的补贴力度，充分调动并合理利用各类资金资源，丰富农村地区的养老机构设施建设。二是在政策支持方面，通过土地财政补贴增加农村地区老年群体收入，为其享受养老服务提供资金援助。三是构建由“国家”“家庭”“农村集体”三方共同承担的筹资模式，坚持家庭出一部分、农村集体垫付一部分、地方政府补贴一部分的原则，确保普通老年群体也能享受到基础养老服务。三方所供资金采用收支两条线由县级财政进行集中管理，并对养老服务专项资金进行严格把控。[①]

3. 构建城乡统一的社区照护体系

近年来，社区在社会治理中发挥的作用日益凸显，以社区为依托的各项公共服务业获得了社会和居民的一致好评。在养老服务领域，社区作为老年群体日常活动的主要场所，更是在服务供给方面享有得天独厚的优势。首先，社区并不限于城乡之别，城市是以居委会为基础形成的社区，

① 谷彦芳，柳佳龙．新型城镇化背景下的农村养老服务体系研究［J］．经济研究参考，2014（52）：48-53.

农村是以村委会为基础形成的社区。其次，社区作为老年人生活中较为熟悉的环境，不仅能够给予老人不可或缺的“安全感”与无可比拟的“舒适感”，还具备老年人精神慰藉所依托的关系网络。[①] 因此，构建城乡统一的社区照护体系显得尤为重要。一方面，社区养老的基础是“居住在老人家庭中”，此时家庭不可避免地要起到一定的支撑作用。为构建家庭养老服务支撑的长效机制，在宣传爱老、敬老、孝老传统文化的同时，可以借鉴学习西方国家，为照料高龄、失能老人的居家“工作者”提供一定的财政补贴，或为家庭提供一定的护理补贴费用。另一方面，加强社区养老服务设施建设，设立社区日间照料中心，吸引社会力量、民间资本投入其中，或采取“政府购买服务”的形式，快速有序推进社区养老服务体系建设。

4. 构建城乡统一的医疗护理体系

随着人口老龄化所带来的失能化问题不容忽视。年龄的增长必然引起老年人身体各项机能的退化，所引起的各种慢性病、脑血管疾病等，都会影响老年人的生活自理能力，从而使“社会性住院”成为人口老龄化所带来的另一难题。“医”“养”并不相同，但又不能简单地一分为二，新型“医养结合”的养老服务模式不仅化解了老年人生病住院的难题，也在一定程度上缓解了医院床位占用的压力。医养结合是实现养老服务多种照料相结合的最佳模式，应成为未来养老服务事业发展的重要方向，[②] 在此基础上，进一步构建城乡统一的医疗护理体系，就要城乡地区“两手抓”。一方面，加大政府部门对于农村地区医疗机构的财政支持力度，逐步提高农村医院的医疗服务能力，提高老年人常见病的接诊率和治愈率。另一方面，城乡联动，构建对口帮扶机制，鼓励城市医疗机构与农村医疗机构建立合作关系，提倡城市专家到农村地区坐诊。同时，加强对农村地区医疗工作者的培训、医疗设施的更新与升级。在社区卫生院的基础上，创新医

---

① 潘屹．优化整合城乡资源，完善社区综合养老服务体系：上海、甘肃、云南社区综合养老服务体系研究［J］．山东社会科学，2014（3）：30-39.

② 青连斌．健全养老服务体系［J］．中国党政干部论坛，2016（2）：75-77.

养结合模式，以社区为依托，为老年人提供综合性的基础医疗护理服务。[①]

5. 构建城乡统一的智慧养老体系

构建城乡统一的社会养老服务体系应在纵向上完善智慧养老服务模式，建立城乡统一的智慧养老体系，并做好服务之间、平台之间和城乡之间的对接和准备工作。[②] 遵循其思路，具体路径包括：第一，做好新型智慧养老与传统养老服务的对接工作。将智能终端设备产品引入居家社区养老、机构养老和医养结合等多种模式之中，为老年人提供各种辅助设备，实现传统养老模式向智慧养老模式的转变。[③] 第二，做好各类养老服务平台之间的对接工作，就要解决各平台零散分布、缺乏联通的问题。在各类平台之间形成有效的衔接，必须建立大型的综合公共信息平台，构建互联互通、合作协同的养老服务平台，实现“医养护一体化”综合服务。第三，做好智慧养老服务城镇与农村的衔接工作。核心工作在于要提高农村地区的智慧化程度，不仅要增设农村地区的智能设备，更要提高智能设备的利用率，其关键是提高农村地区老年人的智能化手机和智能设备的使用率，基层政府、社区和服务机构等可通过宣传、推广、社区工作人员的帮扶来推广智慧养老设备的使用。

---

① 祁峰，祁丙观．我国医养融合型机构养老服务的制约因素及推进思路［J］．经济纵横，2017（1）：52-56.

② 凌文豪，王又彭．构建城乡统一社会养老服务体系的路径探寻——基于河南省9市553份调研问卷的分析［J］．河北大学学报（哲学社会科学版），2019，44（1）：132-138.

③ 于潇，孙悦．“互联网+养老”：新时期养老服务模式创新发展研究［J］．人口学刊，2017（1）：58-66.

第八章 城乡公平统一的养老保障体系建设

党的十九大以后，党中央对我国社会保障体系建设做出一系列谋划长远的顶层设计，改革的系统性、整体性、协同性进一步增强，统筹城乡、并轨运行，制度建设朝着整合统一迈进。其中，养老保障体系建设是关系每一位公民安享晚年的大问题，如何从二元分割到城乡统筹，再到消弭城乡差距，迈向城乡统一，实现养老保障体系结构中的养老保险体系、养老服务体系和养老管理体系在发展层次和水平上协同发展，是本书研究的主要目标。

一、习近平总书记关于养老保障体系建设的重要论述

以习近平同志为核心的党中央高度重视我国养老保障体系建设问题，习近平总书记多次就城乡养老保险制度和城乡养老服务体系做出重要指示。2021 年 2 月 26 日，中共中央政治局就完善覆盖全民的社会保障体系进行第二十八次集体学习，习近平总书记发表重要讲话，对我国社会保障体系建设做了系统论述。如何落实习近平总书记的重要指示，统筹发展城乡养老保障体系成为亟须探索的重要问题。

（一）养老保险体系的公平统一

习近平总书记多次强调，“要加快发展多层次、多支柱养老保险体系，健全基本养老、基本医疗保险筹资和待遇调整机制，扩大年金制度覆盖范围，规范发展第三支柱养老保险，积极发展商业医疗保险，更好满足人民群众多样化需求”。不断完善社会保险体系，加快推动养老保险制度改革

成为社会保险领域改革的重点。2022 年 3 月 6 日，习近平总书记看望参加全国政协十三届五次会议的农业界及社会福利和社会保障界委员时，再次强调要健全社会保障基金监管体系，严厉打击欺诈骗保、套保和挪用贪占各类社会保障资金的违法行为，守护好人民群众的每一分“养老钱”和“保命钱”。养老保险制度体系的改革和完善，要从增强公平性、适应流动性、保障可持续性出发，尽快提出完善养老保险制度的举措；要厘清政府、企业、个人责任，建立健全激励约束机制，加强精算和服务能力建设等基础性工作；要加快出台养老保险制度改革方案，完善个人账户制度，推动职工基础养老金全国统筹进程，提高制度覆盖面，划转部分国有资本充实社保基金；要加强养老保险结余基金投资运营，积极发展企业年金、职业年金、商业养老保险。

（二）养老服务体系的公平统一

1. 城乡养老服务协调发展

2014 年 11 月 1 日，习近平总书记到福建省军门社区居家养老服务站考察时，嘱托社区工作者进一步做好养老服务工作。要推动养老事业和养老产业协同发展，发展普惠型养老服务，完善社区居家养老服务网络，构建居家社区机构相协调、医养康养相结合的养老服务体系。要把“老有所为”同“老有所养”结合起来，研究完善政策措施，鼓励老年人继续发光发热，充分发挥低龄老年人作用，推动志愿者在社区治理中有更多作为。2021 年 12 月 8 日，习近平总书记在中央经济工作会议上明确指出党中央当前要做好的工作之一：“重在提升公共服务水平，在教育、医疗、养老、住房等人民群众最关心的领域精准提供基本公共服务，兜住困难群众基本生活底线。”

2. 推动城乡养老服务均等化发展

在推动养老服务协同发展的过程中，同时促进公共服务的均等化也是极其重要的。促进基本公共服务均等化，老年群体和低收入群体是促进共同富裕的重点帮扶保障人群。要加大普惠型人力资本投入，完善养老和医疗保障体系，逐步缩小职工与居民、城市与农村的筹资和保障待遇差距，逐步提高城乡居民基本养老金水平。农业农村优先发展，要优先体现在公共资源配置上。首先要把公共基础设施建设的重点放在农村，推进城乡基础设施共建共享、互联互通，积极发展养老、托幼、助残等福利事业，人民群众不分城乡、地域、性别、职业，在面对年老、疾病、失业、工伤、残疾、贫困等风险时有了相应制度保障。教育、文化、医疗卫生、社会保障、社会治安、人居环境等，是广大农民最关心、最直接、最现实的利益问题，要把这些民生事情办好。新增教育、文化、医疗卫生等社会事业经费要向农村倾斜，社会建设公共资源要向农村投放，基本公共服务要向农村延伸，城市社会服务力量要下乡支援农村，形成农村社会事业发展合力，努力让广大农民学有所教、病有所医、老有所养、住有所居。要推动形成城乡基本公共服务均等化体制机制，特别是要加强农村留守儿童、妇女、老人关爱服务体系建设。

3. 建立公平可持续的养老服务体系

2022 年 1 月，国新办发布会上解读《“十四五”公共服务规划》，强调制定国家基本养老服务标准，推动形成“15 分钟”养老服务圈，确保把有限的养老服务资源用到群众最急需的领域。习近平总书记强调，深化党和国家机构改革着眼于加强重点领域民生工作，立足建立健全更加公平、更可持续的社会保障制度和公共服务体系，这为我们在养老保障体系建设中指明了方向。要自觉主动解决地区差距、城乡差距、收入差距等问题，坚持在发展中保障和改善民生，统筹做好就业、收入分配、教育、社保、医疗、住房、养老、扶幼等各方面工作，更加注重向农村、基层、欠发达地区倾斜，向困难群众倾斜，促进社会公平正义，让发展成果更多、更公平地惠及全体人民；要建立健全城乡基本公共服务均等化的体制机制，推动公共服务向农村延伸、社会事业向农村覆盖；要着力补齐民生“短板”，破解民生难题，兜牢民生底线，办好就业、教育、社保、医疗、养老、托幼、住房等民生实事，提高公共服务可及性和均等化水平。

（三）养老事业和产业协同发展

自党的十八大以来，党中央、国务院在加快发展养老服务的重要政策文件中，确立“激发社会活力，充分发挥社会力量的主体作用，健全养老服务体系”的思路，破除制度障碍，激活市场活力。[①] 党的十九大提出，积极应对人口老龄化，构建养老、孝老、敬老政策体系和社会环境，加快老龄事业和产业发展。[②] 习近平总书记强调，“要推动养老事业和养老产业协同发展，发展普惠型养老服务，完善社区居家养老服务网络，构建居家社区机构相协调、医养康养相结合的养老服务体系”。同时也要积极发展养老服务业，推进养老服务业制度、标准、设施、人才队伍建设，构建居家为基础、社区为依托、机构为补充、医养相结合的养老服务体系，更好地满足老年人养老服务需求。此外，习近平总书记在河南省南阳市考察调研时强调，要“推动中医药事业和产业高质量发展，推动中医药走向世界，充分发挥中医药防病治病的独特优势和作用，为建设健康中国、实现中华民族伟大复兴的中国梦贡献力量”。在农村地区发展中医药产业，发挥中药“治未病”的健康理念，进一步发挥中医在农村医养结合养老服务体系建设中的作用。

二、我国城乡统一的养老保障体系建设的基本遵循

习近平总书记关于养老保障体系的重要论述，为我国城乡公平统一的养老保障体系建设事业提供了根本遵循和行动指南。积极贯彻落实中共中央、国务院关于养老事业发展的改革要求，围绕问题导向和目标导向，做好顶层设计和综合改革工作。[③] 长期以来，正是养老保障制度的统一性与规范性明显不足，才导致权责不清、筹资失衡、待遇不公等制度性缺陷。[④] 冯更新、钟仁耀较早呼吁按照城乡统一规划，构建老龄人口公平共

① 民政部．民政部对“关于推动养老事业和养老产业协同发展的提案”的答复［EB/OL］. http：//xxgk. mca. gov. cn：8011/gdnps/pc/content. jsp？id=15388&mtype=1.

② 牛文涛，姜润鸽．新中国70年的农村养老保障：历史演进与现实困境［J］. 农业经济问题，2020（2）：54-64.

③ 沈毅．以新发展理念引领养老保障体系协调发展研究［J］. 广西社会科学，2017（10）：194-199.

④ 郑功成．面向2035年的中国特色社会保障体系建设——基于目标导向的理论思考与政策建议［J］. 社会保障评论，2021，5（1）：3-23.

享、城乡统一的新型社会养老保障体系，[1][2] 丁建定也提倡养老保障制度与服务资源的整合。[3] 世界各国发展水平、社会条件、文化特征不同，养老保障制度必然多种多样，我们要坚持和发展已有的成功经验，不断总结前进，构建中国特色的养老保障体系。

（一）坚持高质量的公平统一

现阶段，我国城乡差距大直观表现在基础设施和公共服务方面，因此实现养老服务体系的公平统一必须优先解决城乡养老服务基础设施建设和公共服务不平等问题，逐步缩小城乡差距。“十四五”期间，在国家治理体系与治理能力现代化的要求下，养老保障体系需要进一步从快速扩展转向高质量发展转变。我国正向第二个百年奋斗目标大步迈进，从全面小康到现代化国家，必然要以全面建成中国特色社会主义保障体系为重要依托。高质量的社会保障至少应包括以下几个维度：制度安排公平统一，保障体系结构完备，覆盖范围应保尽保，权责匹配清晰合理，筹资机制可保持续，待遇适度稳步提升，经办服务规范便捷等。[4] 新时代社会保障的保障维度不断延展，其在功能定位上，实现了从生存型、剩余型的被动型保障向发展型、制度型的主动型保障的转型。在注重以社会保险为支撑的经济保障的同时，开始注重加强社会福利与公共服务建设，从基本生活保障走向美好生活保障，不断提升国民的生活质量和幸福感。建机制、强法治。作为社会保障体系中最重要的组成部分，建设城乡统一的、高质量的、多层次的养老保障体系，就是要实现各种法定保障制度的优化，使其成熟、定型。

---

① 冯更新．论现阶段我国城乡居民养老保障体系的构建［J］．经济学动态，2008（2）：73-76.

② 钟仁耀．城乡统一：我国社会养老服务体系建设的首要核心［J］．上海城市管理，2015，24（5）：2-3.

③ 丁建定．论中国养老保障制度与服务整合——基于“四力协调”的分析框架［J］．西北大学学报（哲学社会科学版），2019，49（2）：102-108.

④ 郑功成．面向2035年的中国特色社会保障体系建设——基于目标导向的理论思考与政策建议［J］．社会保障评论，2021，5（1）：3-23.

（二）坚持有层次的公平统一

“十四五”期间应继续不断落实国家顶层设计，深化制度体系改革，坚持城乡养老保障制度的多层次发展，健全多层次养老保障体系，补短板、织密网。新时代社会保障制度体系构建的短板主要集中于失业保险与工伤保险。目前，基本养老保险及基本医疗保险基本实现了项目领域的全覆盖，但并未实现全体人群的纳入。灵活就业人员、农民工、自营职业者、自主创业人员及非正规就业人员已成为未参保的主要人群。虽然在基本养老保险及基本医疗保险的制度上已建立资格准入的保障机制，但失业保险在覆盖该部分人员方面存在很大短板。作为面临失业危机、风险较高发的就业不稳定群体，这部分人群仍徘徊在失业保险保障体系门外。我国老龄化形势日益严峻，制度赡养结构日趋老化，社会保障基金收支压力加大，基金收支缺口逐步明显。从保障水平上看，城乡保障水平存在显著差异；从保障内容上看，失能风险分担等关键为老保障环节存在缺项；从保障层次上看，补充保障体系非常不发达，对社会保险单一支柱依赖过深。对此，应推动长期护理保险制度成熟定型，加快建立起覆盖全体基本医疗保险参保人员的长期护理保险制度。

（三）坚持“兜底线”的公平统一

习近平总书记提出了“社会政策要托底”的理念，就是要守住民生底线，切实保障群众基本生活和生存需要。养老保障体系的发展必须牢树“保基本、兜底线”的基本底线。要通过制度形式保证社会公平的社会再分配，实现保基本的价值目标。《国家基本公共服务标准（2021 年版）》将老年人能力综合评估、老年人福利补贴和老年人家庭无障碍改造等内容纳入其中，亟须建立统一规范的老年人能力综合评估制度体系、建立城乡统筹的老年人补贴制度等，全面落实党的十九届五中全会做出的“健全基本养老服务体系”重大决策部署。[①] 由于城乡二元背景和制度发展的路径依赖，养老保障的实践过程面临着包括保障待遇不公平、城乡二元分割、

① 民政部．民政部对“关于推动养老事业和养老产业协同发展的提案”的答复［EB/OL］. http：//xxgk. mca. gov. cn：8011/gdnps/pc/content. jsp？ id＝15388&mtype＝1.

制度“碎片化”等诸多问题。长期以来，体制内外和不同群体间养老保障待遇不公平，导致后期法治建设的“歧视性”问题，由此引发政府与市场的责任边界不清晰、公平与市场效率摇摆不定、“看病难”、“看病贵”等一系列社会公共问题。在市场经济条件下，政府和市场边界如何划分；在养老保障领域哪些民生问题政府必须去做，哪些可以进行市场化运作；两个方面的问题是“底线公平”必须解决的问题。“兜底线”体现的是“底线公平”思维。“底线公平”体现的是社会政策的托底作用，基于生存温饱、公共健康等的基本公共服务需求的满足，都是要围绕“底线”展开，这其中更需要公共财政进行兜底支持，确保制度运行的资金平衡。社会养老保障制度项目的设计、不同险种给付水平设定及政策制定实施等，都应以充分保障老年人的基本生活为基本目标。要通过更加科学合理的制度安排和必要的利益调整确保每个社会成员都能够得到基本保障，确保社会养老保障领域的每项制度都能够长期持续健康运行，而所投入的社会养老保障资源规模始终保持在适度的范围之内，使社会养老保障制度更加公平、更可持续、更有效率。

（四）坚持全覆盖的公平统一

伴随市场经济体制改革和社会转型的推进，我国社会保障制度的保障维度经历了一个逐步延展的过程，从早期定位于保障正式就业职工及家庭成员的养老、医疗、工伤、生育和失业等需要，逐步延展为保障社会个体在出生前、学龄前、学龄期、就业期、退休期以及临终关怀等全生命周期。同时，在社会保障实现个体生命周期全覆盖的过程中，社会保障的内容也从初期侧重于低水平的经济保障扩展到兼顾精神保障与服务保障。一个经历完整生命周期的公民可以在每一个生命阶段获得内容多样和层次多样的社会保障待遇。随着个体生命周期全覆盖的实现，我国的社会保障制度也从被动型救助式社会保障逐步转型到了积极促进就业型社会保障，促进人们健康发展和积极就业的价值导向也越来越明确。随着就业形式多样化，新经济从业者、农民工、非正规就业人员等群体还没有完全纳入养老保障体系，养老关系转移接续机制还不顺畅，养老保险参保利益在就业变化中还不能得到公平保障。[①]“政府用日益增长的公共投入为城乡居民提供普惠式基础养老金，并为低收入困难群众参加养老保险提供补贴，快速实现养老保险制度全覆盖。”[②] 在公共财政支持的基础上，形成城乡居民全覆盖的养老保险参保格局和普惠的基本养老服务体系。

三、城乡公平统一的养老保障体系实现路径

党的十八大以后，随着城乡居民人均收入不断增长，城乡社会养老服务已形成较为完善的政策体系和服务体系，构建城乡统一的养老保障体系的内在优势与外部现实要件初步具备。[③] 养老保障体系建设涉及三个衡量维度：老年群体多层次养老需求的实际满足程度，即养老保障体系效果；制度体系可持续满足的能力，即养老保障的预期效果；养老保障相关支撑因素之间的量的比例及质的关系，即养老保障体系完善程度。养老保障体系建设还涉及三个实践层面的整合，即实现城乡社会养老保险体系、社会养老服务体系、养老管理体系在发展层次和水平上实现协同发展。在“十四五”时期，面对新形势、新挑战，应以习近平新时代中国特色社会主义思想为指导，坚持以人民为中心的发展思想，以高质量和现代化为重要标准，不断完善养老保障法制、体制和机制建设，提高养老保障对新经济社会环境的适应性。

（一）推进法治建设，维护制度的统一性和多层次性

改革开放40余年来，我国社会保险法治建设历经改革起步、重构、深化改革和全面建设四个阶段，法治建设是实现制度良性运行的必要保障。在新时代全面推进依法治国和全面建成多层次养老保障体系的背景下，必

---

① 沈毅．以新发展理念引领养老保障体系协调发展研究［J］．广西社会科学，2017（10）：194-199.

② 郑功成．面向2035年的中国特色社会保障体系建设——基于目标导向的理论思考与政策建议［J］．社会保障评论，2021，5（1）：3-23.

③ 凌文豪，王又彭．构建城乡统一社会养老服务体系的路径探寻——基于河南省9市553份调研问卷的分析［J］．河北大学学报（哲学社会科学版），2019，44（1）：132-138.

须进一步健全法制建设，确保养老保障体系各项事业在同一的法律框架内运行，推动养老保障体系全面整合和定型，统一城乡养老保险体系、养老服务体系和管理制度体系，实现“医养护一体化”综合改革。

1. 制定、完善和践行养老保险法

在社会保险法律层面，应修订完善社会保险法，探索制定专门的养老保险法律法规，保障各项事业在法律基础上运行。目前《社会保险法》明确了五大保险项目的制度框架、基本方针和基本规则，但缺乏各项社会保险实施条例保证其可操作性，其中“基本养老保险条例”仍然受困于制度阻碍，未能实现整合完善，亟须整合社会保险实施条例完善修订。作为中国社会保险法领域最重要的支架性法律，《社会保险法》对促进我国社会保险改革起到非常重要的作用，是中国特色社会主义法律体系形成的重要标志，但在特殊背景下，《社会保险法》有其滞后的一面，如法律中有的规定过于原则实际上无法操作，有的规定与改革取向相悖等。此外，《社会保险法》实施的10余年中我国社会状况已发生极大改变，城乡居民的养老保险都已经实现了制度整合，而法律中仍然使用的是城乡分割的制度概念。随着养老保险改革与发展情况的重大变化，特别是2018年以来我国社会保障体制的重大变化，一些重要的养老保险制度参数也需要进行调整，应当按照更新、删除、增补等不同方式，由全国人大社会建设委员会牵头，尽快启动《社会保险法》的修订、养老保险的立法工作，使法律能够真正规范实践、指导实践。推动养老社会保险事业在法律框架内良性运行，要从立法、执法、司法、守法各环节加强养老保险的各项工作，要以零容忍态度严厉打击欺诈骗保、套保或挪用贪占养老保险资金的违法行为，守护好人民群众的每一分“养老钱”。

2. 推动社会养老保险制度的城乡统一

长期以来，我国社会养老保险呈现城乡二元化、制度“碎片化”的特征，呈现出从“城乡二元结构”向“职工居民两层结构”的发展趋势。[①] 未来应加快推进落实机关事业单位养老保险改革，加快推进职工养老保险全国统筹；加快建立城乡统一的社会养老保险制度体系，探索城乡居民的养老保险缴费模式与城镇职工养老保险责任共担缴费模式的并轨改革，实现各类群体公平养老的目标。不断“完善统账结合养老保险模式，建立全国统筹管理机制、国有资本划拨补充社保基金机制、养老金全面投资运营机制等，提高养老保险制度的公平性和可持续性”。[②] 此外，随着延迟退休政策的推行，必须科学评估及优化延迟退休政策。审视养老保险制度 15 年的最低缴费年限，改变基本养老保险中的个人账户权益属个人而长寿风险却由制度无限期承担的状况，保障国家财政对养老保险的责任可以预期且固定比例分担可控。未来应以组合拳方式调整基本养老保险相关参数，包括明确延迟退休年龄及具体实施方案、逐步提高最低缴费年限及推进时间表、适度降低养老金替代率等。[③]

3. 强调养老保障制度体系的层次性

社会养老保障体系的多支柱、多层次，不仅表现为筹资来源的多层次，更应是制度体系的多层次性。未来仍应不断健全养老保障的政策和法规，贯彻落实已出台的养老设施规划、城镇养老服务设施建设及养老保险、养老标准化、税费减免等政策文件。在已有关于特困群体关爱、养老产业发展、照护人才培养、公私设施建设、综合保险等系列政策的基础上，继续探索统筹城乡养老服务的新理念、新目标、新举措，从法律层面上推动城乡养老保障制度的统一性和多层次性。“多层次养老保障体系是正式、非正式制度的结合，多层次养老保障体系不再是单纯的养老保险制度，而是涵盖了一切可以为老年人提供帮助的层面。”[④] 未来重点在以下三

---

① 沈毅．以新发展理念引领养老保障体系协调发展研究［J］．广西社会科学，2017（10）：194-199.

② 沈毅．以新发展理念引领养老保障体系协调发展研究［J］．广西社会科学，2017（10）：194-199.

③ 郑功成．面向 2035 年的中国特色社会保障体系建设——基于目标导向的理论思考与政策建议［J］．社会保障评论，2021，5（1）：3-23.

④ 贾丽萍．多层次养老保障体系的国际架构与中国治理实践［J］．社会科学战线，2021（4）：229-239.

个层次实现养老保障制度体系的多层次性：第一层次应以减老年轻贫困为目标，发展“社会救助+津贴补贴”制度；第二层次应强调责任共担，整合“职工+居民公共养老保险”制度；第三层次以满足个体需求为导向，建立“个税递延型商业养老保险+个人储蓄+非正式社会支持”制度体系。

（二）完善顶层设计，增强制度和政策目标的协同性

养老保障体系是我国社会保障体系的重要组成部分，不能脱离政策和社会环境体系，也不能割裂养老保障体系与其他制度体系的密切联系。要坚持问题导向，完善顶层设计，在养老保障体系外部环境协调、体系结构协调、制度要素协调方面出台针对性改革举措，不断增强制度和政策目标的协同性。为实现社会养老保障体系的制度目标，城乡统一的养老保障体系构建过程中，应明确制度体系的协调性、政策目标的精准性、法律体系的系统性、参与力量的多元性、管理制度的规范性。

1. 社会保障体系内各项制度的协同整合

我国社会保障制度改革已进入系统集成、协同高效的阶段。要准确把握社会保障各个方面之间、社会保障领域和其他相关领域之间改革的联系，提高统筹谋划和协调推进能力，确保各项改革形成整体合力。现行社会保障行政管理格局为“人力资源和社会保障部门主管养老保险、工伤保险与失业保险；民政部主管社会救助、养老服务、老年福利和慈善事业等事务；国家医疗保障局主管全国医疗保险、长期护理保险等事务；退役军人事务部主管全国退役军人优待抚恤及安置等事务；国家税务总局主管各项社会保险费的征收；财政部主管社会保障预算与社会保障战略储备基金等”。[①] 部门之间应加强协调，强化问题导向，紧盯老百姓在社会保障方面反映强烈的“烦心事”“操心事”“揪心事”，紧盯制约社会保障体系建设的“硬骨头”，不断推进改革。首先，重视养老和医疗保障体系的协同，逐步缩小职工与居民、城市与农村的筹资和保障待遇差距，逐步提高城乡居民基本养老金水平，这是实现“医养结合”的制度基础。其次，探索适

① 郑功成．面向 2035 年的中国特色社会保障体系建设——基于目标导向的理论思考与政策建议［J］．社会保障评论，2021，5（1）：3-23.

度普惠社会福利制度体系，树立破旧立新，明确“公平、均衡、普惠、共享”理念，发展完善事关公民社会权利，追求社会价值，确保个人合法期望与尊严的实现。最后，完善社会救助体系，健全城乡社会救助制度，完善日常性帮扶措施，同时把农村社会救助纳入“乡村振兴”计划统筹谋划。此外，要健全老年低龄农民工、灵活就业人员、新业态就业人员参加社会保险制度；健全老年退役军人保障制度，完善针对老年残疾人、失独家庭等特殊群体社会福利制度等。

2. 养老保障制度体系内不同模块的协同

首先，健全老年人关爱服务体系。在养老保障政策法规体系中，关于“老年精神文化生活、老年宜居环境建设类政策文件相对较少”，也缺乏“老年社会参与”的系统性政策。① 探索城乡统一的长期护理保险体系和医养结合模式，是未来社会养老保障体系发展的重要方向。② 其次，完善社会化养老服务体系。发展完善社区居家养老服务体系，强化社区和基层政府对居家养老和机构养老的支持，引导机构养老服务向居家老人延伸、引导家庭养老功能发挥。应健全城乡老年人关爱服务体系，增加老年人社会参与机会，提升老年生活质量，增强获得感。最后，加强对社区适老化的改造。营造老年友好城市和加强友好社区建设，特别要加强农村社区建设与服务工作，不断提升社会养老服务环境。此外，提升老年人经济独立性和保障能力。除提升社会养老保险的基本保障水平外，还应该探索完善高龄津贴等配套制度。

3. 探索建立统一的长期护理保险制度

随着老年失能风险加剧社会对长期护理的需求，亟须建立应对长期护理风险的社会保险制度。中国需要在尊重制度普适性规律和国情的条件下，明确就业人口普遍参保且终生缴费，建立科学的失能评估技术标准体系及第三方评估机制，确定筹资方式、保障对象和程度、待遇给付方式、

---

① 汪波，李坤．国家养老政策计量分析：主题、态势与发展［J］．中国行政管理，2018（4）：105-110.

② 李文杰．我国老年人长期照护研究热点与趋势——基于 Citespace 的可视化分析［J］．武汉理工大学学报（社会科学版），2017，30（2）：81-87.

经办管理等制度体系，探索建立适合本国的长期护理保险制度。[①] 当前，应归纳总结各地试点经验，建立城乡统一的老年长期护理社会保险制度，通过适度差异费率等方式一步到位实现城乡养老护理制度全覆盖。

4. 发挥养老保障应对疫情的积极作用

受新冠肺炎疫情冲击，大批中小微企业生产经营压力加大，应探索养老保险缴费率的潜在下调空间，助力企业复工复产。[②] 要根据形势好转变化，稳妥退出减免社保缴费等阶段性纾困政策，并同其他政策退出平稳衔接。要不断总结这次疫情防控中的成功做法，完善我国养老保障针对突发重大风险的应急响应机制，探索“医养护融合型”长照应急防控体系，从制度层面对公共卫生事件的防控体系和权责归位做到更具层次性和可回溯性的划分。[③] 发挥养老保障体系既能抵御可以预见的生、老、病、死等各种常规风险，又能更好应对难以预料的非常规风险的积极作用。

（三）加大多元投入，保障各群体待遇水平的公平性

随着我国社会保险制度框架不断完善和保障维度持续拓展，我国公民所能享有的社会保险待遇内容不断多样化，其待遇水平也应稳步提升。当前，我国各地区在经济社会发展水平、老龄化水平和养老保障水平等方面存在较为明显的差异。完善顶层设计，消弭不同区域之间保障水平的不平等，也是未来统一城乡养老保障体系的重要目标。

1. 持续加大财政投入力度

财政资金是各国社会保障资金的重要来源甚至是主要来源渠道。社会养老保险待遇水平的合理性不仅直接关系参保者老年生活的保障程度，也关系财政支持的可持续性和财政责任划分。在我国，建立对养老保险计划的固定补贴机制，承担养老保险制度转轨成本是财政对于社会保障资金的

---

① 华颖．国际视野下的中国长期护理保险政策选择［J］．学术研究，2021（7）：91-97，188.

② 张冉，曾益．助力复工复产：企业养老保险缴费率的潜在下调空间——基于多种政策组合的分析［J］．湖南农业大学学报（社会科学版），2020，21（5）：68-76.

③ 陈伟．“医养护融合型”长期照护应急防控体系建设［J］．社会科学，2021（5）：82-93.

应有之义。同时，财政通过社会保障投入结构调整、变现各国财产等方式增加财政投入，并实行社会保障费改税是大势所趋。首先，调整支出结构，大幅增加社保投入。为实现“老有所养”“病有所医”“劳有所得”“弱有所扶”等民生保障目标，各级财政要努力优化支出结构，将社会保障作为优先支持方向。其次，加强重点项目资金保障。中央和地方要继续加大对养老、医疗、社会救助等重点保障项目的补贴力度。最后，继续拓宽资金支持领域和项目。财政部门大力支持社会保障项目不断丰富和完善，形成涵盖出生缺陷干预、医疗保险、长期护理保险、公共卫生、医疗、养老保险、养老服务等覆盖全生命周期和社会民生的保障体系。

2. 切实强化养老资金管理

加强社会保障资金的管理，可以保证社会保障体系正常稳定运行，政府可以减轻社会保障支出负担。社会保障发展到一定阶段，会出现覆盖范围扩大、福利水平提高等情况，导致社会保障资金缺口。通过加强和实施社会保障资金的管理是对资金需求进行合理配置和规划，保证社会保障资金的收益和保值增值。在加大投入的同时，继续完善制度和方法，加强资金监管，加强绩效考核，努力提高资金使用效率。首先是完善社会保险基金管理制度。修订社会保险基金财务制度和会计制度，制定并发布社会保险基金专户核算办法。研究建立社会保险基金预算激励约束机制，对各地区社会保险预算绩效管理情况进行考核和通报。加强预算执行，组织各地社会保险基金预算执行情况月报，加强预算执行情况分析研究，防范化解社保基金运行。其次是加强转移支付资金管理。修订完善了城乡居民基本医疗保险补助等十几种资金管理办法，使资金的分配、使用和管理更加安全、规范、高效。加大转移支付资金整合力度，将原用于低保、特困救助、临时救助、流浪乞讨人员救助、孤儿基本生活保障的资金纳入困难群众救助资金。最后是加强预算绩效管理。规范和推进绩效考核工作的规范化，提高绩效考核结果的横向可比性。建立绩效考核结果与预算安排、政策调整挂钩的机制，将公共卫生、困难群众救助、农村危房改造、医疗救助等社会保障资金纳入重点绩效考核范围，并确立“花钱必须对效果负责，无效必须负责”方向明确。奖励和赞扬在实施重大社会保障政策和措施的地方，在取得重大成果的地方，建立积极的奖励机制。

3. 着力拓宽资金来源

统一城乡居民养老保险为适度普惠模式，通过增加多元化的资金投入，提高待遇水平，达到满足老年人基本生存公平的养老目标。为此，应加强资源统筹，进一步丰富和壮大养老保障物质基础。适应经济发展水平，充分调动各方积极性，各尽所能，量力而行，广泛拓宽社保资金来源，加强基金运营管理，更好满足日益增长的社保需求。首先是合理增加社会保障财政投入。在明确政府、企业和个人责任边界的前提下，研究调整财政补充基金收支缺口补贴方式，调整优化财政支出结构，合理确定和保障在养老方面的财政投入。其次是规范和加强社会保险基金管理。完善预算制度，加强绩效管理，强化预算硬约束。依法严厉打击保险欺诈行为，确保资金安全、高效、合理使用。最后是大力拓展资金来源。合理确定养老保险基金储备规模，完善筹资和待遇给付机制；积极稳妥探索养老金入市、保险基金投资运营等方式，确保养老金保值增值；健全多支柱养老保障体系，更好发挥商业养老的补充作用。

（四）增强管理能力，确保养老保险制度体系标准化

当法律和制度框架确立以后，养老保障体系的实践效果就取决于经办服务。应从制度整合、部门职责调整、流程再造、信息互通、经办服务体制改革等方面着手，改变养老保障公共服务体系供给能力不足的问题。[①] 高效率、统一的经办服务体系和经办管理制度，包括理顺的上下层级关系和体制机制、适应数字化时代经办服务要求、精细化服务管理和服务模式创新等，这样才能够发挥出最大的制度优势。

1. 统一养老保险经办服务体系及标准

党的十八大后，提高社会保险统筹规划水平成为重大议题。如何处理

① 李春根，熊萌之，夏珺．从社会主要矛盾变化看我国社会保障制度改革方向［J］．社会保障研究，2018（2）：16-20.

好各个社保管理部门与业务部门的关系，仍是亟待解决的问题。首先，国家应在顶层设计中出台相关政策和要求，甚至从立法层面明确各部门的“职、责、权、利”，加强社会保障行政部门之间政策与制度的有效衔接，实现不同主管部门之间的分工合作。其次，由于各项社会保障项目的业务管理涉及多个环节，各个管理部门和不同业务部门的人权、行政和财务权是不同的、交叉的，需要通过出台相关制度规则和业务流程进一步明确。在养老保险“国家统筹”的要求下，建立统一的养老保险代理服务体系，探索建立省级以下垂直管理模式，即社会保障机构的设立、变更、人员配备、人员、经费等不再由本级政府负责。打破服务提供地点、时间和人员的限制，有利于提高服务质量和效率，提升养老保险公共服务方便、便捷程度和均等化水平。同时，各机构建立法人治理结构，向独立的社会公共服务机构转型。最后，实行按业务流程设定的统一办理模式，即按照《社会保险办理业务流程通则》（GB/T 32621—2016），要求统一登记、统一申报、统一核查、统一资金收付、统一资金管理、统一处理支付、统一审计等，实现经办资源的整合和经办质量的把控。要适应人口大规模流动、就业快速变动的趋势，完善社会保险关系登记和转移接续的措施，健全养老保险对象精准认定机制，做到全面覆盖、应保尽保。要完善全国统一的社会保险公共服务平台，充分利用互联网、大数据、云计算等信息技术创新服务模式，深入推进社会养老保险经办数字化转型。

2. 探索城乡统一的养老保险服务网络

在社会养老服务体系建设过程中，政府的主要责任之一在于建设制度、制定标准、构筑平台。“中央政府应该通过顶层设计来规划和建立城乡统一的社会养老服务制度，出台城乡统一的社会养老服务标准，构筑城乡统一的社会养老服务平台，保证城乡居民享受均衡的社会养老服务质量。”[①] 地方政府的主要职责在于落实和贯彻中央制定的相关政策，使城乡统一的社会养老服务落到实处，保证其发挥应有的作用与效果。加强养老

① 钟仁耀．城乡统一：我国社会养老服务体系建设的首要核心［J］．上海城市管理，2015，24（5）：2-3.

保险制度的精细化管理，在提高管理精细化程度和服务水平上下更大功夫，完善从中央到省、市、县、乡镇（街道）的五级养老保险保障管理体系和服务网络，提升社会保障治理效能。同时，要坚持传统服务方式和智能化服务创新并行，针对老年人、残疾人等群体的特点，提供更加贴心和暖心的养老保障服务。

3. 建立全国统一的养老保险信息平台

作为社会保障管理服务能力提升的关键环节，信息化建设是建立统一社会保障信息平台的重要基础。国家社会保险公共服务平台已在 2019 年 9 月正式上线，要在此基础上进一步实现信息数据在国家层面上的集中。首先，在中央政府层面，社会保障的管理职能涉及多个部委。中央政府层面涉及社保部门的增多，一方面意味着中央对社会保障的重视，另一方面要求建立高效的跨部门合作协调机制。统一的社会保障信息平台能够促进跨部门合作，实现各部门数据的共享与合作。其次，在纵向上，各级相关部门建立起自上而下的统一的数据库和结算平台，打破地区分割，承担数据交换、资源共享、信息公开等功能，构建全国社会保险信息化服务网络。再次，统一的数据库建设打破信息孤岛，实现社保、民政及其他各管理部门的数据共享与交流，提高管理效率。最后，以“参保人为中心”，积极推进互联网、新技术与社保管理的融合，如建立社保一卡通，将网络办事和主网监管一体化。通过智能软件开发，为各类参保人群提供更加便捷、多样化的服务。未来应进一步利用大数据技术，创建养老服务基础数据平台，整合养老保险信息、居家养老服务信息、医疗康复服务信息、养老机构管理系统信息、社会参与支持信息等，建立综合的医养服务信息系统。

（五）引入市场机制，促进养老服务供给多元化发展

充分发挥政府、社会组织、养老企业以及家庭等多主体的力量，形成养老服务供给合力，推动养老服务市场的多元化发展。

1. 优化养老服务产业营商环境

营造养老服务公平竞争的营商环境，促进养老服务产业良性发展。推广先进地区养老服务市场化发展的先进经验，政府积极发挥引导和监督作

用，在养老服务领域深化“放管服”改革，吸纳工商登记的养老服务机构进入服务领域，扩大养老服务供给主体数量和力量。首先，解除对服务主体身份属性的限制，在增强监管的前提下允许工商登记机构进入基本养老服务供给领域，对民办非营利养老机构进行财政补贴，探索“公建民营”“民办公助”“公民共建”等多种合作方式。其次，放宽市场准入门槛，吸纳社会资本进入养老产业，为社会提供多层次的养老服务，丰富养老服务内容。同时加强对养老企业的监督管理，形成盈利或亏损责任自负的理性自觉，在繁荣养老服务市场的同时，也要确保养老服务的公益性。

2. 养老服务产业的培育

我国养老产业有广阔的市场前景，蕴含大量的就业机会和新的消费热点，必须出台政策法规为养老服务业健康发展营造良好的政策环境，发挥养老服务业以及相关产业的经济效益。首先，培育养老服务参与主体。充分利用财政资金，完善政府购买养老服务目录和管理办法，增加政府购买服务的支出比例，实现对民办非营利养老机构的“输血”，制定和完善相关政策，引导民办非营利养老机构自我“造血”。其次，培育养老服务品牌。落实养老服务业发展的税收、土地、融资、收费等优惠政策，并将各项政策形成标准化和规范化的运行机制，吸引社会组织和市场主体参与到养老服务中。最后，以财政资金拉动社会资本。“截至 2020 年年底，民办养老机构占比达 54.5%，已成为我国养老服务供给的重要力量”，[①] 各级民政部门应依法做好养老机构登记和备案管理、加强养老机构事中事后监管；发改委等部门应联合做好与土地、建设等相关规划的衔接，相关税费减免等工作，全面调动社会力量参与机构养老工作。充分发挥财政资金的杠杆效应，完善养老产业引导基金的运作模式和运作环境，以政府财政资金带动社会资本参与投资和建设，鼓励各参与主体向品牌化、专业化、集成化方向发展。此外，规范各类养老资金使用的范围，提升资金投资的效率。优化和完善政府购买方式，延长政府购买养老服务合同时长，鼓励服

① 民政部．民政部对“关于推动养老事业和养老产业协同发展的提案”的答复［EB/OL］. http：//xxgk. mca. gov. cn：8011/gdnps/pc/content. jsp？id=15388&mtype=1.

务使用者参与政府购买养老服务项目的购买规划、合同执行、实施情况、评价结果等全部过程与环节。[①] 目前，老龄市场将成为新的消费热点和政策风口，在统一城乡养老保障体系发展趋势之下，养老服务业势必将伴随政策发展环境的逐步完善，在兼具经济与社会效益的同时，走上快速、良性的发展轨道。

3. 探索养老服务产业综合改革

2014 年，民政部、国家发展改革委在全国选取 42 个地区开展全国养老服务业综合改革试点，通过试点地区探索建设“功能完善、规模适度、覆盖城乡的养老服务体系”，“出台一批可持续、可复制的政策措施和体制机制创新成果，形成一批竞争力强、经济社会效益显著的服务机构和产业集群，为全国养老服务业发展提供示范经验”。[②] 围绕医、护、养、休“四位一体”目标，不断优化养老服务业发展环境，推动养老服务业综合改革，开展好养老服务业综合改革试点、公办养老机构改革试点、养老机构智能物联网应用示范工程、养老机构信息惠民试点等活动，创新体制机制，激发各类服务主体的内生动力和发展活力。遵循养老服务社会化、产业化、体系化、信息化的发展思路，创新养老服务供给机制，实现养老服务的“城乡一体、全域覆盖”。例如，浙江省在统筹城乡养老服务发展时，探索“养老服务机构建设城乡同步、养老服务补贴城乡同标、特困人员集中供养城乡一体”，[③] 推进养老服务产业综合改革、养老服务资源城乡融合调配。

（六）弘扬传统文化，营造社会尊老敬老的外部环境

积极营造“孝老爱亲”的社会氛围，弘扬传统优良的“养老文化”，广泛开展人口老龄化国情教育，引导子女要“常回家看看”，为老年人提供经济支持和情感慰藉。鼓励各地开展自主“文化养老”，全方位满足不

① 李文杰．政府购买养老服务中的老年人参与问题研究［D］．上海：华东师范大学，2018.

② 中央人民政府．两部门下发通知开展养老服务业综合改革试点工作［EB/OL］．http：//www.gov.cn/gzdt/2014-01/06/content_ 2560697.htm.

③ 浙江省民政厅．浙江养老服务体系建设：城乡统筹融合发展［J］．社会福利，2019（7）：18.

同层次、不同区域老年人的文化养老需求。

1. 重塑家庭养老的文化传统

传承中华“孝老爱亲”家风，营造良好的社会养老氛围。强调家庭在养老中的重要作用，积极营造良好的尊老敬老氛围，政府制定相关政策，对家庭养老形成强大支持，引导并强化家庭成员对老年人在物质层面和精神层面的赡养义务。倡导中华文明优秀传统养老文化，传承千年的孝顺敬亲、代际和谐、邻里互助等传统文化资源，塑造养老人文精神和环境氛围。树立敬老、爱老、孝老典型，促进家庭和睦、代际和顺。

2. 构建城乡老年关爱服务体系

党的十九大报告明确提出要“健全老年人关爱服务体系”，2019 年印发的《国务院办公厅关于推进养老服务发展的意见》（国办发〔2019〕5 号）、《关于进一步做好贫困地区农村留守老年人关爱服务工作的通知》（民办发〔2019〕31 号）以及 2020 年印发的《社会救助兜底脱贫行动方案》等政策文件，明确了城乡老年人服务关爱体系建设的目标、方针、要求和责任。基于中央政策的指导，各地在确定老年人关爱服务体系政策时，既要立足实际、因地制宜，也要做到城乡标准统一和待遇统一；各级政府应压实责任，建立健全社会关爱服务体系网络，推动农村留守老年人、城市“空巢老人”、城乡特困老年人等特殊群体的信息管理系统全覆盖，更好地促进老年人生存权和发展权的实现。

3. 普及“健康老龄化”理念

老年人健康老化不仅能提升其余寿期的生命质量，还能节约大量社会医疗和照护资源。因此，应在全社会普及健康老龄化、积极老龄化等理念，营造健康生活的理念，倡导健康老龄化的生活方式。

首先，营造关爱老年人身心健康的社会氛围。积极开展老年医疗健康项目和心理健康服务，提升老年人生命质量，促进老年人健康老龄化，这也是实施积极应对人口老龄化国家战略的应有之义。深化基层慢性病管理医防融合，普及慢性病管理知识，完善老年健康服务体系。贯彻习近平总书记关于“支持广大社会工作者、义工和志愿者开展心理疏导、情绪支持、保障支持等服务”的重要指示，加强对高龄老人、“空巢老人”等重点人群的心理支持和社会关爱。

其次，积极开展老年教育，活跃老年人精神文化生活。老年教育是社会主义精神文明建设的重要载体，也是促进家庭文化建设与传承的纽带。明确老年教育的重要地位，整合社会各类教学资源，设立老年教育机构，发展老年教育，将“老有所学”融入健康老龄化的全过程。在办学过程中，重点提升老年人数字化素养，学习并利用智能设备，支持老年人跨越“数字鸿沟”；搭建老年人社会参与平台，提升老年人社会参与能力、志愿服务意识。此外，充分利用老年人的时间优势、知识优势、经验优势、技术优势，在新冠肺炎疫情防控、对口扶贫、科技创新等方面彰显“银发力量”，有效缓解“年龄代沟”，让老年人共享改革发展成果，安享幸福晚年。围绕法治宣传教育、网络安全、防诈骗宣传、戏曲文化、健康科普等主题，广泛开展各类特殊的老年文化活动，营造“积极老龄化”和“健康老龄化”的社会氛围。

参考文献

著作：

［1］中共中央文献研究室．建国以来重要文献选编（第一册）［M］．北京：中央文献出版社，1992.

［2］中共中央文献研究室．建国以来重要文献选编（第五册）［M］．北京：中央文献出版社，1993.

［3］赵曼，吕国营．城乡养老保障模式比较研究［M］．北京：中国劳动社会保障出版社，2010.

［4］郑功成．社会保障学［M］．北京：商务印书馆，2000.

［5］郑功成．中国社会保障发展报告（2017）［M］．北京：中国劳动社会保障出版社，2017.

［6］郑功成．中国社会保障改革与发展战略（养老保险卷）［M］．北京：人民出版社，2011.

［7］郑功成．中国社会保障改革与发展战略（总论卷）［M］．北京：人民出版社，2011.

［8］郑秉文．中国养老金发展报告（2011—2021）［M］．北京：经济管理出版社，2011—2021.

［9］丁建定．中国养老服务发展研究报告［M］．武汉：华中科技大学出版社，2019.

［10］丁建定．中国社会保障制度整合与体系完善重大问题研究［M］．北京：经济科学出版社，2019.

［11］林义．统筹城乡社会保障制度建设研究［M］．北京：社会科学文献出版社，2013.

［12］宋晓梧．中国社会保障体制改革与发展报告［M］．北京：中国人民大学出版社，2001.

［13］邓大松，刘昌平，等．中国社会保障改革与发展报告 2019［M］．北京：人民出版社，2020.

［14］王延中．中国社会保障发展报告（2019）［M］．北京：社会科学文献出版社，2019.

［15］彭华民，等．西方社会福利理论前沿：论国家、社会、体制与政策［M］．北京：中国社会出版社，2009.

［16］涂玉华．城乡统筹背景下的中国养老保障制度发展问题研究［M］．成都：西南财经大学出版社，2014.

［17］阮崇武．中国社会保障体系的建立与完善［M］．北京：中国经济出版社，1994.

［18］青连斌．“互联网+”与养老服务社会化［M］．北京：中国劳动社会保障出版社，2020.

［19］刘岑玲．中国社会保障制度城乡衔接理论与政策研究［M］．北京：经济科学出版社，2011.

［20］马桑．中国基本养老保障一体化建设研究［M］．北京：人民出版社，2014.

［21］《当代中国》丛书编辑委员会．当代中国的民政（下）［M］．北京：当代中国出版社，1994.

［22］凌文豪．统筹城乡社会养老保障体系建设研究［M］．北京：中国社会科学出版社，2017.

［23］Neil Geilbert，Paul Terrell. 社会福利政策引论［M］．沈黎，译．上海：华东理工大学出版社，2013.

［24］哈特利·迪安．社会政策学十讲［M］．岳经纶，温卓毅，庄文嘉，译．上海：格致出版社，2009.

［25］贝弗里奇．贝弗里奇报告：社会保险和相关服务［M］．社会保险研究所，译．北京：中国劳动社会保障出版社，2008.

［26］路德维希·艾哈德．大众福利［M］．祝世康，穆家骥，译．北

京：商务印书馆，2017.

［27］约翰·罗尔斯．正义论［M］．何怀宏，何包钢，廖申白，译．北京：中国社会科学出版社，1988.

［28］弗兰茨-克萨韦尔·考夫曼．社会福利国家面临的挑战［M］．王学东，译．北京：商务印书馆，2004.

［29］Tumlinson A，Woods S. Long-term care in America：An introduction［M］. Washington：Avalere Health LLC，2007.

［30］Cantor M，Little V. Aging and social care//Handbook of aging and the social sciences［M］. New York：Van Nostrand Reinhold，1985.

［31］Tumlinson A，Woods S. Long-term care in America：An introduction［M］. Washington：Avalere Health LLC，2007.

期刊：

［1］郑功成．中国社会保障40年变迁（1978—2018）——制度转型、路径选择、中国经验［J］．2018（11）：5-15.

［2］郑功成．从地区分割到全国统筹——中国职工基本养老保险制度深化改革的必由之路［J］．中国人民大学学报，2015，29（3）：2-11.

［3］孙淑云．社会保障体系“分化”与“整合”的逻辑［J］．理论探索，2015（1）：74-79.

［4］李艳荣．碎片整合、制度衔接和统一框架的建立——我国社会养老保险制度改革发展路径［J］．江苏行政学院学报，2016（3）：74-80.

［5］安华．社会分层与养老保险制度整合研究［J］．保险研究，2012（3）：110-115.

［6］郑秉文．中国社保“碎片化制度”危害与“碎片化冲动”探源［J］．甘肃社会科学，2009（3）：50-58.

［7］高和荣．论整合型社会保障制度的建设［J］．上海行政学院学报，2013，14（2）：74-80.

［8］席恒，翟绍果．更加公平可持续的养老保险制度的实现路径探析［J］．中国行政管理，2014（3）：11-14.

［9］丁建定，郭林．论中国养老保险制度结构体系整合［J］．武汉大

学学报（哲学社会科学版），2013，66（6）：77-82.

［10］袁涛，仇雨临．从城乡统筹到制度融合：中国养老保险实践经验与启示［J］．海南大学学报（人文社会科学版），2016，34（3）：35-40.

［11］辜毅．城乡养老保险制度整合的可持续性发展研究［J］．经济体制改革，2015（4）：37-42.

［12］王增文．新型城镇化背景下城乡养老保险制度及服务整合路径研究［J］．华中科技大学学报（社会科学版），2019，33（2）：124-130，137.

［13］汤兆云．论我国社会养老保险制度的整合［J］．社会保障研究，2014（3）：23-27.

［14］薛惠元，张微娜．建立城乡统一的社会养老保险制度——基本理念、基本路径与制度模式［J］．税务与经济，2014（3）：1-9.

［15］孙维．企业职工基本养老保险全国统筹："渐进式"改革的困境与对策［J］．中央财经大学学报，2021（8）：15-25.

［16］邓大松，杨晶．全国统筹条件下城镇职工养老保险统筹基金的精算评估［J］．中国地质大学学报（社会科学版），2018（3）：133-143.

［17］边恕，李东阳．推进职工基本养老保险全国统筹的方案设计与实施路径［J］．华中农业大学学报（社会科学版），2019（5）：156-163，174.

［18］何文炯，杨一心．职工基本养老保险：要全国统筹更要制度改革［J］．学海，2016（2）：58-63.

［19］王振军．新形势下城乡居民基本养老保险的优化设计［J］．人口与经济，2017（1）：95-103.

［20］李琼，李湘玲．城乡居民基本养老保险制度的巩固和完善［J］．甘肃社会科学，2018（5）：154-159.

［21］王立国．城乡居民基本养老保险制度优化研究——基于社会公正的分析视角［J］．理论月刊，2019（9）：135-144.

［22］阳程文，侯保疆．城乡居民养老保险一体化的实践探索——对

广东经验的总结与反思［J］. 新视野，2020（6）：108-114.

［23］张园. 城乡一体化社会养老保险发展阶段及实现路径研究［J］. 西北人口，2013（4）：71-77.

［24］袁涛，张忠朝，赵坛. 养老保险城乡统筹实施路径反思［J］. 现代管理科学，2016（5）：76-78.

［25］高建伟，段波，邹雨田，等. 城镇职工养老保险与城乡居民养老保险的协调发展研究［J］. 武汉金融，2017（6）：29-34.

［26］邓悦，郅若平. 新时代下城乡社会保障制度整合现状与路径分析［J］. 理论月刊，2019（6）：131-136.

［27］蒲晓红，朱美玲. 统筹区域内城乡居民养老保险与城镇职工养老保险衔接办法的改进［J］. 农村经济，2017（3）：86-92.

［28］龚志文，李丹. 从模式到服务：城市社区养老认知的重构——超越养老模式，从养老服务的角度深化养老服务体系［J］. 河南社会科学，2020，28（11）：115-124.

［29］童星. 发展社区居家养老服务以应对老龄化［J］. 探索与争鸣，2015（8）：69-72.

［30］赵一红，庞志. 城市社区养老服务供给主体的结构化分析［J］. 学术研究，2020（9）：52-58.

［31］陈文静，王妍，杨佳琪，等. 京津冀城市老年人养老方式及其影响因素［J］. 中国老年学杂志，2021，41（15）：3366-3369.

［32］程欣. 居家养老、社区养老还是机构养老？——基于社会支持的影响研究［J］. 统计与管理，2020，35（8）：84-90.

［33］卢珊，杜宝贵. 基于修订 Andersen 模型的辽宁省城市老年人养老方式选择偏好及其影响因素研究［J］. 中国卫生事业管理，2020（11）：853-858.

［34］李贝，胡依，闵淑慧，等. 基于数据挖掘技术的城市老年人养老模式选择模型构建［J］. 中国卫生事业管理，2021（7）：551-555.

［35］梁宏. 大城市老年人养老方式选择意愿的变迁（1998—2017）——以广州为例［J］. 南方人口，2020，35（5）：1-14.

[36] 纪竞垚．家庭照料对老年人机构养老意愿的影响——基于CLASS数据的实证分析［J］．调研世界，2019（1）：17-22.

[37] 李俏，朱琳．农村养老方式的区域差异与观念嬗变［J］．西北农林科技大学学报（社会科学版），2016，16（2）：93-102.

[38] 姚兴安，朱萌君．城市老年人社区居家养老服务满意度及影响因素研究［J］．中国卫生事业管理，2021，38（7）：496-498，530.

[39] 刘阳，成志刚．基于社会凝聚的城市社区养老服务满意度研究［J］．湘潭大学学报（哲学社会科学版），2021，45（5）：92-98.

[40] 杨晓冬，李慧莉，张家玉．供需匹配视角下城市社区居家养老模式的实施对策［J］．城市问题，2020（9）：43-50.

[41] 吴宗辉，杨媛媛，侯永康，等．重庆市城市社区老年人体育服务的需求及意愿调查［J］．中国卫生事业管理，2020（9）：651-655.

[42] 林文亿．影响老年人使用社区服务的因素：相关理论及国内外研究现状［J］．社会保障研究，2015（3）：105-112.

[43] 丁建定，倪赤丹．论中国社会养老服务体系建设的重要转型——基于改革开放以来的一种历史比较分析［J］．学海，2021（6）：109-113.

[44] 丁建定．论中国养老保障制度与服务整合——基于“四力协调”的分析框架［J］．西北大学学报（哲学社会科学版），2019，49（2）：102-108.

[45] 李静，沈丽婷．福利多元主义视角下大城市养老服务主体的角色重塑［J］．河海大学学报（哲学社会科学版），2020，22（4）：70-76，108.

[46] 王建云，钟仁耀．基于年龄分类的社区居家养老服务需求层次及供给优先序研究——以上海市J街道为例［J］．东北大学学报（社会科学版），2019，21（6）：607-615.

[47] 倪东生，张艳芳．养老服务供求失衡背景下中国政府购买养老服务政策研究［J］．中央财经大学学报，2015（11）：3-13

[48] 罗津．深度老龄化背景下城市社区居家养老的治理机制［J］．

上海交通大学学报（哲学社会科学版），2021，29（4）：63-70，129.

［49］韩非，罗仁朝．基于可达性测度的城市社区居家养老服务供需匹配研究——以南京为例［J］．经济地理，2020，40（9）：91-101.

［50］夏永久，邓世玉，王越．基于生活圈理论的合肥市城市养老服务设施空间配置合理性研究［J］．热带地理，2021（4）：769-777

［51］盖宏伟，刘博．改进完善我国城市社区养老服务供给运行机制探讨［J］．理论导刊，2019（3）：39-44

［52］睢党臣，彭庆超．“互联网+”背景下我国城市社区智慧居家养老服务模式的构建［J］．新疆师范大学学报（哲学社会科学版），2018，39（3）：119-128.

［53］王振波．“互联网+”驱动下的城市社区居家养老服务优化研究［J］．新疆大学学报（哲学·人文社会版），2014（6）：38-45

［54］程翔宇．“社区为依托”的养老服务有效吗——基于老年人生活质量的检验［J］．社会保障研究，2019（3）：25-32.

［55］赵一红，庞志．城市社区养老服务供给主体的结构化分析［J］．学术研究，2020（9）：52-58.

［56］曲绍旭．城市居家养老服务政社关系类型的转换效应及对策研究［J］．华中科技大学学报（社会科学版），2020（5）：52-58

［57］吉鹏，李放．政府购买城市社区养老服务效率评价——基于江苏省三市数据的分析［J］．城市问题，2016（10）：84-88.

［58］郑功成．中国养老金：制度变革、问题清单与高质量发展［J］．社会保障评论，2020，4（1）：3-18.

［59］李远雷，康正，李月欢，等．中国5省份农村老年人养老需求及影响因素分析［J］．中国公共卫生，2021，37（8）：1219-1222.

［60］武玲娟．农村老年人社区养老服务需求及其影响因素分析——基于第四次中国城乡老年人生活状况抽样调查山东省数据［J］．山东社会科学，2018（8）：97-103，152.

［61］吉鹏，李放．农村老年人市场化居家养老服务的需求意愿及其影响因素分析——基于江苏省的实证数据［J］．兰州学刊，2020（11）：

198-208.

［62］陈娜，邓敏，王长青．我国失能老人居家养老服务供给主体研究［J］．医学与社会，2020，33（7）：46-49，77.

［63］杜鹏，王永梅．中国老年人社会养老服务利用的影响因素［J］．人口研究，2017，41（3）：26-37.

［64］孙鹃娟，沈定．中国老年人口的养老意愿及其城乡差异——基于中国老年社会追踪调查数据的分析［J］．人口与经济，2017（2）：11-20.

［65］张红凤，罗微．养老服务资源对老年人社会养老服务需求的影响研究［J］．中国人口·资源与环境，2019，29（4）：168-176.

［66］黄庆波，杜鹏，陈功．成年子女与老年父母间代际关系的类型［J］．人口学刊，2017，39（4）：102-112.

［67］孙兰英，苏长好，杜青英．农村老年人养老决策行为影响因素研究［J］．人口与发展，2019，25（6）：107-116.

［68］刘露露，刘美克，张盈盈，等．山东省城乡老年人养老意愿差异分析［J］．中国老年学杂志，2019，39（15）：3791-3794.

［69］胡芳肖，李蒙娜，张迪．农村老年人养老服务方式需求意愿及影响因素研究——以陕西省为例［J］．西安交通大学学报（社会科学版），2016，36（4）57-64，136.

［70］姚俊，张丽．嵌入性促进、个体性感知与农村居家养老服务需求——基于三省 868 名农村老人的问卷调查［J］．贵州社会科学，2018（8）：135-141.

［71］姚兆余．农村社会养老服务的属性、责任主体及体系构建［J］．求索，2018（6）：59-65.

［72］杜鹏，孙鹃娟，张文娟，等．中国老年人的养老需求及家庭和社会养老资源现状——基于 2014 年中国老年社会追踪调查的分析［J］．人口研究，2016，40（6）：49-61.

［73］刘小春．农村居民养老服务项目需求优先次序及其影响因素研究［J］．价格月刊，2020，40（6）：79-88.

［74］姚虹，向运华．健康状况、空巢原因与社区居家养老服务需

求——以恩施市农村“空巢老人”为例［J］. 社会保障研究，2018（1）：13-19.

［75］高山宪之，王新梅. 论公共养老金待遇水平的适当性［J］. 社会保障评论，2021，5（2）：75-80.

［76］丁志宏，曲嘉瑶. 中国社区居家养老服务均等化研究——基于有照料需求老年人的分析［J］. 人口学刊，2019，41（2）：87-99.

［77］唐娟莉，倪永良. 农村社会养老服务需求：意愿与影响［J］. 农业现代化研究，2020，41（4）：618-627.

［78］陈欣欣，陈燕凤，龚金泉，等. 我国农村养老面临的挑战和养老服务存在的突出问题［J］. 中国农业大学学报（社会科学版），2021，38（4）：64-77.

［79］宋海霞. 农村养老服务供给侧结构性改革的困境及思路［J］. 农业经济，2021（2）：74-76.

［80］张艳霞，刘远冬，吴佳宝，等. 中国农村养老保障资金供给现状及多元化探析［J］. 中国农业大学学报（社会科学版），2021，38（4）：78-90.

［81］齐鹏. 论农村养老服务体系的完善［J］. 西北人口，2019，40（6）：114-124.

［82］杨勇刚. 供给侧视角下的农村养老服务发展策略［J］. 河北大学学报（哲学社会科学版），2017，42（6）：128-137.

［83］周文娟. 农村养老服务供给的内生动力及政策优化［J］. 农业经济，2021（2）：77-78.

［84］于书伟. 农村养老服务供给侧结构性改革的困境及对策研究［J］. 求实，2018（4）：98-108，112

［85］刘宇，唐亚阳. 农村养老服务供给困境与出路——基于供给侧结构性改革视角［J］. 当代经济研究，2018（6）：80-86.

［86］杜智民，康芳. 农村社区居家养老服务供给精准化的实践困境与优化路径［J］. 重庆社会科学，2020（9）：130-140.

［87］韩沛锟，程瑶瑶. 农村养老服务：需求、政策实践与发展展望

[J]. 学习论坛，2021（2）：96-103.

[88] 陆杰华，周婧仪. 基于需求侧视角的城市社区居家养老服务满意度及其对策思考 [J]. 河北学刊，2019，39（4）：166-171，184.

[89] 刘记红. 城乡融合战略视野下我国农村养老服务人才的需求动向与培养机制研究 [J]. 农业经济，2018（8）：61-63.

[90] 王维，刘燕丽. 农村养老服务体系的整合与多元建构 [J]. 华南农业大学学报（社会科学版），2020，19（1）：103-116.

[91] 李长远，张会萍. 包容性发展视角下农村养老服务发展的非均衡性及调适 [J]. 现代经济探讨，2018（11）：121-126.

[92] 青连斌. 补齐农村养老服务体系建设短板 [J]. 中国党政干部论坛，2016（9）：83-86.

[93] 仙蜜花，邓大松. 政府购买农村居家养老服务资金规模预测——兼论对政府财政的影响 [J]. 财政研究，2020（9）：40-51，92.

[94] 凌文豪，王晗. 健康状况、群体差异与社区居家养老服务需求——基于开封市的实证调研 [J]. 云南大学学报（社会科学版），2019，18（4）：108-114.

[95] 凌文豪，王又彭. 构建城乡统一社会养老服务体系的路径探寻——基于河南省 9 市 553 份调研问卷的分析 [J]. 河北大学学报（哲学社会科学版），2019，44（1）：132-138.

[96] 张晓霞. 城乡一体化背景下江西省农村养老服务研究 [J]. 农业考古，2010（6）：242-244.

[97] 胡小武. 城镇化与老龄化叠加时期的中国养老模式转型 [J]. 新疆师范大学学报（哲学社会科学版），2016，37（5）：136-142.

[98] 杨政怡. 基于平等主义文化的瑞典养老服务体系的形成及其对中国的启示 [J]. 社会保障研究，2020（2）：89-396.

[99] 于一凡，徐文娟. 农村地区养老服务设施研究——以浙江省江山市为例 [J]. 城市规划，2018，42（5）：78-86.

[100] 刘艺，范世明. 公共产品理论指引下构建农村养老服务供给主体支持体系研究——基于不平衡不充分的视角 [J]. 湖南社会科学，2018

(3)：130-137.

[101] 张举国．“一核多元”：元治理视域下农村养老服务供给侧结构性改革［J］．求实，2016（11）：80-88.

[102] 李俏，陈柳，赵向红．城乡融合视域下养老下乡的生成机制与实践策略［J］．宁夏社会科学，2021（2）：132-141.

[103] 安华．土地流转背景下农村养老的金融支持路径研究［J］．现代经济探讨，2019（1）：122-127.

[104] 冯雨峰．养老社区建设的城乡统筹［J］．城市发展研究，2014，21（4）：98-104.

[105] 管兵，王虹．“村改居”社区养老城乡混合福利体系［J］．华南师范大学学报（社会科学版），2021（5）：29-43，205.

[106] 钟仁耀．城乡统一：我国社会养老服务体系建设的首要核心［J］．上海城市管理，2015，24（5）：2-3.

[107] 韩艳．中国养老服务政策的演进路径和发展方向——基于1949—2014年国家层面政策文本的研究［J］．东南学术，2015（4）：42-48，247.

[108] 凌文豪．差序平等：中国社会保障新理念［J］．道德与文明，2012（1）：112-115.

[109] 叶响裙．基于城乡社会养老服务发展实践的思考［J］．中国行政管理，2017（9）：151-154.

[110] 林闽钢．我国城乡社会养老服务体系的发展探讨［J］．中国社会保障，2012（6）：26-27.

[111] 刘磊．“十四五”时期完善农村养老服务体系的挑战与任务［J］．行政管理改革，2021（5）：79-87.

[112] 刘晓静，张楠．城乡统筹视角下中国养老服务体系构建［J］．河北大学学报（哲学社会科学版），2013（5）：111-115.

[113] 任勤，黄洁．社会养老对老年人健康影响的实证分析——基于城乡差异的视角［J］．财经科学，2015（3）：109-120.

[114] 刘晓静，张继良．中国养老服务体系建设的理念、路径及对策

[J]. 河北学刊，2013，33（2）：123-127.

[115] 振振，何邦倩，雍岚. 我国居家养老社区服务均等化分析框架与实证探索——基于北京、南京、咸阳三市的调查 [J]. 科学决策，2020（7）：49-69.

[116] 廖建江，胡振华. 财政视角下养老服务业供给侧结构性改革思考——以湖南为例 [J]. 湖南大学学报（社会科学版），2017，31（4）：90-94.

[117] 丁志宏，王莉莉. 我国社区居家养老服务均等化研究 [J]. 人口学刊，2011（5）：83-88.

[118] 王永梅，李雅楠，肖颖. 居家养老服务对城乡老年人生活质量的影响——基于三期 CLASS 数据的效应评估 [J]. 人口研究，2020，44（6）：49-62.

[119] 李连友，李磊，刘中海. 城乡居民养老保险制度的福利效应：理论机制与测评经验 [J]. 湘潭大学学报（哲学社会科学版），2020（5）：40-47.

[120] 汤兆云. 新中国成立以来我国养老保险制度的改革探索与发展方向 [J]. 科学社会主义，2014（6）：109-112.

[121] 宋士云. 新中国农村五保供养制度的变迁 [J]. 当代中国史研究，2007（1）：93-101，128.

[122] 高山宪之，王新梅. 论公共养老金待遇水平的适当性 [J]. 社会保障评论，2021（2）：75-80.

[123] 张开云，徐强，马颖颖. 城乡居民基本养老保险制度：运行风险与消解路径 [J]. 贵州社会科学，2021（2）：61-69.

[124] 罗叶，贺晓英，宁满秀. 新型农村社会养老保险制度对农村老人经济获得感的影响 [J]. 湖南农业大学学报（社会科学版），2021（1）：63-69.

[125] 李锐，杨雷. 养老保险制度差异对迁移行为的影响分析 [J]. 人口与经济，2015（3）：106-115.

[126] 李艳荣. 碎片整合、制度衔接和统一框架的建立——我国社会

养老保险制度改革发展路径［J］. 江苏行政学院学报，2016（3）：74-80.

［127］王美桃. 我国社会保险经办服务体系的历史变迁及启示［J］. 当代经济，2014（18）：20-21.

［128］职新建. 首张社保卡和金保工程［J］. 中国社会保障，2019（Z1）：78-79.

［129］杨思斌. 社会保险法实施中的问题与对策［J］. 云南行政学院学报，2013（4）：140-143.

［130］栗燕杰. 中国社会保险法治评估与展望——以《社会保险法》为核心的考查［J］. 人民论坛，2014（34）：127-129.

［131］蒋悟真，尹迪. 社会救助法与社会保险法的衔接与调适［J］. 法学，2014（4）：66-73.

［132］薛惠元，曾飘. 公平性视角下城乡基本养老保险制度比较研究［J］. 河北大学学报（哲学社会科学版），2019（6）：138-146.

［133］华颖，郑功成. 中国养老保险制度：效果评估与政策建议［J］. 山东社会科学，2020（4）：66-74.

［134］刘娜，梁兵. 社会公平视阈下不同养老保险制度分析［J］. 中国老年学杂志，2017（7）：1789-1792.

［135］穆怀中. 养老保险统筹层次收入再分配理论研究［J］. 辽宁大学学报（哲学社会科学版），2014（6）：115-122.

［136］童玉芬，刘志丽，宫倩楠. 从七普数据看中国劳动力人口的变动［J］. 人口研究，2021（3）：65-74.

［137］郑秉文. 中国社会保险经办服务体系的现状、问题及改革思路［J］. 中国人口科学，2013（6）：2-16，126.

［138］贾康，苏京春. 创新与优化并施，健全社会保险经办服务体系［J］. 经济研究参考，2014（30）：30.

［139］岳经纶，方珂. 福利距离、地域正义与中国社会福利的平衡发展［J］. 探索与争鸣，2020（6）：85-96.

［140］卢驰文. 机关事业单位养老保险改革的制约因素与策略选择［J］. 理论探索，2011（5）：87-90.

［141］何文炯．改革开放以来中国社会保险之发展［J］．保险研究，2018（12）：96-100.

［142］刘河庆，梁玉成．政策内容再生产的影响机制——基于涉农政策文本的研究［J］．社会学研究，2021，36（1）：115-136.

［143］杨洋．国外公务员养老金制度“由分立到统一”的改革［J］．社会保障研究，2021（1）：103-111.

［144］王国洪，张君，杨翠迎．降低养老保险费率会导致养老金收不抵支吗？——基于2001—2015年中国31个省级面板数据的分析［J］．商业研究，2020（3）：138-144.

［145］蹇滨徽，杨亮，林义．多层次养老保险制度下家庭商业养老保险需求与养老金替代率研究［J］．中国软科学，2021（5）：38-48.

［146］段迎君．养老金替代率的储蓄效应及测度——基于2006—2016年省级面板数据的实证分析［J］．经济问题探索，2019（10）：34-43.

［147］路锦非，王桂新．养老金权益流动性：西方脉络、中国图景与政策实践［J］．复旦学报（社会科学版），2019，61（5）：167-174.

［148］郭秀云，于丽平．从中央调剂到全国统筹的实现路径研究——来自养老金省级统筹的启示［J］．兰州学刊，2020（5）：174-185.

［149］韩小凤，赵燕．我国基本养老保险的区域差异及治理之道［J］．东岳论丛，2020，41（4）：87-95.

［150］陈昱阳．养老金中央调剂金制度的效应分析［J］．劳动保障世界，2017（12）：8-9.

［151］郭秀云，邵明波．养老保险基金中央调剂制度的省际再分配效应研究［J］．江西财经大学学报，2019（3）：73-84.

［152］刘洪伟，刘一蓓．基础养老金全国统筹的主要障碍与对策研究［J］．中州学刊，2020（2）：76-83.

［153］曹信邦，阙梦香．基本养老保险全国统筹的系统性整合研究［J］．中国行政管理，2021（4）：94-98.

［154］韩俊强．农民工养老保险参保行为与城市融合［J］．中国人口·资源与环境，2017，27（2）：135-142.

［155］郑功成．中国养老金：制度变革、问题清单与高质量发展［J］．社会保障评论，2020，4（1）：3-18.

［156］朱勤．实现城乡基本养老保障均等化的改革路径——兼议农民退休制度［J］．人民论坛，2020（25）：80-84.

［157］高传胜．新时代我国城乡居民社会保险制度改革建设再思考——兼论人口流动对现行社会保险制度的挑战与应对［J］．新疆师范大学学报（哲学社会科学版），2021，42（3）：2，112-129.

［158］海龙，尹海燕，陈秋霖．构建稳定可持续的城乡居民基本养老保险筹资机制［J］．宏观经济研究，2019（10）：112-121.

［159］万树，蔡霞，郭旭．做实个人账户观点综述与试点评价［J］．社会保障研究，2012（6）：41-45.

［160］毛婷．中央调剂制度的综合效应分析［J］．经济体制改革，2020（4）：33-41.

［161］金银凤，史梦昱．中央调剂金制度对地区养老保障发展状况影响研究［J］．财经论丛，2019（12）：35-43.

［162］赵春玲，刘朋伟．基于公平视角的我国养老保险制度问题及成因分析［J］．现代管理科学，2014（5）：79-81.

［163］袁中美．养老金待遇调整研究述评［J］．社会保障研究，2016（1）：106-112.

［164］刘桂莲．基本养老金待遇调整政策：历程、评估与建议［J］．北京航空航天大学学报（社会科学版），2021，34（4）：76-83.

［165］李艳荣．碎片整合、制度衔接和统一框架的建立——我国社会养老保险制度改革发展路径［J］．江苏行政学院学报，2016（3）：74-80.

［166］殷宝明．社会养老保险关系转续的资金转移困境［J］．人口与经济，2020（6）：112-120.

［167］强国民，丁建定．中国养老保险效率区域差异及其影响因素研究——基于“职保”与“居保”比较的视角［J］．江西财经大学学报，2020（1）：62-70.

［168］海龙．中国城乡居民基本养老保险财政补贴绩效：2009—2018

[J]. 宏观经济研究，2021（3）：136-145.

［169］许鼎，杨再贵．“补入口还是补出口”？——对城乡居保财政补贴模式的精算评估［J］. 统计与信息论坛，2021，36（1）：108-118.

［170］高庆波．多层次养老保险制度发展不平衡探析：约束与选择［J］. 华中科技大学学报（社会科学版），2021，35（3）：38-47.

［171］邓大松，张怡．社会保障高质量发展：理论内涵、评价指标、困境分析与路径选择［J］. 华中科技大学学报（社会科学版），2020，34（4）：38-47.

［172］郑路，徐旻霞．传统家庭观念抑制了城镇居民商业养老保险参与吗？——基于金融信任与金融素养视角的实证分析［J］. 金融研究，2021（6）：133-151.

［173］张鑫，孙立娟．个税递延型商业养老保险购买意愿影响研究——来自中国职工养老储备指数调查数据［J］. 江西财经大学学报，2020（2）：52-61.

［174］冉昊．开启全体人民共同富裕的现代化新征程：基于分配改革的路径研究［J］. 科学社会主义，2021（4）：98-104.

［175］俞宪忠．劳动力自由流动与和谐发展研究［J］. 齐鲁学刊，2012（2）：94-101.

［176］邹铁钉．养老保险可携带性、农村劳动力流动与农村反贫困［J］. 统计研究，2021，38（8）：45-58.

［177］朱勤．实现城乡基本养老保障均等化的改革路径——兼议农民退休制度［J］. 人民论坛，2020（25）：80-84.

［178］徐强．基本养老保险制度的公平性评价及影响因素［J］. 保险研究，2013（5）：104-112.

［179］贾丽萍．中国养老保障70年：在整合中走向高质量［J］. 社会科学战线，2019（10）：19-27.

［180］王银梅，李静．提高统筹层次能缓解养老保险基金缺口吗？——基于面板数据的实证检验［J］. 河北学刊，2018，38（5）：140-145.

［181］臧旭恒，李晓飞．养老保险发展、制度并轨改革与城乡居民消费——基于职工和居民养老保险的差异性分析［J］．当代经济研究，2020（12）：73-83，116.

［182］范林．农村社会养老保险的城乡统筹［J］．人民论坛，2017（31）：92-93.

［183］凌文豪．我国三类基本养老保险制度改革的理念和路径［J］．社会主义研究，2017（4）：38-45.

［184］朱恒鹏，徐静婷．共享发展、共同体认同与社会保障制度构建［J］．财贸经济，2016（10）：5-29.

［185］丁建定，曹永红．共享发展理念视域下中国农村养老保障制度体系的完善［J］．学海，2017（6）：42-47.

［186］董克用，沈国权．党指引下的我国社会保障制度百年变迁［J］．行政管理改革，2021（5）：26-34.

［187］葛林，束兰根．从家庭养老到社会养老的转化［J］．南京大学学报（哲学·人文·社会科学），1996（1）：122-125.

［188］董才生，常成．中国养老保险制度 70 年：理念变迁与经验反思［J］．学术交流，2019（10）：14-22.

［189］谢金芳，徐波波．中国养老服务政策：演进逻辑与优化方向——兼论政府职能的变迁与重塑［J］．安徽行政学院学报，2021（4）：37-45.

［190］青连斌．健全养老服务体系［J］．中国党政干部论坛，2016（2）：75-77.

［191］林宝．党的十八大以来我国养老服务政策新进展［J］．中共中央党校（国家行政学院）学报，2021，25（1）：91-99.

［192］贺雪峰．当前乡村建设重在“保底”［J］．理论与当代，2017（1）：50-51.

［193］龙玉其．基本养老服务均等化的实践演进及其逻辑规律［J］．兰州学刊，2020（9）：199-208.

［194］李小兰．我国养老服务公共政策结构的失衡与纠偏［J］．探

索，2015（6）：104–109.

［195］刘灿．当代中国农村养老与地域差异［J］．山东社会科学，2010（3）：72–76.

［196］耿永志，王晓波．“互联网+”养老服务模式：机遇、困境与出路［J］．深圳大学学报（人文社会科学版），2017（4）：109–114.

［197］尹文清，罗润东．老龄化背景下日本养老模式创新与借鉴［J］．浙江学刊，2016（1）：174–179.

［198］张桂华，孙军，等．构建城乡养老服务体系的对策研究：以大连市为例［J］．农业经济，2013（3）：96–98.

［199］王桂云．多元化社会养老服务体系建设对策研究［J］．中国人口资源与环境，2015（12）：166–170.

［200］钟仁耀．城乡统一：我国社会养老服务体系建设的首要核心［J］．城市时评，2015（5）：2–3.

［201］谷彦芳，柳佳龙．新型城镇化背景下的农村养老服务体系研究［J］．经济研究参考，2014（52）：48–53.

［202］潘屹．优化整合城乡资源，完善社区综合养老服务体系：上海、甘肃、云南社区综合养老服务体系研究［J］．山东社会科学，2014（3）：30–39.

［203］青连斌．健全养老服务体系［J］．中国党政干部论坛，2016（2）：75–77.

［204］祁峰，祁丙观．我国医养融合型机构养老服务的制约因素及推进思路［J］．经济纵横，2017（1）：52–56.

［205］于潇，孙悦．“互联网+养老”：新时期养老服务模式创新发展研究［J］．人口学刊，2017（1）：58–66.

［206］林闽钢，梁誉．我国社会福利 70 年发展历程与总体趋势［J］．行政管理改革，2019，11（7）：4–12.

［207］张声慧．城乡居民养老保险可持续发展问题研究［D］．大连：东北财经大学，2018.

［208］白维军．完善省级统筹，促进全国调剂［D］．南京：南京大

学，2011.

[209] 董玉青．开封市城市社会养老服务体系建设问题研究［D］．开封：河南大学，2020.

[210] 李文杰．政府购买养老服务中的老年人参与问题研究［D］．上海：华东师范大学，2018.

[211] 王又彭．构建城乡统一的河南省社会养老服务体系研究［D］．开封：河南大学，2019.

[212] 中共中央关于制定国民经济和社会发展第十四五个五年规划和二〇三五年愿景目标的建议［N］．人民日报，2020-11-04（1）.

[213] Sumit Majumder, Emad. Aghayi, MoeinNoferesti, et al. Smart Homes for Elderly Healthcare—Recent Advances and Research Challenges [J]. Sensors, 2017, 17 (11): 2496.

[214] Hoi Le V, Thang Pham, Lindholm Lars. Elderly care in daily living in rural Vietnam: need and its socioeconomic determinants. [J]. BMC Geriatrics, 2011, 11 (1): 81.

[215] Forbes Dorothy A, Edge Dana S. Canadian home care policy and practice in rural and remote settings: challenges and solutions. [J]. Journal of Agromedicine, 2009, 14 (2): 119-24.

[216] Speelberg Henricus Berend, Shand Brett, Goodwin Jane, et al. An evaluation of the contents of advance care plans and their use in patients admitted to a public hospital. [J]. New Zealand Medical Journal, 2020, 133 (1526): 55-66.

[217] Conradt-Eberlin V P. A rationale for addressing the spiritual needs of the elderly and adapting a framework for incorporating spiritual care into a nursing home [D]. Utica College, 2014.

[218] Machizawa Sayaka, Lau Denys T. Psychological needs of Japanese American elders: implications for culturally competent interventions. [J]. Journal of Cross-Cultural Gerontology, 2010, 25 (2): 183-97.

[219] Yu Hatano, Masatoshi Matsumoto, MitsuakiOkita, et al. The Van-

guard of Community-based Integrated Care in Japan: The Effect of a Rural Town on National Policy [J]. International Journal of Integrated Care, 2017, 17 (2): 2.

[220] John baldock, Adalbert everst. Innovations and Care of the Elderly: The Cutting-edge of Change for Social Welfare Systems. Examples from Sweden, the Netherlands and the United Kingdom [J]. Ageing & Society, 1992, 12 (3): 289-312.

[221] Sally Redfern, Ian Norman, Kate Briggs, et al. Care at home for people with dementia: Routines, control and care goals [J]. Quality in Ageing and Older Adults, 2002, 3 (4): 12-23.

[222] Chapman Sherry Anne, Keating Norah, Eales Jacquie. Client-centred, community-based care for frail seniors. [J]. Health & Social Care in the Community, 2003, 11 (3): 253-61.

[223] Hillel Schmid. The Israeli Long-term Care Insurance Law: Selected Issues in Providing Home Care Services to the Frail El-derly [J]. Health and Social Care in the Community, 2004 (3). P191-200.

[224] Amadoru S, Rayner J A, Joseph R, et al. Factors influencing decision-making processes for unwell residents in residential aged care: Hospital transfer or Residential InReachreferral? [J]. Australasian journal on ageing, 2018, 37 (2): E61-E67.

[225] Gu Danan, Dupre Matthew E, Liu Guangya. Characteristics of the institutionalized and community-residing oldest-old in China. [J]. Social Science & Medicine, 2007, 64 (4): 871-83.

[226] Won I, Kim K, Kim S H. A Study on Decision Factors Affecting Utilization of Elderly Welfare Center: Focus on Gimpo City [J]. 한국노년학, 2018, 38 (2): 351-364.

[227] McCaslin R. Service utilization by the elderly: The importance of orientation to the formal system [J]. Journal of Gerontological Social Work, 1989, 14 (1-2): 153-174.

[228] Laurel A. Strain, Audrey A. Blandford. Community-Based Services for the Taking but Few Takers: Reasons for Nonuse [J]. Journal of Applied Gerontology, 2002, 21 (2): 220-235.

[229] Nagaya Yoshiyuki, Dawson Angela. Community-based care of the elderly in rural Japan: a review of nurse-led interventions and experiences. [J]. Journal of Community Health, 2014, 39 (5): 1020-8.

[230] Meinow B, Parker M G, Kareholt I, et al. Complex health problems in the oldest old in Sweden 1992-2002 [J]. European Journal of Ageing, 2006, 3 (2): 98-106.

[231] Walker J, Bisbee C, Porter R, et al. Increasing Practitioners' Knowledge of Participation Among Elderly Adults In Senior Center Activities [J]. Educational Gerontology, 2004, 30 (5): 353-366.

[232] Moen E. The reluctance of the elderly to accept help [J]. Social Problems, 1978, 25 (3): 293-303.

[233] The Stigma of Public Dependency: A Comparison of Alternative Forms of Public Aid to the Poor [J]. Social Problems, 1974, 22 (2): 213-228.

[234] Pedro Pires, Luís Mendes, Jorge Mendes 0002, et al. Integrated e-Healthcare System for Elderly Support. [J]. Cognitive Computation, 2016, 8 (2): 368-384.

[235] Schmid Hillel. The Israeli Long-Term Care Insurance Law: selected issues in providing home care services to the frail elderly. [J]. Health & Social Care in the Community, 2005, 13 (3): 191-200.

[236] Mink R. General government pension obligations in Europe [J]. IPM24 with IAOS: Measuring productivity, 2008, 28 (8): 199-209.

[237] Tynkkynen, Liina-Kaisa, Hakari K, etal. Integrating public and private home care services: TheKotitori model in Tampere, Finland [J]. Journal of Integrated Care, 2012, 20 (5): 284-295.

[238] Andersson G, Karlberg I. Integrated care for the elderly: the background and effects of the reform of Swedish care of the elderly. [J]. International Journal

of Integrated Care, 2000 (1): e01.

[239] Happiness Through Participation in Neighborhood Associations in Japan? The Impact of Loneliness and Voluntariness [J]. Voluntas: International Journal of Voluntary and Nonprofit Organizations, 2015, 26 (1): 69-97.

[240] M. Shamim Hossain, Md. Abdur Rahman, Ghulam Muhammad. Cyber-physical cloud-oriented multi-sensory smart home framework for elderly people: An energy efficiency perspective [J]. Journal of Parallel and Distributed Computing, 2017 (103): 11-21.

[241] Dwyer Trudy, Craswell Alison, Rossi Dolene, et al. Evaluation of an aged care nurse practitioner service: quality of care within a residential aged care facility hospital avoidance service. [J]. BMC Health Services Research, 2017, 17 (1): 33.

[242] Kapadia V, Ariani A, Li J, et al. Emerging ICT implementation issues in aged care [J]. International journal of medical informatics, 2015, 84 (11): 892-900.

[243] Shinkle D, TassinL. Aging in place: a state survey of livability policies and practices [J]. Saturday Evening Post, 2011, 2 (3): 17-26.

[244] Chan M, Campo E, Estève D, et al. Smart homes—current features and future perspectives [J]. Maturitas, 2009, 64 (2): 90-97.

关键词索引表

后　记

城乡统一的基本养老保障制度体系研究具有前沿性，建立城乡统一的基本养老保障制度体系，实现社会保障的公平性、可持续性健康发展是一个世界性难题。本书试图运用差序平等与社会公正理论对城乡居民社会养老保险制度与城镇职工社会养老保险制度进行整合统一，对城市社会养老服务与农村社会养老服务进行整合，并对整合后的城乡统一的基本养老保险制度与城乡统一的基本社会养老服务进行整合。

本书是 2017 年国家社科基金一般项目“城乡统一的基本养老保障制度体系问题研究”（17BSH044）的研究成果。课题组通过国内外文献梳理，到相关地方、单位进行调研、访谈，在汇集集体智慧的基础上形成了研究成果。本项成果是以河南大学社会保障专业培养的硕士研究生毕业生为主体，联合省内外兄弟部门的专家共同完成的。书稿撰写分工如下：凌文豪负责大纲的撰写与统稿；第一章由凌文豪、马盼、郝一潼（河南大学）撰写；第二章由张娜（厦门大学）撰写；第三章由张娜、张亚玲（南京农业大学）撰写；第四章由张亚玲撰写；第五章由董玉青（中央党校）编写；第六章由李文杰（华北水利水电大学）撰写；第七章由董玉青、李文杰撰写；第八章由李文杰撰写。

在讨论本书大纲和撰写内容过程中，得到了华中科技大学丁建定教授、中国社科院郑秉文教授、浙江大学何文炯教授、厦门大学高和荣教授、河南财经政法大学王利军教授等专家的大力支持与帮助，在此深表感谢。同时，特别感谢河南省人力资源与社会保障厅的李冰处长与王志强处长、河南省财政厅的张玉峰处长，没有他们的帮助与支持，本书无法顺利完成；感谢我指导的博士研究生李文杰、张娜、张亚玲、董玉青以及硕士研究生马盼和郝一潼，基于他们无私奉献与默默付出，本书得以成稿。在写作本书过程中引用了国内外部分专家学者的研究成果，在此一并感谢。

感谢中国经济出版社夏军城编辑为本书的出版付出的努力，感谢国家社科基金委给予的资助与肯定，感谢河南大学哲学与公共管理学院为本书的出版提供资助。

虽然尽了很大努力，但本书仍然存在诸多不足，希望各位同人不吝赐教。

河南大学 凌文豪

2022 年 4 月